MINERVA
人文・社会科学叢書
230

模倣と革新のインド製薬産業史
——後発国のグローバル・バリューチェーン戦略——

上池 あつ子 著

ミネルヴァ書房

はしがき

　本書は，インド製薬産業の長期的発展を，植民地期から現代まで分析したものであり，筆者の15年間の研究成果のすべてをまとめたものである。

　最近の10年ほどで，インドの経済発展が注目を集めるようになった。インドの経済発展の起点は，1991年の経済改革である。1991年の経済改革は，独立以降の輸入代替工業化を軸とした経済開発戦略を大きく転換し，経済自由化路線を追求することを標榜した。IT産業や自動車産業など，経済自由化の恩恵を受けて成長を遂げた産業に注目が集まった。

　しかしながら，本書で取り上げる製薬産業は，こうした1991年の経済改革以降急速に発展した産業ではない。輸入代替工業化政策を軸においた経済開発戦略の枠組みの中で，成長を遂げ，製造業として唯一輸入代替に成功し，輸出志向に転換した産業である。そして，1991年に経済改革がスタートした時点において，製薬産業は高い国際競争力を背景に，世界市場において存在感を見せ始めていたのである。製薬産業が国際競争力を有する輸出産業として成長してきたことを明らかにすることは，既存のインド産業発展論におけるパラダイムの再考やその問題設定にとって意義があると考えている。本書は，植民地期から現代にいたるまでの製薬産業の発展を様々な視点から分析している。制度・産業政策史，企業経営史などの歴史研究に加え，現在のインドの対外関係（米国および日本との関係），インドにおけるイノヴェーションの現状とグローバル・バリューチェーンにおけるインドというトピックス，そして医薬品アクセスと産業発展の両立という製薬産業が直面する問題について，それぞれ詳細に論じた。筆者が本書で強く主張したい点は，インド製薬産業は模倣を通じて革新を生み出し，あるいは模倣と革新を融合することにより，長期的に高度成長を実現しており，その原動力となっているのが企業であるという点である。インドの製薬企業は，厳しいビジネス環境に適応するだけでなく，それをビジネスチ

ャンスに転換する能力を有している。読者の皆様には最後までお読みいただき，インド製薬産業の実態をご理解いただければと思う。なお，筆者の力不足により，本書の中に事実誤認や内容の間違いなどが含まれているかもしれない。また，グローバル・バリューチェーンに関する研究については，まだ発展途上にあり未熟であることも十分承知している。今後の研究の発展のためにも，読者の皆様の本書に対する忌憚なきご意見・ご批判をいただければ幸いである。

　本書は数多くの研究者や業界関係者の皆様のお力添えがなければ到底書き上げることができなかった。法政大学の絵所秀紀先生には，筆者が産業研究の扉を開けるきっかけとなる助言を下さった。絵所先生が代表のインド研究会のメンバーにさせていただいたことは，インド研究者としての私の大きな財産となった。絵所先生には，今日まで折に触れて有益なコメントと激励をいただいた。大阪市立大学の脇村孝平先生，朴一先生，福岡大学の石上悦朗先生，東京大学の水島司先生，国立民族学博物館の三尾稔先生，早稲田大学の加藤篤史先生，フェリス女学院大学の木曽順子先生，武蔵大学の二階堂有子先生，兵庫県立大学の福味敦先生，そして神戸大学経済経営研究所の佐藤隆広先生には，研究上のご指導をいただけるだけでなく，本書執筆にあたって，多大なるご支援をいただいた。特に，佐藤先生とは製薬産業に関する共同研究をさせていただくことを通じて，多くのことを学ばせていただいた。また，脇村先生と佐藤先生には本書の草稿を読んでいただきコメントをいただいただき，執筆に向けた叱咤激励もいただいた。諸先生方の継続的なご支援がなければ，本書を完成までこぎつけることはできなかっただろう。また，金沢大学の宇根義己先生には，本書の執筆にあたって，地図の作成など技術的ご支援を賜った。

　筆者をインド研究に導いてくださった恩師の同志社大学大学院商学部の西口章雄先生の生前中に本書の上梓のご報告ができなかったことは悔やんでも悔やみきれない。西口先生にご指導いただいたことが，すべての始まりであり，私がこれまで築いてきた研究上の財産の礎が西口先生にある。西口先生には心の底から感謝を申し上げたい。

　製薬産業の研究にあたって，業界関係者の皆様から多大なお力添えをいただいた。特に，日本製薬工業協会，関西医薬品協会（旧大阪医薬品協会）の皆様に

は，製薬産業についての専門的知識をご教示していただいたことに加え，インドにおける調査にもご尽力を賜り，心より感謝の念を表したい。また，インドの製薬企業や業界団体製の皆様にも，日本から突然やってきた筆者を温かく迎え入れてくれ，インド現地調査にあたって数多くのご協力をいただいた。本書の研究成果が，日本とインド製薬産業の発展に微力ながらでもお役に立てばと願うばかりである。

　また，本書の出版を引き受けてくださったミネルヴァ書房の堀川健太郎さん，本田康広さんには，執筆にあたって大変お世話になった。ここに深い感謝の気持ちを表したい。

　そして，これまで筆者を，見守り支えてくれた家族には感謝という言葉では言い表せない気持ちであるが，感謝の意を込めて本書を家族に捧げたいと思う。

　なお，本書は，科学研究費基盤研究（B）（海外学術）「インドの産業発展と日系企業」（2013～2016年度，課題番号：2301022，代表者：佐藤隆広）および科学研究費基盤研究（A）（海外学術）「南アジアの産業発展と日系企業のグローバル生産ネットワーク」（2017～2021年度，課題番号：17H01652，研究代表者：佐藤隆広）による助成を受けた研究成果である。

　最後に，これまで筆者が研究を遂行する上でお世話になったすべての皆様に心よりお礼を申し上げたい。本当にお世話になりました。ありがとうございました。

　　　2018年5月

　　　　　　　　　　　　　　　　　　　　　　　　　　　上池あつ子

模倣と革新のインド製薬産業史

――後発国のグローバル・バリューチェーン戦略――

目　次

はしがき

序　章　インドの経済開発戦略の変遷と製薬産業の発展………… 1
　1　本書の課題……………………………………………………………… 1
　2　独立後のインドの経済開発戦略……………………………………… 3
　3　輸入代替成功の要因…………………………………………………… 6
　4　企業の能力……………………………………………………………… 8
　5　「模倣と革新の融合」とグローバル・バリューチェーンへの参加…… 10
　6　インドの課題…………………………………………………………… 12
　7　本書の構成……………………………………………………………… 14

第1章　インド製薬産業の概観
　　　　──貿易・産業構造・空間構造──…………………………… 17
　1　医薬品とは……………………………………………………………… 17
　2　貿易・産業構造の概観………………………………………………… 20
　3　空間的構造……………………………………………………………… 30

第2章　製薬産業の発展──長期的発展の要因──………………… 35
　1　萌芽期──独立以前～1970年まで………………………………… 35
　2　模倣の時代──1970年代～1980年代……………………………… 41
　3　輸入代替から輸出志向へ転換──1980年代……………………… 59
　4　革新への挑戦──1990年代………………………………………… 71
　5　グローバル化──2000年代………………………………………… 77
　6　集積地の形成──その背景と要因…………………………………… 94
　7　製薬産業の発展………………………………………………………… 107

第3章　医薬品価格規制──産業発展の視点から──……………… 111
　1　医薬品価格規制の導入──1970年医薬品価格規制令…………… 111
　2　価格規制の強化──1979年医薬品価格規制令…………………… 114
　3　経済自由化と医薬品価格規制の緩和………………………………… 123
　4　医薬品規制緩和への反発と規制強化への転換
　　　　──2002年医薬品政策公益訴訟と2012年医薬品価格政策……… 131
　5　モディ政権発足後の動向……………………………………………… 139

  6 産業発展のインセンティブとして機能した医薬品価格規制……141
第4章 模倣と革新の融合
    ―インドのイノヴェーション―………………………145
  1 TRIPS協定がインド製薬産業に与えたインパクト……………145
  2 インドのイノヴェーション―模倣と革新の融合……………147
  3 TRIPS協定とアウトソーシングビジネスの拡大
    ―GVCへの参加―……………………………………162
  4 模倣と革新の融合とGVC………………………………………166
第5章 インド製薬企業の発展―企業の能力の形成―………………169
  1 Ranbaxy Laboratories（ランバクシー・ラボラトリーズ）
    ………………………………………………………………169
  2 Dr. Reddy's Laboratories（ドクター・レッディーズ・
    ラボラトリーズ）………………………………………………186
  3 企業の能力とは…………………………………………………211
第6章 インドと米国
    ―米国市場におけるインドの躍進と課題―……………215
  1 印米貿易の推移…………………………………………………215
  2 米国市場におけるインド企業の躍進…………………………217
  3 インド企業の製造管理・品質管理体制の揺らぎ……………225
  4 知的所有権制度をめぐる問題…………………………………229
  5 今後の展望………………………………………………………232
第7章 インドと日本―投資の拡大と課題―…………………………235
  1 日印の医薬品貿易の推移………………………………………235
  2 日本市場における動向…………………………………………236
  3 日本企業のインド進出…………………………………………244
  4 今後の展望………………………………………………………253
第8章 医薬品アクセスと産業発展
    ―知的所有権制度と外資規制―…………………………259
  1 インドの特許・知的所有権制度に関する課題………………259
  2 外資規制の強化…………………………………………………270

3　医薬品アクセスと産業発展の両立……………………………… 277
終　章　インド製薬産業の発展と今後の課題………………………… 281

参 考 文 献 ……… 287
索　　引 ………… 301

序　章
インドの経済開発戦略の変遷と製薬産業の発展

1　本書の課題

　本書の課題は，独立以降のインド製薬産業の長期的発展の要因を分析することである。インド製薬産業は，製造業部門において，高い国際競争力を有し，世界市場において最も成功している。インドは，1947年の独立から1991年の経済自由化まで，輸入代替工業化政策を中心に置く経済開発戦略を推進してきた。高率関税と数量制限による輸入規制，外国資本の流入規制などによって自国産業を保護育成し，輸入を国内生産に代替する輸入代替工業化政策の推進は，一般的には非効率，技術移転の遅れ，そして国産技術の陳腐化をもたらし，結果的にインド経済を停滞させたと考えられている。しかしながら，インドは製薬産業の輸入代替に成功し，その後，製薬産業は，比較劣位から比較優位へと移行し，国際競争力を有する輸出産業として世界市場で台頭した。独立後のインドにおける輸入代替工業化政策を中心とする内向型・規制過多の経済体制のなかで，製薬産業が国際競争力を有する輸出産業として成長してきたことを明らかにすることは，既存のインド産業発展論におけるパラダイムの再考やその問題設定にとって意義があると考える。

　製薬産業が輸入代替に成功した制度的要因は複数存在するが，1970年特許法（the Patent Act, 1970）によるアンチ・パテント政策のもとリバースエンジニアリングを促進し，医薬品製造の模倣技術を獲得したことによるところが大きい。リバースエンジニアリングとは，製品（医薬品）の分解やその動作の観察，解析を通じて，医薬品の構造を分析し，そこから製造方法や動作原理，設計図な

どを復元する技術である。アンチ・パテント政策のもと，リバースエンジニアリングを通じて，特許で保護されている先端技術を使用した先発医薬品（新薬）を模倣し，独自の製造方法を開発し，安価で品質の高いジェネリック医薬品を製造し，そして輸出することで，インド製薬産業は成長を遂げてきた。インド製薬産業の発展において，1990年代までは，模倣の時代であり，優れた模倣技術が国際競争力の源泉であった。

しかしながら，模倣の時代は，1991年の経済自由化を柱とした経済改革の開始によって転換期を迎えた。1991年の経済自由化による輸入代替工業化政策の転換と1995年に発足した世界貿易機関（World Trade Organization: WTO）の「知的所有権の貿易関連の側面に関する協定」（Agreement on Trade-Related Aspects of Intellectual Property Rights: TRIPS, 通称 TRIPS 協定）の義務履行による1970年特許法改正によって，インド製薬産業の成長と発展を支えた制度的要因の多くが失われた。特に，1970特許法の改正による特許保護の強化（物質特許の導入）への転換は，従来のようなリバースエンジニアリングを通じた模倣活動を事実上不可能にした。高い模倣技術を背景とした国際競争力の低下が懸念され，インド製薬産業の成長が鈍化することが予想された。

しかしながら，インド製薬産業は1990年代以降も高成長を続け，特に2000年代に入って，その成長を加速させている。この高成長の要因は，インド製薬産業が医薬品のグローバル・バリューチェーン（Global Value Chain: GVC）に参入したことにある。1980年代末に，インド製薬産業は輸入代替から輸出志向に転換し，1990年代初頭には主要インド製薬企業が GVC への参入を開始した。GVC の参入当初は，インドは主として医薬品の原料である原薬のサプライヤーに過ぎなかったが，その後 GVC においてより付加価値の高い部門への参入を果たしていった。GVC 参入によって米国をはじめとする先進国の医薬品市場，資本，そして先端知識・技術へのアクセスが可能となった。GVC 参入を通じて獲得した先端技術と1970年特許法のアンチ・パテント政策のもと，リバースエンジニアリングを通じて獲得した模倣技術を融合させる技術革新を通じて，インド製薬企業は新しい価値創造を実現していった。こうして，インド製薬産業は世界の医薬品市場において確固たる地位を確立するに至っている。

1990年代以前の模倣の時代においても，1990年代以降のGVC参入による革新技術と模倣技術を融合する時代においても，プレイヤーであるインド製薬企業が「企業の能力」を発揮したことが，持続的高度成長を支えた重要な要因である。ここでいう企業の能力とは，技術の受け入れ（学習・模倣）や技術吸収能力の向上などの技術的能力，既存の経営資源の革新的結合，そして企業家精神などを総合するものである。こうした企業の能力の形成には，外的な環境や条件の変化が関係する。つまり，ビジネス環境の変化や制度的変化に適応するだけでなく，そのなかで新たな価値創造を持続的に実現できる能力をインド企業が発揮したことが，インド製薬産業の発展においては特に重要であった。

2　独立後のインドの経済開発戦略

　1947年8月，政治的独立の達成後，インドは経済を発展させ，植民地的経済構造からの脱却を図るため，経済開発の枠組みの形成に着手した。そして，経済開発戦略の政策枠組みをなす1948年産業政策決議（Industrial Policy Resolution, 1948, 以下48年決議）および1956年産業政策決議（Industrial Policy Statement, 1956, 以下56年決議），1951年産業（開発・規制）法（the Industry〈Development and Regulation〉Act, 1951）が策定された。

　48年決議において，重要民間産業の国有化は10年間保留すること，今後，国家が重要な分野で事業を起こし経営することが決定された。また，48年決議では，「社会主義型社会」の形成という政策目標が打ち出され，それは1954年に承認された。56年決議では，48年決議を継承すると共に，国家（公的）部門の優先的拡大の原則が確立された。つまり，国家が従来よりも多くの重要分野で自ら事業を創設することが明確化された。56年決議では，全産業は3つのカテゴリーに分類された。第1のカテゴリーは，「企業の新設にもっぱら国家が責任を負う分野（A表産業）」，第2のカテゴリーは「国家が次第に参加してゆくが，民間企業も活動できる分野（B表産業）」そして第3のカテゴリーは「民間主導により開発する部門」である。第1のカテゴリー（A表産業）には，中央政府が独占する分野である兵器，原子力，鉄道運輸業に加え，鉱業（石炭，鉱

油，鉄鉱石など），鉄鋼，重鋳鍛造，工作機械，重電機，航空機，造船，そして電信・電話，航空運輸，発電・配電業など17の産業分野，第2カテゴリー（B表産業）には，アルミニウム，工作機械，特殊鋼，化学工業，鉱物，道路・海上運送業など12の産業分野が分類された。第3のカテゴリーには，その他すべての産業が分類された。基幹産業である重工業の運営を国家部門が，消費財産業とサービス産業を民間部門が担当するという，国家部門の比重が大きい混合経済体制が形成された。

1951年産業（開発・規制）法のもと，民間企業は産業許認可（ライセンス）の取得を義務付けられた。産業許認可制度の根拠法となる1951年産業（開発・規制）法は，一定規模以上の生産単位（従業員50人以上，動力を用いない場合は100人以上を雇用する工場）を有する企業に対して，新規企業の設立，新規商品の生産，既存企業の能力拡張，そして立地変更などについて，事前に産業ライセンスの取得を義務付けた。産業許認可制度のもと，生産目標の大枠内でできるだけ多数の企業に対する産業ライセンスを交付したことが「産業的細分性」を促進し，このような細分性が，生産の非効率化と投資効率の悪化を招き，インド企業の資本蓄積条件の悪化を招いた。そして資本蓄積条件の悪化は産業許認可制度による生産・投資規制と重なり，インド企業による技術革新を抑制し，近代工業における生産能力の低操業状態を生み出していった（西口 1990: 70-71）。

第2次5ヵ年計画（1956〜61年）において，輸入代替工業化政策が本格的に促進されたことにより，近代技術と設備輸入が急速に増加し，インドの国際収支は悪化した。そこで，外貨負担なく，工業化を推進するために重工業部門において，インド民間企業と外資系企業との提携が促進された。外資提携において，外資系企業は，インド企業に技術，設備そして資金を供給し，その対価としてインド企業の株式を取得し，その経営に参加した（西口 1982: 145-149）。しかし，特許の実施権許諾契約において，インド企業には，様々な輸出制限，紐付き輸入の義務付け，その他品質管理や当該技術の生産過程への適用範囲ならびにその譲渡制限が課され，グラント・バック条項（特許の実施権者が許諾技術をもとに改良技術を編み出した場合，特許の実施許諾者にそれを実施許諾するということを義務付ける条項。実施許諾者は改良技術の無償提供を受けることができる。）が設

定されるなど,外資提携はインドの工業化の多角的発展の制約となった(西口 1977: 75,西口 1982: 149-165)。外資提携が促進されたが,インドにおいて外国人に付与された特許は実施されなかった。こうした不実施特許問題がインド企業による技術進歩に対する努力を抑制し,結果的に,インドで技術革新は起こらず,国産技術の陳腐化につながった。外資提携による技術移転は制限されたものであり,インドの工業化の発展も大きく制約を受けることになったのである。

以上のような産業政策の枠組みのもと,輸入代替工業化を促進するために,高関税や輸入割当制度(数量規制)による輸入規制を中心とする貿易政策が実施された。

輸入割当制度による輸入規制は,キャナライゼーションによる規制とライセンス制度による規制によって実施された。キャナライゼーションとは,大口で輸入する品目を特定の政府系貿易公社のみが専一的に輸入できるとする制度である。例えば,石油製品,肥料そして医薬品などの必需品が専売品目として政府系貿易公社が独占的に輸入した。一方,輸入ライセンス制度による輸入規制は,キャナライズされていない全ての輸入品目を対象にし,資本財,中間財,消費財に分類し,禁止品目,制限品目,制限的認可品目,自動認可品目,輸入自由化品目(OGL品目)のカテゴリーに分けて,輸入が規制される(絵所 1988: 47)。輸入ライセンスについては,国内で得られない品目に限って認める原則がとられ,そのため国内で入手可能な品目については,「制限品目」あるいは「限定的許可品目」などが明示され,国内の需給状況を考慮して例外的に認める手法がとられ(西口 1990: 66),輸入品目は,生産のために必要な原材料,中間体そして資本財が中心となり,消費財の輸入は原則として禁止された。

また,インドの関税は禁止関税と呼ばれるほどの高率関税で,こうした高い関税率は,原料コスト(資本財,中間財コスト)の上昇を招いた。また,OGL品目に指定されていたとしても,輸入業者はインド準備銀行から外貨申請認可を取得することが義務付けられており,外貨規制の観点から輸入が制限される場合もあった(絵所 1988: 47)。

1960~70年代にかけて,輸入代替工業化を推進する経済開発戦略は,さらに統制色を色濃くしていった。1969年には,主要商業銀行14銀行の国有化が実施

され，独占および制限的取引慣行法（the Monopolies and Restrictive Trade Practices Act, 以下 MRTP 法）が公布された。MRTP 法は，総資産が2億ルピー以上あるいはマーケットシェアを33%以上有する大企業は，既存の産業ライセンスとは別に，生産能力の拡大，新規企業の設立，企業の合併と買収に関して許可を得ることを義務付けた（西口 1990: 61）。

1973年には，外資系企業の出資比率を40%までに引き下げる1973年改正外国為替規制法（the Foreign Exchange Regulation Act, 1973）が公布された。1973年改正外国為替規制法の制定により，外資系企業はインド企業のマイノリティ・パートナーになるか，あるいはインドからの撤退を余儀なくされた。

厳格な産業許認可政策と輸入統制を中核とするインドの輸入代替工業化政策は，工業製品の国産化を促進する一方で，産業活動を統制し，インド経済に高費用構造を植え付けた（西口 1990: 79-80）。さらに，インドでは市場競争が阻害され，それによって生産効率の低下を招き，技術開発などの研究開発投資へのインセンティブを喪失させ，インドに工業停滞をもたらした。国内市場志向の産業政策のもと，輸出が促進されなかったため，インドの工業部門は世界市場から切り離されたため，近代化へのインセンティブが低められ，世界の技術発展と足並みを合わせることがなく，国産技術の陳腐化をもたらした（西口 1990: 70-72）。

3　輸入代替成功の要因

以上のような経済開発戦略の推進において，インドは製薬産業の輸入代替に成功し，かつそれを国際的な競争力を持つ輸出産業として育成することに成功した。インドは，現在，世界有数の医薬品輸出国として台頭している。インドにおいて，ほとんどの製造業が輸入代替に行き詰まった一方，なぜ製薬産業の輸入代替は成功したのだろうか。第1の要因は，国際的に，多くの先進国が経済力の集中や独占を妨げるための政策枠組みの1つとして，1990年代までアンチ・パテント政策を採用していたことを指摘できる。世界知的所有権機関（World Intellectual Property Organization: WIPO）も加盟国における知的所有権保

護における独自性を最大限に尊重していた。戦後の日本をはじめとする東アジア諸国における輸出志向工業化を軸とする経済開発戦略の成功の要因は，欧米の先進国が開発した工業製品を輸入し，リバースエンジニアリングを通じて生産技術を模倣・習得することで，製品の国産化を実現し，そしてそれを輸出したことにある。インドにおいては，インディラ・ガンディー政権が，物質特許を認める1911年特許および意匠法（the Patents and Designs Act, 1911）に代えて物質特許を認めず製法特許のみを認める1970年特許法を制定し，1972年に施行した。1970年特許法では，特許期間は16年間から7年間に短縮され，同法のもと，リバースエンジニアリングと他国で特許保護されている医薬品の代替的製法の開発が促進された。世界的に緩やかであった知的所有権保護の潮流の恩恵をインド製薬産業も享受することができた。1970年特許法の成立により，インドの他の製造業が直面した不実施特許問題から解放され，製薬産業では技術革新が促進され，技術の陳腐化が起こらなかった。

　第2の要因は，インドが実施した産業政策と医薬品政策である。輸入代替工業化戦略の政策枠組みである産業政策（産業許認可制度，高率関税・数量規制などの貿易政策，MRTP法，1973年改正外国為替管理法）は，1970年当時，インド市場で圧倒的に優勢を誇っていた外資系企業の活動を抑制し，その規模の縮小に貢献した。一方で，リバースエンジニアリングによって，インド国外では特許で保護されている医薬品の模倣生産に成功したインド企業は，国産化を理由に，インド政府に当該医薬品の輸入規制（輸入禁止）を求め，他社が当該医薬品の模倣生産を開始するまで，インド市場における独占的利益を得る手段として輸入規制を利用した。輸入規制が医薬品の国産化のインセンティブとなったといえる。

　医薬品政策は，産業政策の効果を補完・強化する役割を果たした。1978年医薬品政策（Drug Policy, 1978）は，インドで最初の包括的な医薬品政策で，1990年代までインドの医薬品政策の基本的な枠組みをなした。1978年医薬品政策は，医薬品の自給自足を達成することをその基本目標に掲げている。研究開発の促進を通じたインド製薬産業の技術力の向上を促進する措置が実施されたことにより，インド製薬企業の研究開発能力と技術基盤が向上した。1973年改正外国

為替規制法を補完するように，1978年医薬品政策は，製薬産業における外資系企業に対する規制を強化した。1986年医薬品政策（Drug Policy, 1986）では，インド製薬企業に対する規制緩和を実施する一方で，段階的国産化計画に従うことを義務付けるなど，外資系製薬企業に対する規制を強化した。医薬品政策は産業政策と合わせて，外資系企業の活動を大幅に抑制する効果を持ち，そこにインド企業の成長の余地が生まれ，その発展を促進した。

　第3の要因は，医薬品価格規制令（Drug Price Control Order）の存在である。医薬品価格規制令は，インドの医薬品価格を世界で最も低い水準に引き下げ，インドにおける医薬品アクセスを改善した。その一方で，インド製薬企業にとって，医薬品価格規制令はコスト削減インセンティブとして機能した。医薬品価格規制令のもと，医薬品価格の上限を決められている状況において，製薬企業は利潤を最大化するためには，コストを極限まで引き下げなければならない。インド企業は，医薬品を低コストで製造する技術を開発しなければ，生き残ることができなかった。医薬品価格規制令の存在が製薬産業において低コスト競争を生み出し，インド製薬産業が非効率に陥ることを防いだ。また，1979年に医薬品価格規制が強化され，医薬品価格規制令は輸出インセンティブとしても機能した。つまり，医薬品価格の引き下げによって交易条件が悪化したインド市場から，インド企業は交易条件の良い海外市場への進出を加速した。以上の要因によって，インドは製薬産業の輸入代替に成功し，輸出志向への転換を果たした。

4　企業の能力

　1990年代に入って，インド製薬産業の輸入代替の成功の要因の多くは，喪失した。第1の要因は，1980年代の米国を嚆矢とする先進国のプロ・パテント政策（特許保護強化政策）への転換，1995年に発足したWTOのTRIPS協定によって喪失した。TRIPS協定の履行は，物質特許を導入し，特許期間を従来の7年間から最低で20年間に延長するように，1970年特許法の改正を義務付けた。1970年特許法の改正，つまり物質特許の導入は，インド製薬企業がリバースエ

ンジニアリングを通じて特許保護されている医薬品を自由に模倣生産することを不可能にした。

　また，インドは1991年から経済自由化と経済安定化を柱とする構造調整計画を実施するなかで，輸入代替工業化政策の枠組みを大きく転換させ，経済のグローバル化を推進するようになり，第2の要因の多くも喪失した。

　しかしながら，1990年代以降もインド製薬産業は高度成長を維持している。それは，インド製薬産業が，単に先発医薬品（新薬）を模倣した安価なジェネリック医薬品（後発医薬品）を製造・販売するジェネリック医薬品企業であることに満足せず，先端技術の獲得およびその開発に努力し，付加価値の高いジェネリック医薬品を提供してきたからに他ならない。さらに，インドの主要企業のなかには，ジェネリック医薬品事業を中核事業としながらも，創薬研究（新薬開発）に従事する企業も登場するようになった。

　インド製薬企業は，1970年代以降獲得してきた模倣活動によって獲得した技術に，先端知識や革新技術を融合させることにより，世界市場における競争優位を構築している。インド製薬企業のイノヴェーションとは，既存技術と革新技術を組み合わせることにより，新しい価値を創造することである。インド製薬企業は，模倣と革新を融合した製品やサービスを提供し，グローバル市場においてニッチを開拓し，存在感を高めてきた。

　こうした模倣と革新の融合というイノヴェーションの実現を可能にしたのが，インド製薬企業の「企業の能力」である。企業の能力に関する諸研究（Lall 1987, Kim and Nelson 2000, 末廣 2000; 2006）を総合すると，企業の能力とは，技術の受け入れ（学習・模倣）や技術吸収能力の向上などの技術的能力，既存の経営資源の革新的結合，そして企業家精神などを総合するものである。企業の能力の形成には，外的な環境や条件の変化が関係する。上述のような産業政策や医薬品価格規制などの政策変化や世界の医薬品技術革命の動向を的確に把握し，適応する形で，ビジネスモデルを構築する，つまり環境変化のなかに新しい事業機会を見いだし，組織を革新し，新しい価値を創造する経営革新と研究開発能力を支える技術革新という2つのイノヴェーションを起こす企業の能力である。つまり，インドの製薬企業は産業政策，医薬品政策，市場の動向そして科学技

術の動向や変化を適時に認識することで，新しいビジネスモデルを構築すると同時に新規の事業機会も見出している。また環境変化に応じて，インド企業は，企業の能力を形成し，そしてそれを進化させている。こうした企業の能力がインド製薬産業の長期的発展において重要な要素であり，持続的な成長を続ける原動力である。

5 「模倣と革新の融合」とグローバル・バリューチェーンへの参加

　TRIPS協定の義務履行による1970年特許法の改正（物質特許の導入）は，インドのイノヴェーションとインド企業の経営戦略に大きな影響を及ぼした。インドの主要製薬企業は，普通のジェネリック医薬品企業からの脱却を目指した。模倣技術の研究開発に加え，新しい先端技術の獲得およびその開発に注力し，高付加価値製品を供給する努力を始めた。インドのイノヴェーションとは，模倣活動を通じて獲得した技術と革新技術を組み合わせた製品生み出すことである。つまり，インド企業は模倣と革新を融合した製品を開発することで，グローバル市場においてニッチを形成し，その存在感を高めてきた。特に，2000年代以降は，模倣と革新を融合した製品の開発（例えば，新しいドラッグ・デリバリー・システム（Novel Drug Delivery System: NDDS）を使用した医薬品）を武器にグローバル市場における競争優位を築いてきた。

　現在，主要インド製薬企業は，バイオ医薬品の特許が失効後に登場するバイオ医薬品の後続品（バイオシミラー）への投資を加速させている。バイオ医薬品は，低分子化学合成医薬品とは異なり，分子構造が非常に大きく複雑であるため，製法のわずかな変更が製品の品質に大きな影響を与えるため，後続品の研究開発はもちろん製造も非常に難しい。バイオシミラーは，先発のバイオ医薬品と同等の効能・効果を持つ，つまり先発バイオ医薬品にきわめて類似しているバイオ医薬品である。その開発は，低分子化学合成医薬品のジェネリック医薬品よりも，高度知識と先端技術が必要となる。近年では，インド企業は，抗体医薬のバイオシミラーの開発にも従事している。抗体医薬とは，生体が持つ免疫システムの主役である抗体を主成分とした医薬品であり，副作用の少ない

効果的な治療薬である。抗体医薬は，分子構造が非常に大きく，遺伝子工学の手法を用いて作られ，バイオ医薬品のなかでもその開発が難しいとされている。当然のことながら，抗体医薬のバイオシミラーの開発も技術的に非常に難しいといえる。バイオシミラーの開発には，模倣技術だけではなく，革新技術も必要であり，模倣と革新を融合しなければならない事業分野である。

1980年代末以降，インド製薬企業は，多国籍製薬企業が形成するグローバル・バリューチェーン（Global Value Chain: GVC）に参入していった。模倣と革新を融合するインド企業のイノヴェーションはGVCへの参加によってその質を高めている。GVCとは，企画，生産，マーケティング，流通，そして製造販売後調査サポートに至るまでの企業の価値創造活動を意味する。医薬品のバリューチェーンは，医薬品の探索・開発，臨床試験，製造，販売承認，販売，そして流通に及ぶ。近年，多国籍製薬企業がGVCを活用するようになり，製薬産業において研究開発，製造のグローバルな分散化は一般的になっている。多国籍製薬企業は，中核事業や重要投資分野を本社に残す一方，製造だけではく研究開発領域もインドのような新興国の製薬企業に委託する（アウトソース），あるいは提携を締結するようになった。また，TRIPS協定によるインドにおける特許保護強化が，インドへのGVC拡大を促進した。

インドにおけるアウトソーシングビジネスの拡大は，製造受託のみならず，臨床研究などを請け負う研究受託，そして研究・製造受託サービス（Contract Research and Manufacturing Service: CRAMS）におよんでいる。CRAMSとは，医薬品のバリューチェーンを通じてサポートする，つまり新薬候補物質を探索・開発から臨床試験そして製造受託までのプロセスの一部を請け負うビジネスである。また，インド製薬企業と多国籍製薬企業との医薬品の研究開発提携も増加している。こうしたGVCへの参入は，新興国への技術力のスピルオーバーを増大し，それによって，サプライヤー企業である新興国企業はアップグレード（upgrading）し，GVCにおいてより付加価値の高いステージに上がっていくと指摘されている（Gereffi 1999, Gereffi et al. 2005; Sturgeon and Linden 2011）。また，GVCに参入することで，先端技術にアクセスすることが可能になり，製法のアップグレード（process upgrading）が可能になり，技術的効率

性が上昇し，そしてより高品質で機能性の高い製品の製造が可能になる（product upgrading）。さらに，機能のアップグレード（functional upgrading），そしてバリューチェーンあるいは部門内でのアップグレードを実現していくことが可能になる（Humphrey & Schmitz 2000; 2002）。インド製薬企業は，GVC への参入を通じてアップグレードを実現することで，高度成長を持続している。GVC への参入当初，インド企業は原薬のサプライヤーに過ぎなかったが，製剤の製造受託，そして製法や製剤の研究開発，そして創薬研究の一端を担うなど GVC におけるインド企業のポジションも高まっている。インド製薬産業は，低分子化学合成医薬品の模倣生産からスタートし，高付加価値，高機能を有するジェネリック医薬品の開発，そして低分子化学合成医薬品分野における創薬研究と新薬の商業化に成功し，そして現在は遺伝子工学や細胞培養技術などの複雑かつ高度な先端技術の使用が求められるバイオ医薬品分野への参入を果たしている。医薬品の GVC へのインド企業の貢献度は増大している。

6　インドの課題

インド製薬産業が長期的に成長を維持するうえでのいくつかの課題がある。第 1 の課題は，インド政府が「製薬産業の発展」と「医薬品アクセスの改善」という 2 つの課題を同時に追求しなければならないということである。インドは，世界的な医薬品生産国であり輸出国である一方，依然として健康保険制度が十分に普及していない貧困国である。インドでは，マラリアやデング熱など熱帯性の感染症に加え，結核，HIV／AIDS などの感染者数も多い。さらに，近年では経済成長に伴うライフスタイルの欧米化により，糖尿病などの慢性疾患の患者数も急増している状況にあり，国民の健康福祉への不安は大きい。特許保護強化や外資系製薬企業のインド市場でのシェア上昇が医薬品価格の上昇を引き起こすことが危惧され，それによる医薬品アクセスの後退が懸念されている。医薬品アクセスの後退を防ぐことを目的として，医薬品価格規制の強化，外資系企業に特許を認めない特許制度の運用，そして外資規制の強化の動きがインドにおいて顕著になった。しかしながら，これら医薬品アクセスを改善す

るための措置は，製薬産業全体のイノヴェーションを停滞させる可能性も同時に孕んでいる。医薬品アクセスの向上を目的とした政策は，医薬品アクセスの改善をもたらすが，中長期的には製薬産業の発展，特にイノヴェーションを通じた発展を抑制する可能性をもつ。そして，その結果として，革新的な医薬品がインドで入手困難になるなど医薬品アクセスの後退を招く可能性もある。

第2の課題は，インド製医薬品の品質問題である。インドは，低価格で高品質のジェネリック医薬品の供給国として世界市場で台頭し，特に米国市場において，その市場シェアを拡大してきた。現在，米国のジェネリック医薬品市場におけるインド製医薬品のシェアは40％を超えている。つまり，インド製薬企業の多くは，米国市場から収益を得ているのである。しかしながら，2008年以降，インド製医薬品の品質が十分に担保されていないとして，米国はインド企業に対して相次いで警告書（Warning Letter）や輸入禁止措置（Import Alert）を発令している。また，輸入禁止措置を回避するための，インド企業による自主回収（リコール）も増加している。インド製薬産業が高成長を維持していくためには，医薬品の製造管理および品質管理問題に真摯に対応することが肝要である。問題への対処に失敗した場合，あるいは不十分であった場合は，当該企業は深刻な収益面での損失を免れない。さらには，インドブランドの失墜にもつながる。近年，米国市場における中国企業の成長が顕著であり，インド企業が製造管理・品質管理問題への対応に失敗すれば，米国市場における優位性を中国企業に奪われる可能性も出てくるだろう。

また，インド製薬企業は，規制市場（先進国市場）のなかで，唯一日本市場への進出に苦戦している。その原因の1つに，インド製薬企業が日本の品質基準に十分に適応できていない点にある。米国は世界で最も品質基準が厳格であるとされているが，日本の品質基準はそれとは異なる独自の基準がある。インド企業は，日本独自の品質基準に十分に適応できず苦戦している。しかしながら，日本は，ジェネリック医薬品の普及が米国に比べて遅れているとはいえ，米国に比べ日本のジェネリック医薬品の価格は高く，市場として決して小さくはない。数量ベースでは米国との差は大きいものの，金額ベースでみた場合，その差は大きくない。インド製薬産業が今後持続的に成長していくためには，

日本市場を無視することはできない。医薬品は価格の低さよりも品質の高さ，安全性の高さが重要視される財である。日米をはじめとする規制市場の高い品質基準を安定的かつ確実に満たしていくことが今後の大きな課題である。

7　本書の構成

　さて，本書の構成は次のとおりである。第1章では，医薬品と製薬産業について概説した後，インド製薬産業について，貿易構造，産業構造，そして空間的構造の側面から概観し，第2章では，産業政策と医薬品政策の変遷を軸に，製薬産業の長期的発展の特徴について，インド製薬産業が輸入代替工業化に成功した要因，インド製薬産業のグローバル化，そしてインド製薬産業の集積地形成の点から整理する。第3章では，医薬品価格規制がインド製薬産業の発展を促進する側面を持った点について整理する。1970年に医薬品価格規制令が公布され，インドの医薬品価格は世界で最も低い水準にまで抑えられた。インド製薬企業は，医薬品の上限価格が低く設定されたなか，収益を出さなくてはならないという厳しいビジネス環境に置かれることになった。そうした厳しいビジネス環境は，インド製薬企業のコスト競争力を生み出した。そして，1979年医薬品価格規制令において，規制がさらに強化されたことにより，インド製薬企業は交易条件の良い海外市場への輸出を促進することによって収益性を高めようとした。つまり，医薬品価格規制は，1980年代以降は輸出インセンティブとしても機能した。当然のことながら，海外市場においても，インド企業のコスト競争力は大きな武器となった。第4章では，インド製薬産業の高成長がイノヴェーションによってもたらされており，そのイノヴェーションとは1970年代以降蓄積してきた模倣技術と1990年代以降獲得した革新的技術を融合させたものであることを，新しいドラッグ・デリバリー・システム（NDDS）の開発，創薬研究，バイオ医薬品への参入の面から明らかにする。そして，模倣と革新を融合したインド製薬産業の技術が，GVCへの参入，つまりインドにおけるアウトソーシングビジネス拡大につながっていることを明らかにする。こうしたGVCへの参入は先端技術へのアクセスにつながり，製薬産業の発展に好循

環をもたらしている。第5章では，イノヴェーションを起こす主体である企業の発展について，「企業の能力」をキーワードに，インドを代表する2つの企業 Ranbaxy Laboratories と Dr. Reddy's Laboratories の経営史を分析することで明らかにする。両企業とも，インドの厳しいビジネス環境にさらされながらも，研究開発努力により生み出された高い製薬技術や製品を武器に，インド国内市場はもちろんのこと，世界市場，特に米国市場においてその存在感を高めていった。第6章では，インド製薬産業の高成長を持続するうえで最も重要市場である米国との関係について，知的所有権制度，品質管理問題の側面から検討する。第7章では，日本とインドの関係について，日印双方の側面から分析する。まず，インド企業の日本市場進出の状況を Lupin の共和薬品工業の買収を中心に検討し，日本企業のインド進出については，独資で参入したエーザイと買収で参入した第一三共の事例をそれぞれ検討する。第8章では，産業発展と医薬品アクセスの問題について，知的所有権と外資規制の面から検討する。終章において，本書のまとめを行うと同時に，今後のインド製薬産業の課題と展望について考察する。

第1章
インド製薬産業の概観
——貿易・産業構造・空間構造——

1　医薬品とは

　まず，製薬産業を理解するために，医薬品という財について解説しておきたい。医薬品は，医療用医薬品と一般用医薬品に大別される（**図1-1**）。医療用医薬品とは，病院や診療所などの医療機関で，医師が診断したうえで発行する処方箋に基づいて，薬剤師が調剤し，患者に出される薬で，処方薬ともいわれる。他方，一般用医薬品とは，医師による処方箋を必要とせずに購入できる医薬品のことである。市販薬，大衆薬，または家庭用医薬品などとも呼ばれ，薬局のカウンター越し（over the counter）に売買されることから，OTC医薬品とも呼ばれている。

　本書での医薬品は，医療用医薬品を指す。医療用医薬品は，新薬（先発医薬品）とジェネリック医薬品（後発医薬品）に分類することができる。新薬とは，世界で最初に開発・承認・販売された，新規の有効成分を持つ医薬品である。新薬を開発した製薬企業は，その有効成分である新規化学物質やその製造方法に特許を取得し，20～25年に渡って，新薬を独占的に製造・販売する。

　ここで，医薬品の特許について解説したい。**図1-2**は，医薬品に関連する特許の一覧である。医薬品特許は大別すると，基本特許と周辺特許に分類される。医薬品の基本特許とは，「物質特許」である。一般的に，先発医薬品（新薬）企業は物質特許の失効間近になると，周辺特許を取得し，特許保護期間の延長を図る（**図1-3**）。新薬は，画期的医薬品と改良型医薬品に分類することができる。画期的新薬とは，新規有効成分含有医薬品であり，文字通り，新規

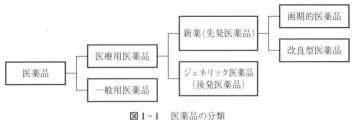

図1-1　医薬品の分類

（出所）　筆者作成。

医薬品特許	基本特許	**物質特許** 新規化学物質に付与され，物質そのものを保護する。1医薬品につき1物質特許で保護される。製造から販売までを独占できる強大な権利。
	周辺特許	**用途特許** 既存の物質の新しい用途に付与される。 **製剤特許** 医薬品の製剤上の新しい工夫に付与される。 **製法特許** 化学物質の新しい製造方法に付与される。

図1-2　医薬品特許

（出所）　筆者作成。

有効成分を使用した医薬品である。一方，改良型新薬とは，既存の有効成分を使用していても，新たな適応症を持つものとして用途特許を取得した医薬品を新効能医薬品，剤型が新規であるとして製剤特許を取得した医薬品は新剤型医薬品などがあり，特許保護期間が延長される。

　一方，ジェネリック医薬品とは，先発医薬品の特許が失効した後，先発医薬品と治療学的に同等であるものとして製造販売が承認される。ただし，物質特許が失効したからといって，直ちに後発医薬品を市場に導入できるわけではない。

　新薬（先発医薬品）は，製薬企業のブランド名で処方・販売されるが，ジェネリッ医薬品（後発医薬品）は，医薬品の有効成分の名前である一般名で処方・販売される。一般名を英語でgenericということから，ジェネリック医薬品と呼ばれる。

　例えば日本では，ジェネリック医薬品を開発・販売するためには，物質特許

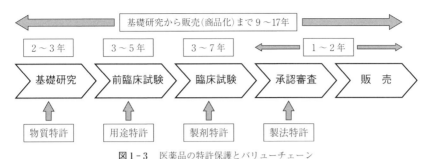

図1-3 医薬品の特許保護とバリューチェーン
(出所) 筆者作成。

と用途特許が失効している必要がある。しかし，これらの特許が失効していても，製法特許と製剤特許の特許有効期間が残存していることも少なくない。したがって，ジェネリック医薬品企業は，先発医薬品と同等の有効性と安全性を確保した上で，製法特許と製剤特許を侵害しない製品を開発しなければならない。つまり，新薬とジェネリック医薬品は，医薬品の有効成分が同じであるが，添加物や凝固剤などが異なり，製法や製剤技術も同じではないため，完全に同じではない。

医薬品を製造する企業も，先発医薬品企業とジェネリック医薬品企業に大別される。先発医薬品企業は，主に米国，欧州諸国，そして日本に拠点を置いている。本書で取り上げるインド製薬産業は，主にジェネリック医薬品企業で構成されているが，インド製薬企業のなかには，ジェネリック医薬品の開発と製造を行う一方，創薬研究に従事し，新薬の開発に成功している企業もある。

最後に，本書を通じて使用される以下の用語についても解説をしておきたい。まず，原薬とは，API（Active Pharmaceutical Ingredient）とも呼ばれ，文字通り医薬品有効成分である。一方，製剤とは，原薬（API）に賦形剤や添加剤などを加えて，使用するうえで適した形になっているもので，患者が消費する医薬品そのものを指す。つまり，原薬（API）は医薬品製造に必要なもので，製造者，消費者共に製薬企業であり，製剤は，製造は製薬企業が行い，消費者は患者である。また，本書では中間体という用語も多用されているが，中間体とは，原薬の一歩手前の化学物質を指す。医薬品は，原料（化合物）→中間体→

原薬→製剤という製造過程を進む。以下では，上記の解説を踏まえたうえで，インド製薬産業の概要を解説したい。

2　貿易・産業構造の概観

インド製薬産業は，インドの独立以降，持続的に成長を遂げ，世界の医薬品市場において確固たる地位を築いている。

インドの医薬品市場は年々成長しており，2011年から2014年までの4年間の年平均成長率は10.8％を記録している。2014年の市場規模は，7,752.9億ルピー（約1兆5,505.8億円）に達している（AIOCD-AWACS 2015: 2）。2016年には，国内市場は，1兆3,000億ルピー（約2兆6,000億円），輸出額は1兆5,800億ルピー（約3兆1,600億円）に達し，2019年には国内市場は2兆3,300億ルピー（約4兆6,600億円），輸出額は2兆4,800億ルピー（約4兆9,600億円）に到達すると見込まれていた（Department of Pharmaceuticals 2012a: 16）。

インドは，1980年代末に製薬産業の輸入代替を完了し，輸出志向に転換した。インドの医薬品輸出は現在も拡大し続けている（図1-4）。インド製薬産業の成長は輸出によって牽引されている。

金額ベースでみた場合，インドは世界第10位の医薬品輸出国（2016年）であり，世界の医薬品輸出に占めるインドのシェアは2％である（表1-1）。一方，数量ベースで輸出を見た場合，インドは，ドイツに次ぐ世界第2位の医薬品輸出品国である（表1-2）。以上の貿易データから，インドは低価格の医薬品を大量に輸出している国であることがわかる。

以下では，インドの輸出品目について確認したい。表1-3は，インドの主要輸出品目の推移を示している。1996年，2001年の主要輸出品目には，トランキライザー（精神安定剤），セファレキシン製剤，アンピシリン，アモキシシリンなどの抗生物質，そしてアーユルヴェーダ医薬品などであった。2005年になると，抗生物質や抗菌剤が主要品目である点に変化はないが，アーユルヴェーダ医薬品が主要品目から姿を消し，高血圧治療薬が主要品目に入ってきた。2010年になると，高血圧治療薬が3位に浮上し，同じく高血圧症の治療に使用

(単位：100万ドル)

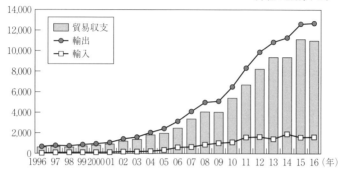

図1-4 インド医薬品貿易の推移

（注）HSコード第30類医療用品のうち，3001，3002，3003，3004のデータを合算している（医療機器に分類される3005，3006は含まない）
（出所）Department of Commerce, Ministry of Commerce and Industry, Government of India, *Export Import Databank Version7.1-TradeStat*（http://www.commerce.nic.in/eidb/default.asp）より作成。

されるカプトリル，エナラプリル，リシノプリル，ペリンドプリル，ラミプリル（ACE阻害薬）の輸出が増大している。プロトポンプ阻害剤であるオメプラゾール，ランソプラゾール，慢性閉塞性肺疾患（COPD）の治療に使用されるサルブタモール，テルブタリン，エフェドリン，サルメテロール，メチルキサンチンの輸出が増大している。こうした慢性疾患治療薬の輸出の増大の背景には，これらの医薬品の特許失効がある。特許失効により，ジェネリック医薬品として規制市場である米国市場を中心とした先進国市場への輸出が始まったためであると考えられる。

　製薬産業の成長は，輸出が牽引していることは明らかではあるが，国内市場の拡大も成長に貢献している。**表1-4**は，インド医薬品市場の治療学領域別シェアを示している。インドの医薬品市場において，最大のシェアを構成しているのが抗感染症で16.4％，心臓疾患の12.4％，胃腸病11.2％と続く。BBCの報道によれば，インドは遺伝的に心臓疾患にかかりやすい遺伝子を持つ人が人口の約4％で，これは世界平均の1％を大きく上回っている。世界心臓連合（World Heart Federation）によれば，インドにおける死因の26％が心臓疾患によるものであるというように，インド人は遺伝的に心臓疾患にかかりやすい。

表1-1　世界の主要医薬品輸出国金額ベース　　（単位：100万ドル）

2014年	国名	輸出額	シェア	2015年	国名	輸出額	シェア	2016年	国名	輸出額	シェア
1	ドイツ	74,366.47	16%	1	ドイツ	71,196.67	15%	1	ドイツ	71,871.53	15%
2	スイス	61,711.81	13%	2	スイス	59,783.30	13%	2	スイス	66,664.80	14%
3	ベルギー	47,523.49	10%	3	米国	44,928.55	10%	3	米国	44,608.59	10%
4	米国	41,820.83	9%	4	ベルギー	41,160.32	9%	4	ベルギー	40,223.33	9%
5	フランス	34,318.33	7%	5	英国	34,601.16	7%	5	英国	31,265.57	7%
6	英国	31,962.36	7%	6	アイルランド	30,947.27	7%	6	アイルランド	30,837.16	7%
7	アイルランド	26,089.25	6%	7	フランス	29,160.37	6%	7	フランス	29,386.54	6%
8	イタリア	24,486.22	5%	8	オランダ	24,177.93	5%	8	イタリア	20,686.86	4%
9	オランダ	23,829.81	5%	9	イタリア	19,341.62	4%	9	オランダ	15,702.80	3%
10	スペイン	12,091.01	3%	10	インド	12,303.20	3%	10	インド	12,799.47	3%
11	インド	11,372.2	2%	11	スペイン	10,931.38	2%	11	スペイン	10,416.63	2%
12	オーストラリア	8,690.166	2%	12	オーストリア	7,613.24	2%	12	オーストリア	9,105.90	2%
13	スウェーデン	7,385.905	2%	13	カナダ	7,478.47	2%	13	カナダ	8,148.35	2%
14	シンガポール	7,017.192	1%	14	スウェーデン	7,155.51	2%	14	スウェーデン	6,984.71	2%
15	カナダ	6,787.628	1%	15	シンガポール	6,524.37	1%	15	イスラエル	6,617.55	1%
16	イスラエル	6,175.115	1%	16	イスラエル	6,511.07	1%	16	シンガポール	5,273.15	1%
17	デンマーク	5,728.727	1%	17	デンマーク	5,163.89	1%	17	デンマーク	5,037.35	1%
18	中国	4,473.469	1%	18	中国	4,771.89	1%	18	中国	4,869.05	1%
19	ハンガリー	4,066.16	1%	19	ハンガリー	4,111.89	1%	19	ハンガリー	3,958.13	1%
20	ポーランド	3,481.85	1%	20	日本	3,069.64	1%	20	日本	3,660.14	1%

（注）HSコード第30類医療用品のうち，3001，3002，3003，3004のデータを合算している（医療機器に分類される3005，3006は含まない）。
（出所）United Nations, *United Nations Commodity Trade Statistics Database*（http://comtrade.un.org/data/）より作成。

表1-2　世界の主要医薬品輸出国　数量ベース　　（単位：Kg）

2014年	国名	輸出量	2015年	国名	輸出量	2016年	国名	輸出量
1	ドイツ	620,985,922	1	ドイツ	647,081,791	1	ドイツ	677,527,768
2	インド	416,503,074	2	インド	387,273,351	2	インド	390,006,063
3	フランス	356,447,457	3	フランス	357,699,650	3	フランス	386,385,371
4	イタリア	262,818,018	4	中国	323,100,000	4	中国	365,006,801
5	中国	257,758,899	5	イタリア	263,157,082	5	イタリア	281,686,362
6	英国	215,280,050	6	スペイン	244,747,946	6	スペイン	251,495,961
7	ベルギー	208,282,919	7	英国	225,166,427	7	英国	227,277,346
8	スペイン	204,278,167	8	ベルギー	207,561,984	8	ベルギー	208,976,734
9	米国	174,839,721	9	アイルランド	166,445,526	9	メキシコ	175,195,829
10	メキシコ	169,470,804	10	米国	166,300,000	10	アイルランド	162,071,063
11	アイルランド	166,354,117	11	メキシコ	152,306,251	11	スイス	108,112,995
12	スイス	107,120,092	12	スイス	106,147,045	12	オーストリア	93,574,432
13	オーストリア	88,042,998	13	オランダ	104,700,000	13	ポーランド	86,241,993
14	オランダ	75,176,753	14	オーストリア	87,500,000	14	オランダ	84,286,555
15	ポーランド	64,160,465	15	ポーランド	69,823,175	15	ハンガリー	70,317,452
16	コロンビア	53,487,794	16	ハンガリー	63,824,641	16	バルバドス	69,769,623
17	ハンガリー	48,847,766	17	コロンビア	46,245,588	17	コロンビア	45,093,111
18	エジプト	41,068,976	18	ロシア	34,266,247	18	マレーシア	43,283,895
19	フィリピン	35,101,664	19	スロベニア	33,835,019	19	ロシア	38,714,425
20	オーストラリア	35,092,941	20	オーストラリア	33,673,263	20	スロベニア	38,095,894

（注）HSコード第30類医療用品のうち，3001，3002，3003，3004のデータを合算している（医療機器に分類される3005，3006は含まない）。
（出所）United Nations, *United Nations Commodity Trade Statistics Database*（http://comtrade.un.org/data/）より作成。

第1章 インド製薬産業の概観

表1-3 インドの主要輸出品目　　　（単位：100万ドル）

HSコード	品目	1996/1997	HSコード	品目	2010/2011
30039089	その他医薬品（小売り用包装にされていない）	81.99	30049099	その他医薬品（小売り用包装）	2,281.14
30049099	その他医薬品（小売り用包装）	73.32	30042019	その他セファロスポリンとその派生物	294.09
30049089	トランキライザー	52.71	30049079	抗高血圧治療薬	226.47
30042008	セファレキシン製剤－カプセルなど	43.92	30041090	ペニシリンおよびその派生物を含むその他医薬品	183.26
30041003	アンピシリンカプセルおよび注射剤	28.74	30049071	カプトリル、エナラプリル、リシノプリル、ペリンドプリル、ラミプリル（ACE阻害薬）	176.63
30049001	アーユルヴェーダおよびウナニ医薬品（小売り用包装）	27.75	30049034	オメプラゾール・ランソプラゾール	171.12
30049017	スルファメトキサゾール、トリメトプリム 錠剤およびシロップ	23.58	30033900	ホルモンを含むその他医薬品	166.68
30041004	アモキシシリン（カプセル、注射剤など）	21.63	30045090	その他医薬品（小売り用包装）	165.33
30039038	メンソールクリスタル	20.79	30049091	サルブタモール、テルブタリン、エフェドリン、サルメテロール、メチルキサンチン	160.61
30045019	その他医薬品（小売り用包装）	17.6	30049029	その他駆虫剤および抗アメーバ剤、抗原虫剤、抗真菌剤	154.36
HSコード	品目	2000/2001	HSコード	品目	2015/2016
30049099	その他医薬品（小売り用包装）	253.61	30049099	その他医薬品（小売り用包装）	5,601.33
30039099	その他医薬品（小売り用に包装されていない）	77.97	30049049	その他抗がん剤	442.19
30042008	セファレキシン製剤－カプセルなど	40.28	30049079	抗高血圧治療薬	426.75
30045019	その他小売り用	36.68	30022029	その他混合ワクチン	413.64
30041004	アモキシシリン（カプセル、注射剤など）	36.58	30042019	その他セファロスポリンとその派生物	359.38
30039038	メンソールクリスタル	28.43	30049069	非ステロイド系抗炎症薬、鎮痛剤	339.62
30049001	アーユルヴェーダおよびウナニ医薬品（小売り用包装）	27.36	30049039	その他ヒスタミン薬、制酸剤、抗潰瘍薬、鎮吐剤、そしてその他胃腸薬	333.24
30039001	アーユルヴェーダおよびウナニ（小売り用に包装されていない）	21.13	30049081	フェノバルビタール、プリミドン、フェニトイン、カルバマゼピン、エトスクシミド、バルプロ酸、ジアゼパムなど	327.6
30041003	アンピシリンカプセルおよび注射剤	20.06	30041090	ペニシリンおよびその派生物を含むその他医薬品（小売り用包装）	222.79
30042039	その他フルオロキノロン	16.22	30049034	オメプラゾール・ランソプラゾール	198.82
HSコード	品目	2005/2006	HSコード	品目	2016/2017
30049099	その他医薬品（小売り用包装）	782.7	30049099	その他医薬品（小売り用包装）	5,362.49
30045090	その他医薬品（小売り用包装）	82.48	30049069	非ステロイド系抗炎症薬、鎮痛剤	594.66
30041030	アモキシシリン（カプセル、注射剤など）	70.47	30049079	抗高血圧治療薬	493.84
30039090	その他医薬品（小売り用包装）	65.56	30049049	その他抗がん剤	404.93
30049079	抗高血圧治療薬	63.28	30022029	その他混合ワクチン	344.12
30049034	オメプラゾール・ランソプラゾール	58.02	30049039	その他ヒスタミン薬、制酸剤、抗潰瘍薬、鎮吐剤、そしてその他胃腸薬	321.61
30049063	イブプロフェン	54.65	30049081	フェノバルビタール、プリミドン、フェニトイン、カルバマゼピン、エトスクシミド、バルプロ酸、ジアゼパムなど	319.2
30042019	その他セファロスポリンとその派生物	53.64	30042019	その他セファロスポリンとその派生物	310.51
30032000	その他抗生物質を含む医薬品	52.12	30042099	その他医薬品（小売り用包装）	232.23
30049029	その他駆虫剤および抗アメーバ剤、抗原虫剤、抗真菌剤	50.11	30041090	ペニシリンおよびその派生物を含むその他医薬品（小売り用包装）	220.02

（出所）Department of Commerce, Ministry of Commerce and Industry, Government of India, Export Import Databank Version7.1-TradeStat (http://www.commerce.nic.in/eidb/default.asp) より作成。

表1-4 治療分野別売上高 (単位:1,000万ルピー)

		売上高	シェア	成長率（％）
1	抗感染症	12,704	16.4%	0.1
2	心臓疾患	9,643	12.4%	8.6
3	胃腸病	8,716	11.2%	6.6
4	ビタミン類・ミネラル類・栄養剤	6,959	9.0%	6.7
5	呼吸器疾患	6,098	7.9%	10
6	糖尿病	5,598	7.2%	16.4
7	鎮痛剤	5,580	7.2%	4.8
8	中枢神経疾患	4,825	6.2%	7
9	婦人科	4,808	6.2%	3
10	皮膚病	4,473	5.8%	13.7
11	眼科	1,402	1.8%	10
12	ホルモン	1,302	1.7%	3.6
13	抗悪性腫瘍剤	1,103	1.4%	30.5
14	ワクチン	1,081	1.4%	-5
15	血液関連製剤	929	1.2%	5
16	その他	895	1.2%	4.9
17	抗マラリア薬	631	0.8%	2.8
18	アンチエンジング	433	0.6%	2.7
19	口腔科学	349	0.5%	9.6
	インド医薬品市場	77,529	100%	6.7

（出所）AICOD-AWACS (2015: 15) より作成。

表1-5 売上高上位20ブランド：2014年 （単位：1,000万ルピー）

	ブランド	企業	売上高
1	ミックスタード（MIXTARD）	Novo Nordisk	353
2	オーグメンチン（AUGMENTIN）	GSK	259
3	リバイタル（REVITAL）	Ranbaxy	252
4	グリコメット GP（GLYCOMET GP）	USV	231
5	コレックス（COREX）	Pfizer	226
6	モノセフ（MONOCEF）	Aristo	226
7	ビコスル（BECOSULES）	Pfizer	225
8	ボルニ（VOLNI）	Ranbaxy	223
9	クラバム（CLAVAM）	Alkem	193
10	デキソレンジ（DEXORANGE）	Franco	182
11	ランタス（LANTUS）	Sanofi	179
12	マンフォース（MANFORCE）	Mankind	178
13	リブ52（LIV52）	Himalaya	173
14	ベタジン（BETADINE）	Win-Medicare	168
15	アシロック（ACILOC）	Cadila Pharmaceuticals	159
16	フェンセデイル・コフ・リンクタス（PHENSEDYL COUGH LINCTUS）	Abbott Healthcare	158
17	モキソカインド CV（MOXIKIND CV）	Mankind	153
18	スキンライト（SKINLITE）	Zydus Cadila	152
19	カルポル（CALPOL）	GSK	151
20	ガルバス MET（GALVUS MET）	Novartis	151

（出所）AICOD-AWACS (2015: 10) より作成。

2020年には，心臓疾患が死因の第1位になると予測されており（Ajay et.al 2002: 3），心臓疾患の治療薬市場は今後も拡大することが予想される。経済発展に伴い，インドでは，疾病の傾向にも変化が現れ，生活習慣病市場が拡大している。感染症とは異なり，長期間の治療が必要であるため，生活習慣病患者の増大はインド国内市場の成長を後押しすると考えられる。最も急速に成長している分野は，抗がんで30.5％，次いで糖尿病の16.4％，皮膚病の13.7％と続く（AICOD-AWACS 2015: 15）。

表1-5は，2014年の売上高上位20ブランドを示している。NovoNordiskのインスリン製剤ミックスタードが第1位，インド企業USVのグリコメットが第3位，第11位にSanofiのインスリングラルギン製剤のランタス，そして第20位にノバルティスのガルバスと，糖尿病治療薬が売上高の上位に位置している。国際糖尿病連合（International Diabetes Federation: IDF）によれば，インドの糖尿病患者数は世界第2位で6,918.86万人（2015年）にのぼり，有病率も9.3％と高い水準にある。糖尿病薬市場の高い成長率は，こうした状況を如実に反映するものである。糖尿病，心臓疾患，そして皮膚病の治療薬は，供給量の増大が市場規模の拡大に貢献している（AICOD-AWACS 2015: 16）。抗感染症市場の成長率が低い要因は，2013年医薬品価格規制令の施行により，抗感染症薬の価格が大幅に引き下げられたことによる（2013年医薬品価格規制令による医薬品価格の引き下げについては，第3章で詳述する）。

また，インドではOTC医薬品市場が成長を遂げている。2010年のインドのOTC市場規模は5,000億ルピー（約111億米ドル）で，世界で第11位に位置しており，2015年には世界第9位の規模になると予測されていた（OPPI 2011: 6）。2006年から2010年にかけて高い成長を遂げてきたが，胃腸薬，鎮痛薬，そして咳・風邪薬などの売れ行きが非常に好調だったのがその要因である。インドのOTC医薬品市場は，2010年において18億ドル規模で，2006年から2010年にかけて，年平均成長率6.4％で成長してきた（表1-6）。2010年において，ビタミンとミネラルがインドのOTC医薬品市場において最も利益が出る部門であり，総収入は4億7,120万ドルにのぼった。総市場に占める割合は25.8％である。咳・風邪薬部門は，2010年の総収入が3億8,650万ドルで，OTC医薬品総収入

表1-6 OTC市場の規模と成長率　　　　（単位：100万ドル）

	2005	2006	2007	2008	2009	2005/06 成長率	2006/07 成長率	2007/08 成長率	2008/09 成長率
鎮痛剤	178.8	192.9	201.7	223.4	258.6	7.9	4.6	10.7	15.8
咳止め・風邪薬・抗アレルギー薬	227.2	250.7	269.7	295.1	318.1	10.3	7.6	9.4	7.8
胃腸薬	231.4	256.7	281	301.2	332.6	10.9	9.5	7.2	10.4
ビタミン・ミネラル・サプリメント	447.1	494.3	538.6	583	634.5	10.6	8.9	8.2	8.8
皮膚病治療薬	144.1	160.3	181.9	212.4	236.5	11.3	13.5	16.8	11.3
ライフスタイルOTC	14.8	16.4	18.1	23.9	33.1	11	10.1	31.9	38.9
インドのOTCの売り上げ	1,243.4	1,371.4	1,491	1,638.9	1,813.4	10.3	8.7	9.9	10.7

（出所）OPPI（2011: 6-7）より作成。ただし原資料は，Nicholas Hall & Company, India, DB6 2010。

の21.2％であった（OPPI 2011）。OTC市場は，2011年30億ドル規模であったが，2016年には660億ドルに達すると予測されている（PTI 2014b）。

次に，インド製薬産業の産業構造について概説したい。図1-5は，企業の形態を示している。インドでは，10,563社の民間企業が活動している。売上高別企業規模の分布を示したものが，図1-6である。売上高が50億ルピー超の企業は全体の2％，10億ルピーから50億ルピーの企業が3％，5億ルピーから10億ルピーの企業が5％，1億ルピーから5億ルピーの企業が20％，そして1億ルピーより小さい企業が70％となっている。10,563社のうち70％，約7,400社が中小規模の企業である（Department of Pharmaceuticals 2012a: 20）。

国営企業は中央政府の完全所有企業が7社とその完全子会社が2社，国営企業と州の投資産業公社による合弁企業が3社ある。これら公企業と州公社との合弁事業や子会社をあわせると12社の公企業が操業している（Department of Pharmaceuticals 2012a: 35-42）。公企業は1990年代に経営の悪化から，経営不良企業（sick industry）に指定され，再生プログラムのもとでの再建が進められている。公企業は，製薬産業の発展段階初期において，研究開発と製造において主導的な役割を果たしてきたが，現在の公企業は，研究開発能力と生産能力に

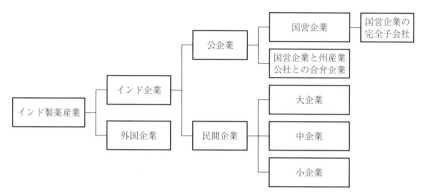

図1-5　インド製薬産業の企業形態

（出所）　筆者作成。

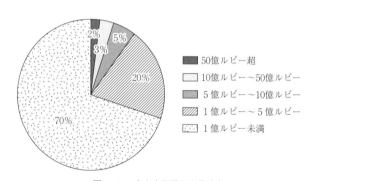

図1-6　売上高規模別企業分布
（出所）　Department of Pharmaceuticals（2012: 20）より作成。

おいて，民間企業に対して劣位にある。現在，公企業に期待されていることは，貧困層向けの必須医薬品の製造による医薬品アクセス改善への貢献である。

2014年の国内市場における売上高で見ると，上位20社の市場シェアは65％，上位10社では42％，上位5社では25％（AICOD-AWACS 2015: 4-5）で，インド医薬品市場は低位寡占状態にあるといえる（**表1-7**）。

上位20社に外資系企業が5社（2014年時点では，Ranbaxyは第一三共の子会社で外資系企業である）入っている。インド総市場に占める外資系企業のシェアは22.43％，インド企業のシェアは77.57％（AICOD-AWACS 2015: 8）であり，インド企業が優位にある。2014年末に，第一三共がRanbaxyの株式をSun

表1-7　インド市場上位20社：2014年
(単位：100万ルピー)

順位	企　業	売上高	成長率	シェア	インド/外資
1	Abbott	4,911	3.7	6	外資
2	Sun	4,218	15.8	5	
3	Cipla	3,838	6.2	5	
4	Zydus	3,381	6.3	4	
5	Ranbaxy	3,060	2.1	4	外資
6	Mankind	2,759	5.7	4	
7	GSK	2,694	-15.5	3	外資
8	Alkem	2,689	9	3	
9	Lupin	2,621	12.7	3	
10	Pfizer	2,244	3.2	3	外資
11	Emcure	2,176	14.4	3	
12	Macleods	2,102	13.3	3	
13	Intas	1,975	14.1	3	
14	Sanofi	1,942	0.6	3	外資
15	Aristo	1,902	14.7	2	
16	Glenmark	1,688	16.7	2	
17	Dr. Reddy's	1,658	7.2	2	
18	Micro	1,592	10.5	2	
19	Torrent	1,419	14.6	2	
20	USV	1,410	8.5	2	
	インド医薬品市場	77,529	6.7	100	

(注)　2015年，第5位のRanbaxyは親会社の第一三共が第2位Sun Pharmaceuticalsに売却し，Sunと合併している。
(出所)　AICOD-AWACS（2015: 4-5）より作成。

Pharmaceuticalsに売却し，RanbaxyはSunに吸収合併された。2016年時点で，合併後Sunがインド最大の製薬企業である。外資系企業は，ヒトインスリン，アモキシシリン製剤，クロルフェニラミン製剤において，高い売上高を記録している。この背景には，外資系企業の製品の価格がインド企業の製品の価格よりも相対的に高いことを反映しているものと考えられる。

外資系企業は，インド国内市場を主戦場としているが，主要インド製薬企業は輸出への依存度が高い。表1-8は，主要インド企業の連結売上高と海外売上高比率を示している。主要インド企業ほとんどは，海外売上高の比率が高い。輸出が製薬産業の成長を牽引している。

こうした製薬産業の構造を反映するかのように，インドでは製薬業界団体も複数存在している。主要な団体は次の3団体である。まず，インドの大手民間企業を代表するインド製薬産業連盟（Indian Pharmaceutical Alliance: IPA）である。創設企業には，Cipla，Ranbaxy，Dr. Reddy's Laboratories，Lupin，Piramal，そしてWockhardの大企業が名を連ね，現在の加盟企業は，Zydus Cadila，Glenmarkなどのインド大手に加えて，米国のジェネリック大手企業Mylanの

第1章 インド製薬産業の概観

表1-8 主要インド企業の連結売上高と海外売上高比率：2011年
(単位：1,000万ルピー，%)

	連結売上高	海外売上高	海外売上高比率
Ranbaxy	8,961	6,772	76
Dr. Reddy's	7,237	5,941	82
Lupin	5,707	3,983	70
Cipla	6,130	3,361	55
Sun	5,721	2,898	51
Wockhardt	3,751	2,710	72
Jubilant Lifesciences	3,433	2,369	69
Cadila Healthcare	4,465	2,289	51
Biocon	2,301	1,957	85
Glenmark	3,090	1,956	63
Stride Arcolab	1,696	1,638	97
Plenthico Pharma	1,535	1,367	89
Piramal Healthcare	2,510	1,281	51
Divi's Labs	1,307	1,205	92
Aurobindo	4,381	1,112	25
Torrent	2,122	1,102	52
Ipca Laboratories	1,883	1,025	54
Dishman	991	912	92
Orchid Chemicals	1,782	726	41
Shasun Chemivals	799	677	85
Panacea Biotec	1,144	610	53

(出所) Department of Pharmaceuticals (2012: 16-17)

インド現地法人 Mylan India が加盟しており，加盟企業総数は20社である[1]。IPA の特徴は，輸出志向が強く，特に米国市場でのシェアを拡大している企業，また高い研究開発能力を有する企業が加盟している点にある。次に，インドの中小規模製薬企業を代表するのがインド医薬品製造業組合（Indian Drug Manufacturer's Association: IDMA）で，加盟企業総数は，900社（2016年時点）である[2]。IPA 加盟企業のなかには IDMA にも加盟している企業があるものの，基本的に IDMA に加盟する企業の企業規模は中小規模であり，インド最大の製薬業界団体である。最後に，インドで操業する外資系製薬企業を代表する団体が，インド製薬業者機構（Organisation of Pharmaceutical Producers of India: OPPI）であり，加盟企業総数は31企業である。日本企業では，アステラス製薬，エーザイ，武田薬品工業のインド現地法人が加盟している[3]。これらの主要

表1-9 雇用人数の推移

年	雇用者数
1994／95	181,497
1995／96	204,609
1996／97	211,614
1997／98	189,295
1998／99	213,999
1999／00	243,410
2000／01	233,704
2001／02	226,416
2002／03	223,556
2003／04	240,791
2004／05	265,396
2005／06	290,021
2006／07	336,211
2007／08	353,692

（出所）　Department of Pharmaceuticals (2012a: 20)

3団体は，医薬品政策の策定にも大きな影響を与えている。この主要3団体の他に，原薬企業を代表するインド原薬製造業組合（Bulk Drug Manufacturers Association (India): BDMA）や小規模製薬企業を代表する団体であるインド医薬品工業連合会（Confederation of Indian Pharmaceutical Industry: CiPi）がある。[4]

最後に，インド製薬産業の雇用について確認したい。**表1-9**は，雇用人数の推移である。データが古いが，2008年で35万3,700人ほどが雇用されている。そのうちの約50％が製造および品質管理部門に雇用されており，ついで研究開発部門に20％，販売，マーケティング，医療情報担当者（Medical Representative: MR）部門は5〜10％，調達，ロジスティクス，サプライチェーン部門に5〜10％，財務など部門に10〜12％が雇用されている（Department of Pharmaceuticals 2012a: 20）。インド製薬産業の雇用面での特徴としては，研究開発部門の雇用が大きい点である。

3　空間的構造

以下では，インド製薬産業の空間的構造を概観したい。**図1-7**は2014年の地域別の市場規模を示している。市場規模が最も大きいのは，南部で，国内市場の28％に相当し，北部の26％，西部の24％，そして東部の20％と続く。成長率が高い地域は，西部地域で8.1％，次いで北部7.0％，東部6.7％，そして南部5.3％と続く（AICOD-AWACS 2015: 111）。南部は市場規模としては，最も大きいが，成長率は他の地域に比べて低い。

市場規模が大きい南部の特徴は，糖尿病，心臓疾患，中枢神経疾患などの慢

性疾患の治療薬の市場が相対的に大きい点である。糖尿病薬については，糖尿病薬市場の36％を，心臓疾患については32％を，中枢神経疾患については29％を南部地域がシェアしている（AICOD-AWACS 2015: 111）。また，南部は抗感染症，呼吸器疾患の市場もそれぞれ24％，29％と大きい（AICOD-AWACS 2015: 111）。

AICOD-AWACS（2015: 112）によれば，北部は抗感染症，ビタミン・ミネラル類，婦人科疾患，眼科薬，ホルモン，抗悪性腫瘍剤，ワクチン，血液関連製剤，性的興奮剤，東部は，胃腸薬，西部は，抗マラリア薬，南部は心臓疾患，呼吸器疾患，糖尿病，鎮痛剤，中枢神経疾患，皮膚病がそれぞれ売上高1位に位置する。

表1-10は，売上高の大きい主要都市，地域を示しているが，南部4州は全て上位に位置している。南部が，心臓疾患，糖尿病など慢性疾患の売上高が大きいことから，地域別でみて最も大きな市場を構

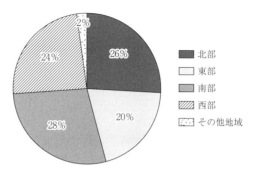

図1-7　地域別の市場規模：2014年

（注）北部（デリー，ハリヤーナー州，パンジャーブ州，ラージャスターン州，ウッタル・プラデーシュ州，ウッタラカンド州，ヒマーチャル・プラデーシュ州），東部（ビハール州，オディッシャ州，西ベンガル州，ジャールカンド州），西部（グジャラート州，チャッティースーガル州，マディヤ・プラデーシュ州，マハーラーシュトラ州，ゴア州，ダドラ・ナガル・ハーヴェリー，ダマン・ディウ），南部（アーンドラ・プラデーシュ州，タミル・ナードゥ州，カルナータカ州，ケーララ州，ポンディシェリー）

（出所）AICOD-AWACS（2015: 111）より作成。

表1-10　市場規模上位の州・都市：2014年
（単位：1,000万ルピー）

	州および都市	市場規模
1	タミル・ナードゥ	5,757
2	カルナータカ	5,682
3	ウッタラカンド／ウッタル・プラデーシュ西部	4,912
4	マハーラーシュトラ5地区	4,065
5	ムンバイ	4,037
6	アーンドラ・プラデーシュ州（沿岸部以外）	3,913
7	デリー	3,718
8	グジャラート	3,715
9	ケーララ	3,579
10	パンジャーブ	3,570

（出所）AICOD-AWACS（2015: 114）より作成。

成していると考えられる。

　次に，製造施設の集積について概観したい。**図1-8**は，州別の製造施設数を示している。インドにおいて，製薬産業が最も集積している州はマハーラーシュトラ州，次いでグジャラート州と続き，西部地域への集積度が高い。この

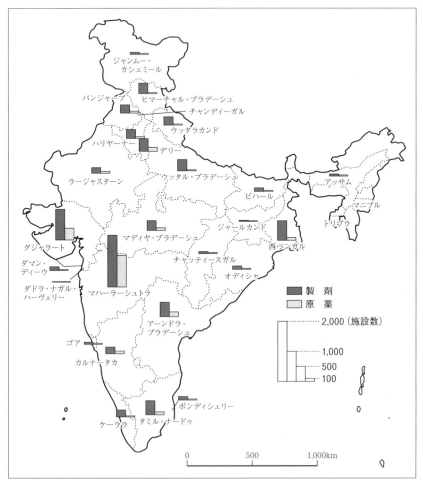

図1-8　州別の製造施設数——NPPA調査：2007年

（注）アーンドラ・プラデーシュ州は，2014年6月に，テーランガーナー州とアーンドラ・プラデーシュ州に分割されている。
（出所）NPPA（2007）およびInfomap社より作成。

他，アーンドラ・プラデーシュ州（2014年に，内陸部のテーランガーナー州と沿岸部のアーンドラ・プラデーシュ州に分割されている），タミル・ナードゥ州，カルナータカ州の南部に多くの医薬品製造施設が集積している。インド製薬産業は西部地域を中心に発展していることがわかる。製薬産業の地域的発展については第2章で詳述する。

インドの西部と南部はでは，市場規模も大きく，製造拠点も集中しており，西部と南部の成長がインド製薬産業の成長を支えている。

注

(1) Indian Pharmaceutical Alliance (IPA), Members, http://www.ipa-india.org/about-ipa/members.aspx

(2) Indian Drug Manufacturers Association (IDMA), List of IDMA Members 2016, https://idma-assn.org/pdf/list-of-IDMA-members-2016.pdf

(3) Organisation of Pharmaceutical Producers of Indi (OPPI), Who We Are_Members, https://www.indiaoppi.com/who-we-are

(4) Bulk Drug Manufactures Association (BDMA), http://bdmai.org/contact_us.php, Confederation of Indian Pharmaceutical Industry (CiPi), http://cipi.in/

第2章

製薬産業の発展
―― 長期的発展の要因 ――

　インドの医薬品政策は，良質な医薬品を入手可能な適正な価格で提供することを通じたインドの医薬品アクセスの向上・改善を主眼としている。その重要課題を達成するために，製薬産業の成長と発展を促し，医薬品の自給自足を実現することが政策目標として掲げられている。インドの医薬品政策は，産業政策の変化に従い，修正されてきた。本章では，インドにおける産業政策と医薬品政策の変遷を辿りながら，インド製薬産業の発展段階の特徴を明らかにすると同時に，輸入代替工業化政策のもとで，製薬産業が輸入代替に成功した要因について分析する。

1　萌芽期――独立以前～1970年まで

　インドにおいて，近代的な医薬品の生産を開始したのは植民地政府であった。植民地政府は，医薬品の生産を開始しただけでなく，インドに公的研究機関も創設し，研究開発の基礎を作った。インド民間製薬企業もわずかながら誕生し，製造を開始した。植民地期において，インド製薬産業の発展の基礎が形成された。独立後は，公企業（国営製薬企業）が，製薬産業の発展を医薬品製造と研究開発の両面で牽引した。一方で，独立後の比較的緩やかな外資規制が外資系企業のインド進出を促し，外資系企業のインド市場における圧倒的優位を生み出した。外資系企業の圧倒的優位は，インド民間企業の発展を抑制していた。

植民地期

　インド製薬産業は，英領植民地期に萌芽した。植民地政府は，インドに医学

校 (medical schools) を創設し，研究開発の基礎を作ると同時に，インドにおいて近代医薬品の生産を開始した。植民地期，インド民間製薬企業も誕生した。1892年，インド東部カルカッタ（現コルカタ）に，Bengal Chemical and Pharmaceutical Work (BCPW) が設立された。1905年に，BCPWの製造施設が稼働し，医薬品生産が開始された。1919年には，同じくカルカッタに Bengal Immunity が創設され，血清とワクチンの製造が開始された。1903年，インド西部マハーラーシュトラ州ボンベイ（現ムンバイ）に Alembic Chemical Works が創設された（現 Alembic）[1]。第二次世界大戦中には，Chemical Industrial and Pharmaceutical Laboratories（現 Cipla），Unichem などのインド民間企業が化学合成医薬品の製造を開始した。1943年頃には，インドの医薬品需要の70％を民間企業が満たすようになり，低分子化学合成医薬品の生産の増加が顕著になった。第2次世界大戦中の医薬品輸入に混乱が生じ，不足する医薬品を補完するように，インド企業の医薬品生産が増加した（Chaudhuri 2005: 24）。

　1942年，インドの科学産業研究の最高機関となる科学・産業技術評議会 (the Council of Scientific and Industrial Research: CSIR) が創設された。CSIRは，インド政府が策定・展開する科学技術計画を実行するうえで，指導的な役割を果たし，独立後は CSIR の傘下に，主要な医薬品関連研究機関が設立された。以上のように，植民地期において，インド製薬産業の基礎となる，インド地場の民間製薬企業や研究機関が創設された。

第1次5ヵ年計画期（1951〜56年）

　1978年に初めて医薬品政策が発表されるまで，インドにおける製薬産業に関する政策は，経済5ヵ年計画のなかで示されてきた。インドにおける医薬品の製造は，1940年医薬品・化粧品法 (the Drugs and Cosmetics Act, 1940) のもと規制されているが，独立当時は，同法のもと，医薬品製造業者は州の医薬品管理機関から製造ライセンスの取得を義務付けられていた（Guha 1987: 18）。1948年産業政策決議において，製薬産業は，「インドの経済的要因によって支配される産業，高度な技術的熟練あるいは相当額の投資を必要とする産業」に分類され，中央政府による規制対象となった。この分野に指定された産業に対して，

中央政府は究極的な指導力を発揮するが，生産設備（工場設備）の設立や運営に関しては，中央政府と当該産業が協力・提携して行うことになった。そして，1951年産業（開発・規制）法が成立し，同法を根拠とした産業許認可制度が開始され，新規事業の設立および既存事業の拡張，生産品目について，産業ライセンスの取得が義務付けられた。製薬産業も，産業許認可制度の適用対象となり，その活動が規制された。また，同法のもと，公的部門および小規模部門に留保された分野に属さない産業は付表Ⅰ（the first schedule）産業に指定され，製薬産業も付表Ⅰ産業に指定された。付表Ⅰ産業には，大規模財閥の参入が認められ，外資系企業については，外資規制のガイドラインに従う場合のみ参入が認められた。また，医薬品は重要物資法（the Essential Commodities Act）の適用対象となり，価格と流通の両側面で統制された。

　第1次5ヵ年計画の時期，インドは血清，モルヒネ，ストリキニーネなどアルカロイド，ベラドンナ，ジキタリス，そしてヒヨス葉製剤の生産において自給自足を達成していた（Planning Commission 1951: Chapter 32, para.94）。しかしながら，インドで使用する化学合成医薬品の製造に必要な基礎化学薬品の生産における進歩はごくわずかで，抗結核薬として使用されるパラアミノサリチル酸（PAS）などの医薬品の生産量は少なく，需要を満たすには十分ではなかった（Planning Commission 1951: Chapter 32, para.94）。また，ペニシリン，ストレプトマイシン，その他の抗生物質，サルファ剤，ビタミン類，抗ハンセン病薬などの必須医薬品とその原材料の多くが輸入されていた。そのなかでも，抗生物質が医薬品総輸入の約35％を占めていた（Planning Commission 1951: Chapter 32, para.96）。

　医薬品の輸入依存から脱却するため，抗生物質のペニシリンとストレプトマイシンを増産する目的で，1951年，ハフキン研究所（Haffkine Institute）にペニシリン委員会が設置された（Planning Commission 1951: Chapter 32, para.96）。第1次5ヵ年計画期中には，マハーラーシュトラ州プネー市近郊のピンプリのペニシリン工場への総額2,066万ルピーの投資が計画され，ペニシリン増産のための製造基盤が整備されることとなった（Planning Commission 1951: Chapter 29, APPENDIX I）。

当時のインド製薬産業は，製造能力が不十分であったため，原薬の生産を開始することができなかった。医薬品の輸入依存を減少させ，抗生物質の生産を増大させるために，インド政府は公企業の創設を決定した。1954年，マハーラーシュトラ州プネー近郊のピンプリに公企業 Hindustan Antibiotics Limited (HAL) が設立された。また，この時期には，民間企業のサルファ剤製造への参入が推奨され，民間企業がインドで利用可能な原材料を使用して，サルファ剤の生産を開始した。また，外国の技術援助を受けてインスリンの生産も計画された（Singh 1985: 99-100）。

　同じ時期に，医薬品の研究開発もスタートした。ウッタル・プラデーシュ州のラクナウに，中央医薬品研究機関（Central Drug Research Institute, Lucknow: CDRI）が創設された。CDRI は，医薬品に特化した研究を実施することを目的とし，その最優先課題は，創薬研究を行うことであった（Chaudhuri 2005: 35）が，医薬品や中間体の新しい製法の開発にも従事していた（Chaudhuri 2005: 157）。CDRI が開発した医薬品はインド企業にライセンスアウトされていたが，そのほとんどが市場で生き残ることができなかった。外資系製薬企業が製造する同様の製品との競争に勝つことができなかった（Chaudhuri 2005: 159）。

第 2 次 5 ヵ年計画期（1956～61年）

　1956年産業政策決議において，民間部門は社会経済政策の枠組みに適応することが求められた。そして，製薬産業は1951年産業（開発・規制）法のもと，技術開発局（Directorate General of Technical Development: DGTD）の指導下におかれた。

　第 2 次 5 ヵ年計画中に，医薬品の製造技術開発を主導する研究機関が創設された。アーンドラ・プラデーシュ州（現テーランガーナー州）ハイダラーバードに，1942年に創設された中央科学産業研究所（Central Laboratories for Scientific and Industrial Research: CLSIR）は，1956年に CSIR の傘下のもとに入り，その名称をハイダラーバード地域研究所（Regional Research Laboratory, Hyderabad: RRL-H）と改称した。RRL-H は，1989年に再度名称が変更され，現在はインド化学技術研究所・ハイダラーバード（Indian Institute of Chemical Technology,

Hyderabad: IICT-H) として知られている。インドでも最高峰の研究機関の1つである。RRL-H は，インドの製薬技術の開発に大きく貢献した。CDRI が主に創薬研究に従事する一方で，RRL-H は製造技術の開発に注力した（Chaudhuri 2005: 36）。

1958年，インドは，ソビエト連邦と，抗生物質，化学合成医薬品そして外科用医療器具の製造に関して，8,000万ルーブルの借款と技術ノウハウを受ける協定を締結した（Rangarao and Ramachandran 1972: M-29）。

1959年，CDRI が製法開発の研究にも着手した。CDRI は Cipla や Unichem などのいくつかの民間企業と緊密に連携していた（Bhandari 2005: 206）。主要インド製薬企業と小規模製薬企業のほとんどが，CDRI が提供するサービスを利用していた。例えば，CDRI は，多くの小規模企業がパラセタモールの製法を利用できるようにしていた。CDRI はまた医薬品の技術的発展に関するコンサルタント機能も果たしていた（Chaudhuri 2005: 36）。

サッカリン，クロラミン-T，アセチルサリチル酸，そしてサルファ剤などの化学合成医薬品に関しては，基礎有機化合物と中間体からの開発とその増産が計画された。ビタミン類では，インド産のレモングラスオイルからビタミン A を生産する研究が実施された。抗生物質については，公企業 HAL のほかに，民間企業の参入が期待され，民間部門の投資額は3,000万ルピーに達すると見込まれた（Planning Commission 1956: Chapter 19, para.59）。

第3次5ヵ年計画期（1961〜66年）

1961年，アーンドラ・プラデーシュ州ハイダラーバードに，公企業 Indian Drugs and Pharmaceuticals Limited（IDPL）が創設された。第2次5ヵ年計画期の終盤には，公的部門と民間部門の両部門において，必須医薬品の生産が多様化していった。国産原材料を使用して，適正な価格で必須医薬品を入手可能にするために，公的部門において新しい計画が立案された。インド政府は，第3次5ヵ年計画において，公的部門の発展を目的とした以下の計画に対して，総額で2億7,300万ルピーの支出を実施することを決定した（Planning Commission 1961: Chapter 26, para.90）。

① アーンドラ・プラデーシュ州のサンタナガールの化学合成医薬品製造計画：サルファ剤，ビタミン類，イソニアジド，ルミナール，クロロキンなど医薬品と中間体の製造を行う。年産6,400万ルピーを目標とする。
② ウッタル・プラデーシュ州リシュケシュ近郊の抗生物質工場：ペニシリン，ストレプトマイシン，クロロキン，テトラサイクリンなどの抗生物質を製造し，年産2億6,000万ルピーを目標とする。
③ ケーララ州の植物由来製剤工場：カフェイン，エフェドリン，ジキタリス，グリコシド，アルカロイド，アトロピン，スコポラミン，レセルピン，ビタミン-Pの製造を扱う。年産770万ルピーを目標とする。

以上の計画の他に，その他6つの州で植物由来製剤の製造が計画された。公企業における抗生物質と化学合成医薬品の増産が期待された（Planning Commission 1961: Chapter 26, para.90）。

また，第3次計5ヵ年画期中は，公的部門の発展が進展する一方で，製薬産業への民間資本の参入が促され，民間部門の拡大につながった。第3次5ヵ年計画期には，CDRIが抗生物質と精製化学薬品の部門を創設し，研究開発に着手した（Planning Commission 1961: Chapter 31, para.17）。

外資系企業による市場支配の形成

第1次5ヵ年計画では，外資に対する規制は比較的緩やかだったため，多くの外資系企業のインド市場への進出と展開を促した。第1次5ヵ年計画において，外国資本は，インドの資源を利用するものであること，そして国内投資のための大規模な資源を引き出すための触媒として活用されるという考え方に立ち，外国投資は最優先されるべき分野に誘導することが望ましいと考えられた（Planning Commission 1951: Chapter 29, para.37-38）。インド政府が，外国投資が必要であると考えた領域は，新しい生産ラインが発達させられるべき領域，特別な経験と技術的熟練が必要とされる領域，あるいは需要に対して国内生産量が小さく，インド現地産業が十分な速度で拡大できる見込みのない領域であった。インド政府が外国資本に対して設けたガイドラインは，①産業政策の適用にお

いて，外資系企業とインド企業を区別しない，②インドの外国為替ポジションと矛盾しない利益の送金と資本の送還に妥当な便宜を与える，③国有化の場合，適正かつ公正な補償が支払われる，というものであった（Planning Commission 1951: Chapter 29, para.37-38）。

第1次5ヵ年計画で明示されたインド政府の外資に対するガイドラインは，1973年改正外国為替規制法の成立まで維持された。製薬産業に外資系企業の参入を促したインド側の要因として，①外国資本に対する政府の現実的姿勢，②外資系企業が保有する優れた技術の移転への期待を指摘できる。一方，外資系企業側の要因としては，①インドの市場規模の大きさ，②医薬品に対する比較的大きな需要，③緩やかな医薬品関連規制，そして④インド国内における競争の欠如などを指摘できる。

第1次5ヵ年計画期には，46社の外資系企業がインドに参入していたが，その後，第2次計画期中に6社，第3次計画期中に6社，第4次計画期中に7社，年次計画中（1966～1969年）に4社がインドに参入した（Singh 1985: 101-102）。第1次5ヵ年計画期の緩やかな外資規制に加えて，インド政府の輸入代替工業化政策，特に第2次5ヵ年計画の高関税とその他の輸入規制などの措置が外資系企業に保護市場を提供したことになり，外資系企業の優位性が維持・強化された。さらに，当時は，1911年特許および意匠法が物質特許を認めており，インドでは，特許保有者の外資系企業にロイヤルティを支払わない限り，インド企業は医薬品を製造することができなかった。そのため，インド製薬企業の発展は限定的であった。インド企業が，技術的に外資系企業より劣位にあり，有効な代替技術を持っていなかったことも外資系企業支配の形成に寄与した。

2　模倣の時代——1970年代～1980年代

1970年代に入り，インド製薬産業の発展の基盤となる法律と政策が実施された。1970年特許法，1970年医薬品価格規制令（Drug Price Control Order, 1970），1973年外国為替規制法，そして1978年医薬品政策である。これらの政策は，研究開発の促進を通じたインド企業の発展を促す一方，インド企業に対して優位

あった外資系企業のビジネス環境を不利化し、インド市場における外資系企業の後退を促した。

1970年特許法の成立

独立後、1948～50年の特許諮問委員会（Patent Enquiry Committee）（通称テクチャンド〔TekChand〕委員会），1957～1959年のアイヤンガール（Ayyangar）委員会において、1911年特許および意匠法の改正に向けた議論が行われた。両委員会は，①インドで取得された特許の80～90％を外国人が保有している，②特許医薬品が輸入されており，インド国民が安価に購入することができない状況にある，そして③特許が市場独占の手段となり，インドにおける発明の奨励には貢献していない，と当時の状況を評価したうえで，1911年特許および意匠法は改正されるべきであると結論付けた（Ramannna 2002: 2065-2066）。

1970年，インディラ・ガンディー政権が，1911年特許および意匠法改正の踏み切り，1970年特許法が制定された（1972年施行）。1970年特許法は物質特許を認めず製法特許のみを認め，特許期間は16年間から7年間に短縮された。医薬品の場合，物質特許は医薬品の有効成分となる新しい化学物質そのものがクレームされ保護する。一般に医薬品1製品は1つの物質特許で保護され，物質特許の効力は同一物質である限り，製法，用途とは無関係に，その物質の製造，販売，使用などに及ぶ強大な権利である。一方，製法特許は化学物質の製造方法に関する特許である。原料に使用する物質が新規な場合，処理手段が新規の場合，そして化学物質を製造する際の収率が高い場合など技術的効果が顕著であるときに成立する。化学物質が新規物質であっても，第三者が別の製法を用いて製造した場合は，製法特許は成立する。1970年特許法は，インドにおける知的所有権保護を弱めるものであり，特に医薬品の開発においてそうであった。医薬品のイノヴェーションについては物質特許が付与されないため，他国で特許が付与されたイノヴェーションをインドで自由にコピーすることが可能になり，販売することが可能になった。医薬品の（製法）特許保護期間は5年から7年程度となり，自動ライセンス制度に変更された。自動ライセンス制度では，1970年特許法では特許が付与されて3年経過していれば，特許権者にロイヤル

ティ（特許使用料）を支払えば，自由に特許を使用することが自動的に認められた（Government of India 1970: Sections 84）。ロイヤルティの上限は，原薬の状態で工場渡し価格の4％と定められた（Government of India 1970: Sections 88(5)）。

1970年特許法は，リバースエンジニアリングと他国で特許保護されている医薬品の代替的製法の開発を促進した。1970年以降，インド民間企業は，本格的に医薬品製造に参入し，研究開発活動を開始した。Ranbaxy Laboratoriesは研究開発の重要性を最初に認識した企業の1つである。Ranbaxyは，1971年に研究開発投資の実施を決定し，1973年には，デリー南部のオクラ地区の製造施設に研究開発センターを併設し，研究開発活動を開始した。

当時のインドでは，特許の実施権許諾契約において，インド企業は，様々な輸出制限，紐付き輸入の義務付け，その他品質管理や当該技術の生産過程への適用範囲ならびにその譲渡制限が課されるなど，工業化が多角的に発展することの制約となっていた（西口 1977: 75，西口 1982: 149-165）。また，外国人に付与された特許は実施されない不実施特許問題がインド企業による技術進歩に対する努力を抑制した。その結果として，インドで技術革新起こらず，国産技術は陳腐化し，インドの工業化の発展も大きく制約を受けることになった。

しかしながら，1970年特許法は，インドの他の製造業部門が直面した以上のような制約から製薬産業を解放した。1970年特許法は，インド企業に医薬品製造の機会を開くと同時に，外資系企業が，特許によって市場を独占することを不可能にした。1970年特許法の成立は，インド製薬産業の発展の制度的基盤となり，技術革新を促進する効果を持ち，大きく貢献した。

1973年改正外国為替規制法

1973年改正外国為替規制法の導入により，外資出資比率は40％以下に引き下げられ，インドにおける外資系企業の活動を抑制する効果を持った。しかしながら，製薬産業においては，外資出資比率は40％以下に引き下げられたにもかかわらず，外資系企業が選任するインド人投資家に株式を保有させ，実質的に経営権を掌握し続けることが少なくなかった。また，1973年改正外国為替規制法には，特定産業については，技術移転を促進することを目的とした特例条項

表2-1　1976/1977年の外資系企業の出資比率別企業数

	企業数
74％超	14
51～74％	11
40～51％	13

（出所）　Department of Industrial Development（1982: Sec.II-21）。

表2-2　外資系企業の出身国一覧

出身国	企業数
米　国	18
英　国	13
スイス	6
ドイツ	4
その他	4
合　計	45

（出所）　Department of Industrial Development（1982: Sec.II-22）。

が規定されていた。その特例事項とは，1973年産業政策の付表Ⅰ（Appendix I）で指定された品目（医薬品も含む）の生産に従事しており，高度かつ複雑な技術を必要とする製造活動に従事している企業については，40％以上の外資出資比率を認めるというものであった（Department of Industrial Development 1982: Sec.II-24）。製薬産業については，高度技術を必要とする原薬を製造する外資系企業にこの特例が適用された。

こうして，**表2-1**のとおり，1975年時点においても，外資系企業（直接・間接外資出資比率が40％を超えている企業）は45社も存在し，そのうち外資出資比率が74％以上の企業が14社，51～74％までが11社，40～51％までが13社，そして外資系企業の支店あるいは組織部門に属さない企業で，外資出資比率40％超が7社存在する状況を生み出した（Department of Industrial Development 1982: Sec.II-21-22）。**表2-2**は，外資系企業の出身国を示しているが，米国が最も多い。Pfizerのように，植民地時代からインドで操業している企業のほか，緩やかな外資規制のもとで，米国企業のインド進出が進んだものと考えられる。1973年改正外国為替規制法施行で，小規模の外資系企業は，高い技術を必要とする原薬を製造しておらず，製剤のみを製造していたため，外資出資比率を40％以下に引き下げなければならなかったが，大規模企業（Wellcome, Bayer, Ciba Geigy, Johnson & Johnson, Pfizer）などは高度技術を使用する原薬の製造をインドで行なっていたため，特例を認められ，その優位性を維持することができた（Chaudhuri 2005: 135）。

1970年代半ばの製薬産業

独立後30年間で，インドは，原薬と製剤の生産能力を獲得し，それを着実に拡大してきた。1976年において，2,500を超える製造施設が存在した（そのうち組織部門に属する施設は128施設であった）。独立当時は，医薬品の総生産はわずか1億ルピーだったが，1976年には，原薬生産は15億ルピー，製剤生産は70億ルピー，医薬品総生産は85億ルピーに達した（Department of Industrial Development 1982: SecII-21-22）。

インドにおける外資系企業が医薬品生産（原薬＋製剤）に占めるシェアは，1975／76年の51％から1976／77年には41.8％へ下落した。原薬生産の外資系企業のシェアは，1975／76年の40％から1976／77年には42％に微増したが，製剤の生産におけるシェアは1975／76年の53.8％から1976／77年には41.7％と約12％下落した（Department of Industrial Development 1982: SecII-21-22）。医薬品生産全体における外資系企業のシェアの後退は製剤生産の下落を反映している。これは，1973年改正外国為替規制法の施行により，高度技術を利用する原薬を生産しなければ，40％以上の外資出資比率を認められなくなったため，規模の大きい外資系企業が原薬生産を増強した一方，原薬を生産せず製剤のみ生産していた外資系企業の一部がインドから撤退したことが，原薬生産の微増と製剤の生産比率の下落につながったと考えられる。しかしながら，依然として，1975年当時，外資系企業が，インドの医薬品総生産の約40％を生産していた。特例条項の適用もあり，1973年外国為替規制法の外資系企業への抑制効果は限定的であった。

1970年代半ば，1970年特許法の施行によってインド民間企業はジェネリック医薬品の研究開発と製造に乗り出し始めていたものの，規模も小さく技術的にも未成熟であった。一方で，公的部門は製薬産業の全体の発展に大きな役割を果たしていた。公的部門における抗生物質や化学合成医薬品の生産増大が期待されていた（Planning Commission 1974: Chapter5, para5.76.）。当時，インド部門の成長を牽引していたのは公企業のHALとIDPLである。1976／77年，これら2つの公企業は原薬生産額4億8,000万ルピーと製剤生産額4億7,000万ルピーであり，医薬品生産におけるシェアは，原薬が33％，製剤は7％であった

表2-3　1976/1977年の部門別医薬品生産
(単位：1,000万ルピー)

部門		原薬	製剤
公的部門		48	47
民間部門	外国企業	63	292
	インド企業（小規模企業部門を含む）	39	361
合計		150	700

(出所) Department of Industrial Development (1982: Sec.II-21)。

(表2-3)。原薬生産に対するインド公的部門の貢献は小さくなかったが、製剤生産への貢献は低かった。これは、当時のインドでは、製造技術を含めた医薬品の国産化が重要な政策的課題であり、公企業はその中心を担っており、原薬の製造に特化していたためである。

　一方、インド民間部門は、原薬生産額は3億9,000万ルピー、原薬生産の約26％、製剤生産額は36億1,000万ルピー、製剤の約52％を生産していた（**表2-3**）。1975年時点において、インド民間部門には、原薬段階から医薬品を製造する企業が少なく、外資系企業や公企業が製造する原薬を利用して製剤を生産していた。原薬製造については、中間体の段階からの製造技術が発展しつつあったが、依然としてインド製造能力は製剤の製造に限定されていた（Planning Commission 1974: Chapter5, para5.75.)。

　第1次5ヵ年計画以降、公的部門が主導する形でインド部門が発達してきた。1970年特許法の施行により、インド民間企業による医薬品生産も活発化してきた。しかしながら、依然として、技術的に優位に立つ外資系企業のインド市場における優勢は維持されたままだった。

ハーティ委員会報告

　インドで最初の医薬品政策である1978年医薬品政策の産業政策面での枠組みとなったのが、1973年産業政策である。1971年に第2次インディラ・ガンディー政権が発足し、経済開発戦略は、1960年代後半の部分的経済自由化路線から一転、統制色の濃い社会主義的路線へ大きく転換した。1969年の14の商業銀行と損害保険の国有化、輸入業務の国有化、独占に対する規制の強化（1969年独占および制限的取引慣行法〔MRTP法〕の制定）、産業統制の強化など経済への規制が強化された。当時の政府は経済の自立自助を強く意識し、輸入代替の一

層の推進を目標に掲げた。1970年に産業ライセンス政策（Industrial Licensing Policy of 1970），1973年に産業政策（Industrial Policy of 1973）がそれぞれ発表された。1973年産業政策は，MRTP法，1970年産業ライセンス政策の政策枠組みに合わせて発表された。以下で，1973年産業政策の特徴について整理しよう。

1973年産業政策においても，基本的に，そして戦略的に重要性を持つ産業あるいは公共サービスとしての性質を持つ産業は公的部門に指定された。また，必要不可欠でかつ現在の状況において，国家のみが供給可能な一定規模の投資を必要とする産業も公的部門に指定された。

産業ライセンス政策調査委員会（Industrial Licensing Policy Committee: ILPIC）の報告書をベースにした1970年産業ライセンス政策の大規模財閥の定義は，「連結企業も含めた資産ベースで3億5,000万ルピーを超える企業」であったが，MRTP法での大規模財閥の定義は，「連結企業も含めた資産ベースで2億ルピー以上の企業」となった（Department of Industrial Development 1982: Sec.II-12）。MRTP法の導入により，大規模財閥の活動は規制対象となった。

インド政府は，1970年産業ライセンス政策の大規模財閥の定義とMRTP法の大規模財閥の定義との矛盾をなくし，インド経済にとって重要な中核産業とそれらの中核産業と直接関係がある産業，経済成長にとって決定的かつ戦略的に重要な長期的に輸出潜在力のある産業（付表I産業）が指定されることとなった（Department of Industrial Development 1982: Sec.II-13）。1956年産業政策決議の付表Aに含まれる産業は，公的部門に留保された。大規模財閥は，公的部門と小規模部門に留保されていない製造品目については，付表I産業への参入を認められた。また，大規模財閥は輸出向け生産が支配的な分野を除いて，付表I産業に属さない産業への参入から排除された。外資系企業も付表I産業に参入することを認められたが，付表I産業に指定されない産業に参入することは認められなかった。外資系企業は輸出向け生産が支配的な産業への投資は認められたが，外資系企業の投資は技術的側面，輸出潜在力そして貿易収支に対する効果について特別に検討された（Department of Industrial Development 1982: Sec.II-13）。製薬産業は付表I産業に分類され，大規模財閥および外資系企業の参入が認められた。

1973年産業政策では，大規模財閥および外資系企業への規制がさらに強化されることとなり，この枠組みに沿った形で医薬品政策の策定の準備が進められた。インド政府は，1973年の産業政策の枠組みにそった医薬品政策を策定するために，1974年2月，ジェイスカール・ハーティ（Jaisukhal Hathi）を委員長とした製薬産業委員会（Committee on Drugs and Pharmaceutical Industry, 通称ハーティ委員会）を設置した（Ministry of Petroleum and Chemicals 1975: 1-2）。ハーティ委員会の目的は，製薬産業の発展と現状について，以下の項目について調査し，政策提言を行うことであった（Ministry of Petroleum and Chemicals 1975: 1-2）。

① 製薬産業の発展とその達成状況を調査する。
② 公的部門が，原薬・製剤の製造と研究開発において主導的役割を果たすために必要な措置を勧告する。
③ 製薬産業，特にインド企業そして小規模部門の急速な成長を促進するための勧告をすること。勧告を作成するうえで，ハーティ委員会は製薬産業の均衡のとれた地域分散の必要性を考慮する。
④ 製薬産業への新技術の流入に関する現在の協定について検討し，その結果を報告する。
⑤ 医薬品の品質管理の有効な方法とこの点について小規模工場に補助を付与する方法を勧告する。
⑥ 医薬品の消費者価格を引き下げるためにとられた措置を検討し，原薬・製剤の価格の適正化に必要であると考えられる措置を勧告する。
⑦ 一般国民，特に農村地域への必須医薬品と一般家庭用治療薬の供給方法を勧告する。
⑧ 特に小規模部門に対して，原薬と原材料を平等に分配することを保証する機関やその他の協定を勧告する。

　1975年に，ハーティ委員会は1978年医薬品政策の基本的枠組みとなった報告書を提出した。その内容について，外資系企業に対する規制と生産能力の規制

の2点について解説したい。

　外資系企業に対する規制に関して，3つの見解が出された。第1の見解は，「インド政府は，医薬品分野における多国籍企業を国有化すべき」というものであった。第2の見解は，「現段階は，接収や国有化のようなドラスティックな措置を正当化する状況ではなく，まず国有化によって製薬産業に生ずる利益に基づいて，国有化について判断すべきである。また，インド企業と外資系企業を区別することも困難であり（外資系企業が独資でインドに参入することは認められておらず，合弁事業の形態をとっていたため），国有化を実施する際には，一定規模を超えたインド企業も国有化の対象とされるべきである」という見解であった。そして，第3の見解は，第2の見解を支持するものの，「国有化されるべきインド企業は少なくとも年間の売上高が2,000万ルピー以上の企業であり，そして経営不良企業と認定された企業は国有化される必要はなく，また不必要な補償もすべきではない」とするものであった（Ministry of Petroleum and Chemicals 1975: 97）。

　1973年改正外国為替規制法が施行されたにもかかわらず，外資系企業の支配的な産業構造を抜本的に再編するには至っていなかった。ハーティ委員会において，外資系企業の国有化という見解が多数を占めたのはこのためである。

　ハーティ委員会で多数派を占めたのは，「外資系企業は国有化されるべきである」という第1の見解だった。しかしながら，ハーティ委員会では，国有化について，満場一致の結論を導き出すことができず，外資系企業の国有化の実施は見送られた（Ministry of Petroleum and Chemicals 1975: 98）。

　また，ハーティ委員会は，外資出資比率を引き下げるうえで，多くのインド国民が株式を分散し保有する方法を採るべきではないと考えた。なぜなら，多くのインド人投資家が株式を保有することは，外資出資比率の引き下げの有効な手段ではないと考えられたためである（Ministry of Petroleum and Chemicals 1975: 98）。このハーティ委員会の見解の背景には，1973年改正外国為替規制法が，外資出資比率を40％以下に引き下げたにもかかわらず，外資系企業は，彼らが選任するインド人投資家に株式を保有させることで実質的に経営権を掌握していたことがあると考えられる。

また，当時のインド製薬産業の発展段階を考慮して，1973年改正外国為替規制法において，1973年産業政策の付表Iに指定されている品目については，特例措置が認められた。しかし，ハーティ委員会は，製薬産業に関しては，その特例措置を認めるべきではないとし，外資出資比率を40％までに引き下げ，その後，段階的に26％まで引き下げるように指導されるべきであると結論づけた。また，国家目標を果たすために，直接的あるいは間接的に医薬品・化学薬品の製造に関連する公企業，公的金融機関あるいはインド政府が，外資系企業が保有する株式を購入することが望ましいとした（Ministry of Petroleum and Chemicals 1975: 98-99）。

　生産能力への規制について，ハーティ委員会は，原薬の必要性を考慮し，許可書（permission letters）と事業ライセンス（Carry on Business licenses: COB licenses）に基づいて認められた製造業者の生産能力について，原薬を製造する企業に発行される許可書と事業ライセンスについては，以下の条件に基づき一元化することを提案した（Ministry of Petroleum and Chemicals 1975: 99）。

① すべての原薬は原料（塩基性物質）の段階から製造される。
② 生産された原薬の50％は提携関係のないインドの製剤企業に供給する。

　外資系企業に対しては，許可書と事業ライセンスに基づいて認められる生産能力について，1年以内に原薬と製剤製造の50％を原料の生産に転換し，そのうち50％は提携関係のない製剤企業に供給するよう求めた（Ministry of Petroleum and Chemicals 1975: 99）。

1978年医薬品政策

　ハーティ委員会の報告書は，1975年4月にインド政府に提出され，同年5月には上下両院に上程された。その後，製薬産業の代表者との議論，関連省庁のハイレベル会合を経て，内閣委員会への勧告書としてまとめられ，1977年2月に内閣に提出された。一度は報告書の検討は見送られたが，1977年の総選挙の後，石油化学・肥料相が関連産業団体と個別企業の代表者らの陳情を考慮し，

報告書を検討すべきであると判断した。石油化学・肥料省は，インド医薬品製造業組合（IDMA），インド製薬業者機構（OPPI）などの製薬業界団体と協議をした（Department of Industrial Development 1982: Sec.II-20-21）。

報告書を再検討するために，関連省庁会議が開催され，外国為替規制法（FERA）委員会も外資系製薬企業の将来的な役割に関する勧告を考究するために特別に招集された。1977年11月に，石油化学・肥料省の諮問委員会の特別会合が招集され，ハーティ委員会の勧告について議論が行われた。一連の会議での審議の内容は，内閣の医薬品委員会で検討され，その議論を内閣が再度検討し，1978年3月28日の閣議で最終結論が出され，1978年医薬品政策が発表された（Department of Industrial Development 1982: Sec.II-21）。

1978年医薬品政策を作成するにあたって，インド政府が念頭に置いていた主な原則と目的は以下の9項目であった。

① 医薬品技術の自立自助を達成する。
② 公的部門に主導的役割を与える。
③ 輸入数量を削減することを考慮し，医薬品の生産量における迅速な自給自足を目的とする。
④ インド部門の成長を育成・促進する。
⑤ インド国民の健康上のニーズを満たすために，インドにおいて医薬品が十分に利用できるようにする。
⑥ 適正な価格で医薬品が入手できるようにする。
⑦ 製品の品質を慎重に管理し，粗悪品と不正行為を防止する。
⑧ 研究開発に従事する企業に対して特別なインセンティブを供与する。
⑨ 国家の目標と最優先課題に従い，外資系企業の活動を管理・統制するために，製薬産業全体を規制し，活性化させるために必要な指標を提供する（Department of Industrial Development 1982: Sec.II-22）。

1978年医薬品政策は，インドで最初の包括的医薬品政策であり，1990年代までインド医薬品政策の基本的な枠組みとなった。ハーティ委員会の報告書を

ベースに立案された1978年医薬品政策の主要な目標は以下のとおりである（Department of Industrial Development 1982: Sec.II-22-23）。

① 公的部門，インド部門，そして全ての部門（外資系企業を含む）にそれぞれに製造ライセンスが認められる医薬品は付表Ｉ（**表 2 - 4**）に収載される。
② 各部門の成長率は医薬品の不足を回避するために慎重に計画される。
③ 産業ライセンスの適用を考慮し，独占および制限的取引慣行法（MRTP法）対象企業と外資系企業に比して，インド企業には優遇措置が与えられる。この手続きにおいて，規模の経済，技術そして製品の価格設定が決定要因となる。
④ 成長している医薬品輸出市場を考慮して，石油化学・肥料省は生産を管理して輸出に必要な余剰を利用できるように努力する。
⑤ 公的部門には，医薬品の製造と流通において主要な役割を与え，この目的を達成するために十分な支出が実施される。
⑥ 公的部門には，生産性改善のために利用可能な最高の技術を獲得することが認められる。
⑦ 公的部門は売上高に相応の割合を研究開発活動に充てるよう促される。
⑧ 保健家族福祉省の医療用貯蔵機関（Medical Storage Organisation）の製剤の貯蔵能力を増加させる。
⑨ ヒマーチャル・プラデーシュ州カソーリの中央研究所（Central Research Institute: CRI），タミル・ナード州のマドラス（現チェンナイ）のBCGワクチン研究所，マハーラーシュトラ州ボンベイ（現ムンバイ）のハフキン研究所のようなワクチン，血清そして抗原を生産している機関は，これらの種類の医薬品の生産と供給に関してより広範な役割を受け入れるように勧告される。
⑩ 公企業は公的保健サービス用の医薬品の必要を満たすように計画される。
⑪ インドの医薬品製造業者は原薬生産額の10倍まで製剤を生産できるライセンスを認められる。国産の原薬の消費促進のために，製剤の生産能力

は認可制となり，製剤の売上高は国産原薬の消費と輸入原薬の消費の比率，2：1に基づいて定められる。

⑫ 技術が成熟するまでの懐妊期間があるため，インド企業が生産のために実質的に投資をしているものの現実的に生産が実現されていない領域については，上述の比率の適用についてケース・バイ・ケースアプローチが採用される。

⑬ 国産原薬の消費に基づき，インド企業の製剤の生産能力の拡張を認めるかどうかという問題とインド企業が輸入原薬を求めている領域のみ製剤の生産能力の拡張を規制するかどうかという問題は1年後に再検討される。

⑭ 現在，組織部門の特定企業は産業ライセンスの取得を免除されているが，その活動について技術開発指導局に登録する必要がある。製薬産業におけるライセンスに関する非常に複雑な手続きを考慮して，この登録スキームは製薬産業に限り終了することを提案する。

1978年政策の主要な目的は，医薬品の自給自足の達成であり，製薬産業における研究開発と技術の役割の重要性を認識し，研究開発の促進を通じたインド製薬産業の技術力の向上を政策目標として掲げた。その一方で，外資系企業に対する規制を強化する内容が盛り込まれた。医薬品の自給自足の達成という基本目標に合致するように，外資系企業の活動は誘導・規制されることとなった。1978年医薬品政策は，外資系企業の活動を抑制し，インド民間企業の発展の機会を与えるうえで決定的に重要な契機となった（Department of Industrial Development 1982: Sec.II-25-26）。

1978年医薬品政策の重要な目標の1つは，依然としてインドにおいて優位性を維持している外資系企業の活動を抑制することにあった。しかし，外資系企業をインド企業から撤退させるのではなく，技術移転を促進しつつ，同時に外資系企業の活動を抑制することを目的としていた。以下では，外資系企業に対する規制の詳細について検討したい。

ハーティ委員会の勧告に従い，①高度な技術を利用する原薬生産に必要な中

表2-4　部門別生産医薬品リスト

公的部門　25品目	インド部門　23品目	すべての部門（外国企業も含む）　66品目
ペニシリン	アンピシリン	クロラムフェニコール
ストレプトマイシン	ドキシサイクリン	ネオマイシン
テトラサイクリン	スルファセタミド	リファンピシン
オキシテトラサイクリン	ビタミンC	フタルスルファチアゾール
エリスロマイシン	ニコチンアミド	スルファジアジン
アンピシリン	ハロゲン化オキシキノリン	スルファフェナゾール
ドキシサイクリン	メトロニダゾール	スルファメトキソゾール
グリセオフルビン	グリベンクラミド	スルフィソミジン
ゲンタマイシン	クロルプロパミド	スルファモキソール
スルファグアニジン	チアセタゾン	ビタミンA
スルファジミジン	パラアミノサリチル酸ナトリウム	ビタミンB6
スルファセタミド	イソニコチン酸ヒドラジド	ビタミンB2
スルファメトキシピリダジン	ベフェニウムヒドロキシナフトエート	ビタミンD3
スルファジメトキシン	フェナセチン	パンテノール
ビタミンB1	パラセタモール	ビタミンK
ビタミンB2	ペチジン	トルブタミド
葉酸	ジエチルカルバマジンクエン酸塩	ジオキサニドフロエート
メトロニダゾール	キシロカイン	インスリン
ピペラジンとピペラジン塩	フェニルブタゾン	エタンブトール
キニーネ	オキシフェニルブタゾン	プリマキン
アナルジン	カフェイン（天然）	アモディアキン
アミノピリン	ワクチンとトキソイド	クロロキン
フェノバルビトン	ジアゼパム	サリチル酸を含むアスピリン
モルヒネ		インドメタシン
ポリオワクチン		フェニラミン
		クロルフェニラミン
		プロカイン
		クロールプロマジン
		カフェイン（合成）
		キサンチノールニコチネート
		テオフィリン
		アミノフィリン
		エフェドリン
		ニトロフラトイン
		フラゾリジン
		ニトロフラゾン
		塩化サクシニルコリン
		ヒドロクロロチアジド
		クロファジミン
		ダプソン（D.D.S）
		プレドニゾロン
		デキサメタゾン
		ベタメタゾンとその他すべてのコルチコステロイド
		イブプロフェン
		デクストロプロポキシフェン
		チアベンダゾール
		テトラミゾール
		フラマイセチン
		バシトラシン
		シクロホスファミド
		メパクリン
		イミプラミン
		アミトリプチリン
		ジフェニルヒダントイン
		メチルドパ
		トリアムシノロン
		フェニルエフェドリン
		サルブタモール
		オキシトシン
		ルチン
		乳酸プレニルアミン
		チオリダジン
		フェノチアジン
		アロプリノール
		トリメトプリム
		フルセミド

（出所）　Department of Industrial Development（1982: Sec.II-36, Annexture-1）より作成。

間体を原料の段階から製造する，②原料の段階から高度な技術を利用する原薬を生産し，その原薬を基にした製剤の生産比率が 1：5 とする，と 1973 年改正外国為替規制法で認められる特例基準を厳格化した。また，特例条項に該当しない外資系企業については，①高い技術を必要とする原薬とそれに関連する製剤の生産に従事し，②生産した原薬の半分をその他の製剤企業に販売することが義務付けられ，原薬と製剤の生産比率は 1（原薬）：5（製剤）とすることが生産ライセンス付与の条件とされた。そして，外資出資比率を 40％以下に引き下げるよう指導し，外資系企業が手放した株式の 66％は政府系金融機関あるいは公的機関に，そして残りをインド人投資家，特に当該外資系企業のインド人従業員が優先的に取得できるよう指導することを決定した（Department of Industrial Development 1982: Sec.II-24）。

　製剤のみを製造している外資系企業を特定することは容易であったが，高度先端技術を必要としない原薬の製造に従事している外資系企業を特定するために，専門家の助力を得て，化学・肥料相と工業・技術開発・科学技術局の事務次官から構成される委員会を設置し，詳細な調査を実施することが決定された（Department of Industrial Development 1982: Sec.II-24）。

　付表Ⅰの活動に従事していると判断する基準として，総売上高が，①提携関係にない製剤業者に販売されている原薬の販売額，②それら外資系企業の原薬生産額の 5 倍を超えない製剤の販売額とし，1973 年産業政策付表Ⅰに掲載されている医薬品（高度な技術を必要とする医薬品）の製造の従事している外資系企業を特定することとされた（Department of Industrial Development 1982: Sec.II-25）。

　また，家庭用治療薬の製造に従事している外資系企業については，生産能力の拡張も品目の追加も認めないことが決定された。さらに，輸入原薬を使用して製剤を生産している，あるいは原薬製造を原薬の一反応手前の中間体から製造している外資系企業には，2 年以内に原薬を原料の段階から製造することを義務付けた。高度な技術を必要とする原薬を原料の段階から生産している場合に限って，外資系企業には，製剤の製造ライセンスが付与されることとなった。

　また，外資系企業が，小規模部門に留保されている品目を製造することを禁止した。また，製薬産業における外資系企業には，ローン・ライセンスは一切

付与されないことになった（Department of Industrial Development 1982: Sec.II-25）。ローン・ライセンスとは，製造許可の一種であり，1945年医薬品・化粧品規則（the Drugs and Cosmetics Rules, 1945）の69A～83に規定されている。許可証発行責任者が製造設備を有しない申請者に対して与える製造許可である。ローン・ライセンスを取得すると，第三者への自社品目の製造委託，あるいは第三者の製造品目を自社製品として販売することが可能になる。既存のローン・ライセンスに基づく外資系企業の売上高は産業政策付表Iの活動（＝高度な技術を必要とする医薬品の製造）として処遇されず，純粋に商業活動とみなされることとなった。

外資系企業に生産ライセンスを付与する条件として，①高い技術を要する原薬とそれに関連する製剤の生産に従事し，②生産した原薬の50％をその他の製剤企業に販売することが義務付けられ，原薬と製剤の生産比率は1（原薬）：5（製剤）と規制された（Department of Industrial Development 1982: SecII-25）。

外資系企業には原薬の生産が義務付けられ，製剤を生産するためには，高度な技術を必要とする原薬を生産する必要があった。高度な医薬品製造技術のインドへの技術移転を促進し，医薬品の輸入代替促進に貢献するように，外資系企業の活動は厳格に統制されることとなった。

原薬の生産を促進することを目的として，生産能力の規制については，次のような決定が下された（Department of Industrial Development 1982: SecII-26）。

① 生産能力の調整基準：事業ライセンス，そして登録証などの証明書に基づいてライセンスが付与された生産能力を調整する基準は，1977年3月31に満期となる3年間のうちのいずれかの年に達成された最も高い生産高とする。
② 製薬企業がライセンスを超えて拡張した，あるいは1973～1977年まで，またはそれ以前に特定の産業ライセンスやその他の先例・法律に抵触する活動をした場合，他の産業部門にも適用される方針にそって処置がとられる。以上の基準を超える超過生産の規制は，以下のような条件で実施される。

(1) インド企業は原薬生産の30％，公企業は40％，そして MRTP 法適用企業は50％を提携関係のない製剤製造業者に提供する。
　(2) 製剤の生産額については，原薬の総生産額の10倍に規制される（外資系企業については，原薬の総生産の50％を提携関係のない製剤業者に供給すること，原薬の生産額の5倍に製剤の生産額を規制する）。
③　医薬品価格規制令の規制対象外の製剤については，超過生産は規制されず，製薬企業は，1978年医薬品政策の発布から6ヵ月以内に，認められた正規の生産能力水準まで，規制対象外にある製剤の生産を引き下げなければならない。価格規制の対象となる製剤の超過生産は，上記の基準で調整されるが，超過生産の状態で，輸入原薬を使用している場合は，当該企業は輸入原薬を使用する権利が認められない。インド政府は輸入原薬の供給を引き下げる権限を有する。
④　余剰生産に関して，政府は固定比率で調整された生産分を受け取る権利を有するが，1：5の原薬対製剤の製造比率を認められていない外資系企業の場合（インド企業の場合は1：10）は，価格規制の対象でない製剤と家庭用治療薬の余剰生産の調整は，この比率の最高限度まで認められる。
⑥　全ての余剰生産は，政策公布日から5年間，余剰分を輸出に向けることで調整され，認められていない生産（産業ライセンス，事業ライセンス，許認可証あるいは技術開発指導局の登録によって認められていない生産）は調整されない。

　産業ライセンスの統合も決定された（Department of Industrial Development 1982: SecII-26-27）。産業ライセンス，事業ライセンス，許認可証，登録証明書などの様々な機関から発行された初期の産業ライセンスに代えて，各企業に新しいライセンスが発行されることを決定した。この新ライセンスには，①承認された製剤の数量，②承認された製剤の生産に必要な原薬の数量，③原薬の名前，銘柄，ライセンスを受けた数量，④提携関係のない製剤業者と生産に関する輸出義務の比率が指示された。原薬あるいは製剤の生産能力が指定されてい

ないライセンスについては，生産能力については，生産する品目の性質，その必需性によって決定され，1974年4月1日から3年間（1977年3月31日を期末とする3年間）のいずれかの年に達成した最高の生産額によって決定されることになった。

インドにおいてすべての製薬企業は，原薬を増産しなければ，製剤の生産量を増やすことができなくなった。これによって，インドにおける原薬の国産化を促進しようとしたのである。独立以降，公的部門主導のもと，インドの原薬の製造技術も向上し，中間体段階から原薬生産が増大しつつあったものの，依然としてインド製薬産業は製剤の生産に偏重しており（**表2-3**），原薬の生産量は十分ではなく，原薬は輸入に依存していた。1978年医薬品政策において，原薬生産の自給の達成を実現するための施策が取られた。原薬の生産を促進し，原薬段階からの医薬品の国産化と自給を達成するため，原薬と製剤の生産額の比率を設定し，すべての製薬企業に対して，原薬の生産額に相応した製剤の生産額しか認めないことを決定した。特に，原薬の製造技術の技術移転を進展させるために，外資系企業に対しては，高度技術を必要とする原薬の生産を義務付けた。これによって，原薬に比べ収益性の高い製剤を生産するためには，製薬企業は原薬を生産しなければならなくなった。原薬と製剤の生産額比率については，インド企業に対しては，原薬生産額の10倍の製剤の生産が認められた（1〔原薬〕：10〔製剤〕）が，外資系企業に対しては，製剤の生産額は原薬生産額の5倍（1〔原薬〕：5〔製剤〕）に規制された。インド企業に有利になるように設定することで，原薬の生産を増産しながらも，同時に外資系企業への規制強化を通じた技術移転の促進が図られた。

以上のようなインド企業への優遇措置を背景に，1970年代末から1980年代にかけて，多くのインド民間製薬企業が設立された。現在，インドを代表する製薬企業であるSun Pharmaceuticalsは1983年に創設されている。また，1970年代以降のビジネス環境の悪化により撤退することになった外資系企業を買収することで，製薬産業に参入したインド企業もあった。その代表的事例が，Piramal Healthcare（現Piramal Enterprises）である。1979年，Piramal Healthcareは，英国の製薬企業Nicholasの撤退に際し，Nicholasから製造施設などを買

収し，製薬産業に参入した（Agarwala 2001: 579）。

3　輸入代替から輸出志向へ転換——1980年代

　1979年に新しい医薬品価格規制令が発布され，医薬品価格規制が強化された。これによって，インド国内市場のビジネス環境は一層厳しくなった。成長段階に入ったインド企業は，その成長を維持するため，交易条件の良い海外市場に活路を求め，輸出志向を強めていった。1986年医薬品政策では，外資系企業への規制を強化する一方，インド企業に対しては規制を緩和し，その企業の成長を促進することに重点が置かれた。

1980年代前半の製薬産業

　インド製薬産業は，独立以後，飛躍的な発展を遂げていた。1979／80年の原薬の生産額は22億6,000万ルピー，製剤の生産額は115億ルピーと予測され，公的部門の原薬生産への貢献度は26％，製剤生産への貢献度は6.3％，一方組織部門の民間企業は，原薬生産に対しては63.4％，製剤生産に対しては67％で，原薬の10％，製剤の26.7％は小規模工業部門が生産することが期待された（Planning Commission 1980: Chapter16, para.16.51）。1979年当時，原薬の国内生産は十分とはいえず，需給ギャップが存在しており，需給ギャップは輸入によって埋められていた。輸入仕入原価で，15億ルピー相当の原薬が輸入されていた（Planning Commission 1980: Chapter16, para.16.51）。原薬の輸入依存から輸出志向へと転換していく契機となったのが，1979年医薬品価格規制令（Drug Price Control Order, 1979）である。

　1979年医薬品価格規制令は，輸出インセンティブとして機能し，より交易条件の良い海外市場へのインド企業進出を促した。1970年代末以降，インド企業による医薬品輸出が本格化した。インドは，医薬品貿易収支を1970年代末から1980年代初頭にかけて黒字化し，1980年代後半には医薬品輸出国として台頭した。

　1980年代に，医薬品輸出が増大する背景として，インドの経済自由化の潮流

に加え，1979年医薬品価格規制令において，医薬品価格規制が強化され，価格規制の対象範囲が拡大されたことを指摘できる。インド企業がインド市場に比べ，交易条件の良い海外に市場を求めたことにより，インドの医薬品輸出が増大する結果となった。

第6次5ヵ年計画（1980〜85年）においては，公的部門に与えられた重要な役割を念頭に置き，HAL，IDPL，そして東部地域の3つの公企業（Smith Stanstreet Pharmaceuticals, Bengal Chemical and Pharmaceutical Works, Bengal Immunity）に対して，14億5,000万ルピーの投資が配分された（Planning Commission 1980: Part VI, para.16.54）。この当時，IDPLでは，化学合成医薬品プラントの拡張が第2段階に入り，ニコチンアミド計画と抗生物質プラントの拡張が行われていた。また，HALではストレプトマイシンおよびペニシリンプラントの拡張が行われていた。また，地方のニーズにこたえるため，州政府が参加するジョイントセクターが数多く提案された（Planning Commission 1980: Part VI, para.16.55）。

1980年代半ば，インド製薬産業は，製剤について自給自足を達成し，多くの種類の医薬品の生産を実現していた。1984／85年の医薬品の需要は，原薬が81億5,000万ルピー，製剤が245億ルピーと見積もられていた。1984／85年の原薬の生産は，65億6,000万ルピーまで増加すると見込まれており，残りの15億ルピー分の需要は引き続き輸入で補うことになった。公的部門の原薬生産は，5億9,000万ルピーから21億5,000万ルピー，製剤生産も7億2,000万ルピーから33億ルピーに増大することが期待された。1984／85年の原薬の輸入は，品目数でわずか49品目，製剤の輸入額は，1億170万ルピーで，インドの製剤の総生産の0.5％程度を輸入しているにすぎなかった。貿易収支も，輸出の増加により改善され，1984／85年は1,870万ルピーの貿易収支黒字を計上した（輸出21億7,490万ルピー，輸入21億5,620万ルピー）（Department of Chemicals and Petrochemicals 1986: para.1.3）。

さらに，広範な種類の原薬・製剤を欧米市場に輸出するようになり，いくつかのインド企業は海外に生産拠点を持つようになっていた。ターン・キー・プラントの販売や技術サービスの販売などのビジネスも拡大していた。また，い

くつかの重要な治療学領域で，インド企業がジェネリック医薬品を開発するようになっていた。例えば，抗生物質のアンピシリンやアモキシシリン，抗感染症薬のスルファメトキサゾールやトリメトプリム，心臓血管作用薬のメチルドパ，鎮痛剤のイブプロフェン，いくつかの抗がん剤などのジェネリック医薬品がインド企業によって独自に開発されるようになっていた[3]（Department of Chemicals and Petrochemicals 1986: para.1.3）。

1986年医薬品政策

1980年代半ば，インドは経済の効率化を目指し，部分的経済自由化（経済の規制緩和）を実施した。内容は医薬品政策にも反映された，産業支援的性質を帯びるようになる。

図2-1は，インド準備銀行から得た医薬品の貿易統計であるが，1981／82年以降，1985／86年，1986／87年の2年を除き，貿易収支は一貫して黒字を計上している。1980年代半ば，製薬産業は，輸入代替をほぼ完了し，輸出志向段階に入っており，従来の政策枠組みを超えた産業支援が求められる段階にあった。そして，1986年医薬品政策が発表された。

1986年医薬品政策の主要な目的は以下のとおりである（Department of Chemicals and Petrochemicals 1986: Part II）。

① 良質（高品質）の必須医薬品，救命医薬品（lifesaving drugs），そして予防薬を適正な価格で十分入手可能にする。
② 医薬品生産に関する品質管理システムの強化と医薬品の合理的利用を促進する。
③ 製薬産業に新しい投資を誘致する環境を創出し，適正な規模で費用対効果の高い生産を促進し，新技術と新薬を導入する。
④ 地場（インド）の医薬品生産能力を強化する。

産業ライセンスの緩和についても実施されることが決まった。産業ライセンスの廃止は，すべての抗がん剤，インドの研究開発を通じて開発された新しい

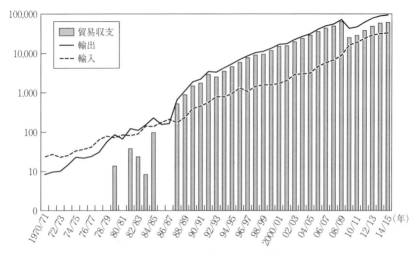

図 2-1　インド医薬品貿易の推移（対数表示）

（注）　縦軸は対数目盛で表示。
　　　1987／88年度からは，「医薬品の輸出」の項目にファインケミカル製品（医薬品原料や中間体なども含まれる）を含めるという変更がなされており，2004／05年〜2008／09年までは，基礎化学品（医薬品原料や中間体等も含まれる）と化粧品が項目に含まれる変更がなされており，それ以前の統計とは連続性がない。2009／10年以降のデータは医薬品のみに変更されている。
（出所）　Reserve Bank of India, *Handbook of Statistics on the Indian Economy*, various years より作成。

原薬とその製剤，そして2つの中間体に拡大された。ライセンス緩和スキームは下記の基準に従って拡大された（Department of Chemicals and Petrochemicals 1986: Part VI, para.6.5）

① 　輸入自由化（OGL）品目で輸入が認められている原薬。
② 　組織部門において，生産者が3社あるいはそれ以下に限定されている原薬。
③ 　それを利用する製剤が必須医薬品であり大量消費の性質を持つものである原薬。
④ 　産業ライセンスが廃止されている原薬に関連する製剤と中間体。

この産業ライセンス廃止スキームは，公的部門と小規模工業部門に留保され

ている原薬を使用しない新薬とインドで使用を認められている新薬を除き，非FERA企業（1973年改正外国為替規制法適用外の外資系企業）と非MRTP企業（MRTP法適用対象外の企業）に認められることになった。技術開発指導局の基準を満たす申請に関しては，非FERA企業と非MRTP企業に対しては，技術開発指導局への登録は引き続き義務付けられた（Department of Chemicals and Petrochemicals 1986: Part VI, para.6.4）。

以上のように，比較的規模の小さい企業は，産業許認可制度の対象外となり，1980年代半ば以降に設立されたインド民間企業の発展にとってプラスの効果を持ったといえる。

1986年医薬品政策では，公企業の役割の見直しが示された。具体的には，公企業に留保されていた品目が見直された。公的部門は国家保健計画（National Health Programme）の中心となる基本的な原薬の生産において，引き続き重要な役割を果たすことが確認され，適正な価格で必須医薬品の原薬を入手可能とするために，公企業が流通と生産において最適な効率で機能する必要があること，そして国家保健計画の目標を達成するうえで公的部門の役割が決定的に重要であることが確認された。そして，1986年医薬品政策では，経営文化や価値観の改革，経営システムの改善，製品戦略の改良，生産ラインの消耗・浪費の削減，技術の改良，施設費用の削減，在庫水準の引き下げ，より敏感なマーケティング戦略，高い施設利用能力，そして研究開発施設の一層の活用など，公企業の業績を改善するための行動計画を作成し，開始することを目標とした（Department of Chemicals and Petrochemicals 1986: Part VI, para.6.3）。1980年代半ばには，すでに公企業は非効率化し，経営が悪化していた。しかしながら，依然として公企業の果たすべき役割は大きいと考えられ，経営の効率化を図るための計画が準備されたと考えられる。

留保品目については，ペニシリンとポリオワクチンを含む17品目の原薬が公企業に留保されていた（**表2-5**）。ペニシリンの需要の増大が予想されたため，先端技術の導入と公企業のペニシリン生産能力を拡張することが決定された。しかし，こうした措置をもってしても，公企業のみで，ペニシリンとポリオワクチンという2つの必須医薬品の需要を完全に満たす状況にはなかった。ペニ

表 2-5 公企業への留保品目

	留保品目	備　考
1	**ペニシリン**	1986年政策で留保品目から除外
2	ストレプトマイシン	
3	テトラサイクリン	
4	オキシテトラサイクリン	
5	ゲンタマイシン	
6	スルファグアニジン	
7	スルファジミジン	
8	スルファメトキシピリダジン	
9	スルファジメトキシン	
10	ビタミン B1	
11	ビタミン B2	
12	葉　酸	
13	キニーネ	
14	アナルジン	
15	フェノバルビトン	
16	モルヒネ	
17	**ポリオワクチン**	1986年政策で留保品目から除外

(注) 1986年医薬品政策において，ペニシリンとポリオワクチンが留保品目から除外され，外資系企業を含む全ての部門で製造することが可能となった。
(出所) Department of Chemicals and Petrochemicals（1986: AnnexII List of Bulk Drugs Reserved for Public Sector）より作成。

シリンの需要を満たすために，輸入が実施され，外貨支出が増大し，1985／86年には2億4,000万ルピーに達した。また，予防接種計画においてきわめて重要なポリオワクチンの生産も不十分であった。1,000万回分を生産する能力がマハーラーシュトラ州の州営企業が保有していたが，拡大予防接種計画の実施を考慮すると，1989／90年の需要予測は8,000万回分となり，ポリオワクチンの供給不足は明らかであった。公企業には，**表2-5**の17品目が留保されていたが，ペニシリンとポリオワクチンについて，1989／90年の需要予測と当時の生産能力を考慮して，この2つの医薬品の自給自足を達成するために，ペニシリンとポリオワクチンの生産を全ての部門（インド民間部門，小規模工業部門，外資系企業部門）に開放することが決定された。国内生産量が需要に追いつくまで，この2つの必須医薬品は輸入を通じて需要を満たすこととされた（Department of Chemicals and Petrochemicals 1986: para. 6.3）。その他の留保品目（15品目）については，引き続き公企業への留保が継続された。

1986年医薬品政策の1つの柱は，1980年代の部分的経済自由化の潮流に沿った製薬産業における規制緩和の促進であった。しかし，この規制緩和はインド企業に対してのみ実施され，1973年改正外国為替規制法の規制対象となる外資

系企業（FERA企業）に対しては逆に規制が強化された。これによって，インド企業により有利な環境が醸成され，1970年代から1980年代半ばにかけて，技術をはじめとする産業基盤を確かなものにした。そして，輸入代替を完了し輸出志向へ転換しつつあったインド製薬産業の成長がさらに促進されることになった。

　FERA企業（外資出資比率が49％以上の企業）は事業を行ううえで，国家目標と国家の最優先課題に従うことを義務付けられた。すべての部門（公企業，インド民間部門，小規模工業部門，外資系企業部門）に開放される原薬リストが修正され，FERA企業に対しては，主に公衆衛生の目的から参入が望ましい領域の原薬の生産が認められることとなった。FERA企業に該当しない外資系企業は，公企業と小規模工業部門への部門別留保品目に従い，インド企業に認められる原薬と製剤の生産に関するライセンスを取得することができることとなった。また，FERA企業の原薬生産額と製剤の生産額の比率が，1：5から1：4に削減されるという変更が実施された（Department of Chemicals and Petrochemicals 1986: para. 6.1）。

　1980年代半ばにおいても，依然として原薬の完全国産化が達成できていなかった。そこで，費用対効果の高い原薬の国産化を促進し，なおかつ原薬の製造が一反応前の中間体（原薬の一反応手前の中間体）を加工するという状態から脱却することを目的として，「段階的国産化計画（Phased Manufacturing Programme: PMP）」制度を導入することが決定された。PMPはすべての企業および産業ライセンスを取得する企業に適用されることになった。輸入が生産額の20％，あるいはそれ以上である原薬企業に対しては，PMPに則り，毎年，生産額の一定割合を国産化することを条件として，輸入ライセンスが付与されることとなった。原薬を製造するすべての企業は化学・肥料省にPMPのもとでの生産計画を申請することが義務付けられた。中間体，その他の原材料を親会社あるいは提携企業から輸入している場合は，その輸入が発生する1ヵ月前までにその取引の詳細を政府に通知する必要があった。インド企業のみならず，FERA企業もPMPへの参加も義務付けられ，FERA企業に対しては，表2-6の原薬の生産が認められたが，表2-6の原薬とそれらの原薬を使用する製剤の比率は1：4

表 2-6 段階的国産化計画において FERA 企業に生産が認められた原薬一覧

段階的国産化計画において FERA 企業に製造が認められた品目			
1	リファンピシン	34	プリマキン
2	ベラパミル	35	アモジアキン
3	セファレキシン	36	塩化サクシニルコリン
4	パテント酸	37	クロファジミン
5	バシトラシン	38	チアベンダゾール
6	ネオマイシン	39	テトラミソール
7	セファロリジン	40	フラマイセチン
8	麦角アルカロイド	41	シクロホスファミド
9	チオペントン	42	メパクリン
10	プロピフェナゾン	43	トリアムシノロン
11	パモ酸ピランテル	44	フェニレフリン
12	ノルエチステロン	45	オキシトシン
13	オキセサゼイン	46	ビタミン P (ルチン)
14	ペンタゾシン	47	乳酸プレニルアミン
15	ノルゲストレル	48	チオリダジン
16	ジピリダモール	49	フェノチアジン
17	トルナフテート	50	ペニシリン
18	トリプロリジン	51	塩酸ミアンセリン
19	ナプロキセン	52	アミノグルテチミド
20	ナリジクス酸	53	シンナリジン
21	クロルプロマジン	54	バカンピシリン
22	クロルフェニラミン	55	カプトプリル
23	ベタメタゾン	56	プラジカンテル
24	デキサメタゾン	57	トブラマイシン
25	クロラムフェニコール	58	チモロール
26	ビタミン A	59	セファゾリンナトリウム
27	ジゴキシン	60	アテノロール
28	ダプソン	61	ニムスチン
29	アロプリノール	62	Prithyldone
30	ビタミン B12	63	イソソルビドモノニトラート
31	プレドニゾロン	64	当該企業が臨床試験を実施し, DCGI の承認を得たすべての新薬
32	パラルガンケトン	65	ポリオワクチン
33	インスリン	66	麻疹ワクチン

(出所) Department of Chemicals and Petrochemicals (1986, Annexure I: Drugs & Pharmaceuticals —— For FERA Drug Companies) より作成。

とされた (Department of Chemicals and Petrochemicals 1986: para. 6.7)。

1986年医薬品政策では, 生産に柔軟性を持たせるために, プラント設計 (施設設計) や加工・生産施設のような技術的要素を考慮し, 製薬産業でも大分類化を適用することが決定された。31の原薬グループ (**表 2-7**) が大分類化の対象となり, 原薬以外の製品は下記の分類に従うことが決定された。

① **表 2-7** の原薬を使用する製剤
② 縫合糸, 腸線, 包帯のような外科用補助品
③ 抗血清・ワクチン
④ 全てのタイプの診断用薬
⑤ アレルギン
⑥ 輸液用器具

大分類化の便宜を利用できるのは, インド医薬品管理局 (Drug Controller In-

表 2-7 大分類化された原薬31グループ

	1986年医薬品政策で大分類化された原薬群
1	すべてのタイプのペニシリン
2	エリスロマイシン, グリセオフルビン, リファンピシン
3	クロラムフェニコールとその中間体 L-Base
4	ペニシリンG カリウムから抽出される 6-アミノペニシラン酸 (6-APA) と 7-アミノデアセトキシセファロスポラン酸 (7-ADCA)
5	アンピシリン, アモキシシリンのような半合成ペニシリン
6	すべてのタイプのセファロスポリン
7	公的部門に留保されているもの以外のサルファ剤
8	プレドニゾロン, プレドニゾン, ヒドラコルチゾン, ベタメタゾン, エチニルエストラジオール, ノルエチステロン, ノルゲストレル, テストステロン, プロゲステロンを含むステロイドとホルモン
9	テオフィリン, アミノフィリン, ヒドロキシエチル, テオフィリン, キサンチノールニコチエート, 合成カフェイン
10	フェノバルビタールを除くすべてのバルビツール酸塩
11	アナルジン, イソプロビル, アンチピリン
12	クロルプロマジン, プロカロルペラジン, プロメサジン, トリフロペラジン, トリプロマジン
13	クロロキン, アモジアキン
14	オキシフェブタゾン, フェニルブタゾン
15	ジフェンヒドラミン, ブロモジフェンヒドラミン
16	ヒドロクロロチアジド, シクロペンチアジド
17	クロルフェネシン, メフェネシン
18	キシロカイン, プロカイン, ベンゾカイン, プリロカイン
19	メトロニダゾール, チニダゾール
20	トブタミド, クロルプラマミド
21	アセタゾラミド, チアセタゾン
22	ジアゼパム, クロルゼアポキシド, オキサゼパム, ニトラゼパム, ロラゼパム
23	フェニラミド, クロルフェニラミン
24	イブプロフェン, ケトプロフェン, フルルビプロフェン, ナプロキセン
25	サルブタモール, テルブタリン
26	フラゾリドン, ニトロフラトイン, ニトロフラゾン, フラルタドン
27	クロルサイクリジン, サイクリジン, メクロジン, ブクリジン, ジエチルカルバマジン
28	プロプラノロール, アテノロール, メトプロロール, オキシプレノロール, ピンドロール
29	メベンダゾール, チアベンダゾール, フェンベンダゾール
30	ベラドンナ, ヒヨスチアミン, センノシド, ジゴキシン (ジキタリス) など植物原料から抽出する医薬品
31	インスリン以外の動物由来の医薬品, 肝抽出物, ヘパリン, パンクレアチン, 免疫グロブリンなど

(出所) Department of Chemicals and Petrochemicals (1986: Annexure ―― III Group of Bulk Drugs Covered by Broad-Ranging Groups) より作成。

dia）で承認を得た製品に限定され，組織部門企業は，それぞれに製造が認められている品目に関してのみ，大分類化の適用を受けることができた（Department of Chemicals and Petrochemicals 1986: para. 6.8）。

1978年医薬品政策で設定された原薬と製剤の生産比率についても見直しが実施された。インドにおける原薬の生産を増大するために，原薬の工場渡し価格と製剤の工場渡し価格の比率が修正された。FERA企業に対しては，比率は1（原薬）：4（製剤）であるが，その他の企業の比率については以下のとおりである（Department of Chemicals and Petrochemicals 1986: para. 6.10）。

原薬と製剤の生産の工場渡し額	比率
① 1億ルピーまで	1：10
② 1億ルピー超2億5,000万ルピーまで	1：7
③ 2億5,000万ルピー超	1：5

以下の分野は，生産比率の修正の対象から除外され，従来の生産比率が維持された。

① 中間体
② 外科用補助品
③ 血清とワクチン
④ すべてのタイプの診断用薬
⑤ アレルギン
⑥ 輸液用器具

組織部門の企業は3年間で，新しい生産比率を達成できるように，新しい医薬品の生産を含め，生産計画を提出しなければならなくなった。また，インドの原薬生産を促進するために，①組織部門の全ての企業の製剤の売上高は，国産原薬の消費額と輸入原薬の消費額の比率は変更せず，2：1に基づくことが決定され，②FERA企業は，原薬生産の50％を，MRTP法適用企業は30％を

提携関係のない製剤企業と公企業を含むその他の企業に供給することが義務付けられた（Department of Chemicals and Petrochemicals 1986: para. 6.11）。

産業ライセンスについても見直しが図られた。当時，製剤の生産には，10〜20の産業ライセンスの取得が必要とされていた。これらの製剤の大半は，産業（開発・規制）法の第10条のもとで発行される登録証を取得することを義務付けられていたが，これらの登録証は個々の品目や生産能力については表示しておらず，単に医薬品の生産を認めることを証明するものであった。そこで，インド政府は，すべての製剤と外科用補助器具の生産について，産業ライセンスを一元化することを決定した。また，装置の置き換え，近代化，リノベーションの結果としての，生産能力の再是認，追加的生産能力の承認を製薬産業についても認められることとなった（Department of Chemicals and Petrochemicals 1986: para.16.13, 16.14）。

1986年医薬品政策では，研究開発の促進も強調された。臨床試験を行う企業や医薬品管理局から新しい医薬品の販売承認を得た企業に対し，産業ライセンスの規制の緩和を拡大することなどを通じて研究開発を促進することが決定された。また，必要に応じて，引き続き，製造ノウハウの輸入は，輸入から得られるメリットを考慮して決定されることとなった。

生産効率の向上や生産能力の強化などが目標とされたほか，1986年医薬品政策の大きな特徴は，品質管理の質向上と強化の方針を明示したことである。医薬品の製造管理および品質管理基準（Good Manufacturing Practice: GMP）の導入を決定し，法的効力を与えることを提案している点である（実際に，GMPが法的に義務化されるのは2001年12月である）。GMPを制度化することによって，インド国内の医薬品の品質を確保することは，国民の安全のために重要であることはいうまでもないが，国際的に認知された製造管理・品質管理基準の1つであるGMPを徹底化することで，医薬品の信頼性が高まり，輸出機会が増大することが意識されていると考えられる（GMPについては，本章の第5節第4項にて詳述する）。

表2-8は世界各国の医薬品の顕示比較優位指数（Related Comparative Advantages: RCA）と貿易特化係数（Trade Specialization Coefficient: TSC）を示してい

表2-8 世界各国の医薬品の顕示比較優位指数（RCA）と貿易特化係数（TSC）：1985～2002年

	インド		米国		英国		日本		中国		韓国		タイ	
	RCA	TSC	RCA	TSC	RCA	TSC	RCA	TSC	RCA	TSC	RCA	TSC	RCA	TSC
1985	1.55	0.10	1.43	0.76	1.83	0.38	0.24	-0.53	1.25	0.49	0.14	-0.46	0.15	-0.84
1986	1.22	0.06	1.41	0.76	1.83	0.34	0.23	-0.53	1.19	0.37	0.17	-0.34	0.12	-0.82
1987	1.42	0.20	1.26	0.73	1.81	0.33	0.24	-0.56	1.14	0.19	0.14	-0.39	0.11	-0.83
1988	1.72	0.25	1.23	0.73	1.79	0.32	0.25	-0.56	0.95	0.09	0.12	-0.48	0.13	-0.75
1989	0.51	-0.34	1.02	0.70	2.03	0.33	0.27	-0.53	1.21	0.30	0.14	-0.41	0.10	-0.80
1990	2.30	0.39	0.97	0.67	1.88	0.34	0.28	-0.50	0.95	0.20	0.15	-0.44	0.11	-0.77
1991	2.27	0.43	0.93	0.65	1.88	0.33	0.29	-0.44	0.91	0.11	0.16	-0.44	0.10	-0.75
1992	1.57	0.25	0.92	0.63	1.93	0.30	0.30	-0.42	0.80	0.15	0.17	-0.40	0.13	-0.69
1993	1.51	0.33	0.88	0.60	2.09	0.32	0.28	-0.43	0.69	0.13	0.15	-0.45	0.24	-0.46
1994	1.55	0.33	0.84	0.60	1.98	0.29	0.27	-0.45	0.68	0.20	0.16	-0.44	0.13	-0.65
1995	1.61	0.28	0.79	0.59	2.18	0.31	0.29	-0.42	0.75	0.24	0.15	-0.45	0.16	-0.62
1996	1.65	0.40	0.80	0.59	2.08	0.28	0.31	-0.37	0.68	0.19	0.15	-0.47	0.13	-0.67
1997	1.78	0.39	0.78	0.59	2.10	0.29	0.30	-0.35	0.55	0.20	0.14	-0.43	0.14	-0.67
1998	1.59	0.38	0.80	0.57	1.95	0.28	0.29	-0.30	0.52	0.20	0.12	-0.31	0.10	-0.59
1999	1.54	0.44	0.86	0.55	2.00	0.21	0.31	-0.27	0.46	0.21	0.11	-0.39	0.09	-0.65
2000	1.56	0.49	0.98	0.57	2.28	0.21	0.33	-0.21	0.41	0.25	0.11	-0.41	0.10	-0.63
2001	1.37	0.49	0.97	0.57	2.07	0.18	0.31	-0.24	0.34	0.23	0.10	-0.48	0.08	-0.64
2002	1.30	0.45	0.90	0.56	2.00	0.19	0.26	-0.26	0.28	0.25	0.08	-0.52	0.04	-0.78

（注） 1989年のインドの数値は異常値であるように思われる。
（出所） 上池・佐藤（2006: 163）。

る一般的に貿易財の国際競争力を計測する際に，RCAとTSCがよく利用される。RCAとは，各国の当該財の対世界貿易輸出シェアを基準に算出される指標であり，比較優位を表す最も一般的な指標である。この係数が1以上である場合は，その国は当該財に対して世界市場で比較優位を持つということになる。一方，RCAでは考慮されていない各国における当該財の輸入を配慮して作成された指標が，TSCである。この指標は，RCAに含まれる再輸出額を除外することができる。TSCは，マイナス1からプラス1の間をとり，数値が大きいほど当該財の国際競争力が高いことを意味する。インドの医薬品のRCA，TSCともに，米国や英国など先発医薬品企業が拠点を置く先進国と同水準であり，アジアの高成長国である韓国やタイよりもはるかに高い。アジアにおいてインドと並ぶジェネリック医薬品生産国である中国と比較した場合，1985年時点では，TSCでは中国のほうが高いものの，中国とインドの国際競争力に

差はほとんどなかった。しかし，1980年代末以降，インドのRCA，TSCとも中国よりもはるかに高い水準を維持している。つまり，1988年のGMP導入により製造管理と品質管理を強化したことが，インド製品の国際的信頼を高め国際競争力につながったと考えられる。中国は，1992年のGMP施行以降，TSCは改善されたものの，RCAについては1985年の水準を下回っている。このように，インドが医薬品の輸入代替に成功し，単に生産を拡大しただけではなく，同時に国際競争力の強化・向上を達成した国であることがわかる。1980年代に，インド製薬産業は，規模の経済を活かし，輸入代替から輸出志向への転換に成功し，比較劣位から比較優位への移行を果たしたといえる。

　1986年医薬品政策では，医薬品を適正な価格で利用可能にすることを主たる目標とした。この目標を達成するために，1986年医薬品政策では，製薬産業における競争を促進し，規模の経済を実現するために，①規制緩和，②医薬品生産能力の強化，③生産の効率化，④品質管理の強化，⑤公企業の経営健全化にむけた措置が決定された。1986年医薬品政策の特徴は，競争と規模の経済概念の導入が明示され，輸出の拡大を目指すということも示されたことであり，「産業支援」的色彩が濃くなっている点である。インド企業に対しては規制緩和が実施されたが，外資系企業にはPMPに従うことを義務付ける，原薬と製剤の生産額比率を1（原薬）：5（製剤）から1（原薬）：4（製剤）に引き下げるなど規制強化が図られた。活動を制限された外資系企業のインドにおけるプレゼンスはさらに後退した一方で，インド企業の成長が促された。

4　革新への挑戦——1990年代

　1991年，インドは経済自由化を開始し，従来の輸入代替工業化政策を転換し，経済のグローバル化を志向し始めた。製薬産業の成長を支えた政策枠組みが転換し，WTOのTRIPS協定の義務履行による1970年特許法改正を目前にして，研究開発の促進が重要視されるようになった。

1990年代初頭のインド製薬産業

1990年代は，インド製薬産業にとって，転換期となった。インドの本格的な経済自由化とグローバル化，そしてWTOのTRIPS協定の義務履行がインド製薬産業を支えてきた制度的要因を大きく転換した。

1991年7月，国際通貨基金（International Monetary Fund: IMF）・世界銀行との提携のもと，インドは経済改革を開始し，従来の輸入代替工業化政策の枠組みを大きく転換し，経済自由化を開始した。経済改革の主たる内容は以下のとおりである。

① 1951年産業（開発・規制）法に基づき，民間企業を規制してきた産業許認可制度の廃止：産業許認可制度が適用される産業を38産業から6産業に削減。
② インドの財閥の経済活動を規制してきたMRTP法の大幅な規制緩和の実施。
③ 1956年産業政策決議に基づき，公企業が排他的に事業を行なってきた政府独占産業分野を縮小，公的部門に留保された産業を17産業から6産業に削減（これにより公企業は民間企業との競争にさらされることになった）。
④ 外国直接投資規制の転換：1973年改正外国為替規制法によって，外国直接投資（Foreign Direct Investment: FDI）の外資出資比率の上限は40％に制限されてきたが，34の重要優先産業において，外資出資比率の上限が51％に引き上げられた。51％以内であれば，自動承認ルートとなった。
⑤ 国内で入手不可能あるいは必需品である場合のみ，輸入を認める輸入政策原則に基づく輸入ライセンス制度の撤廃。
⑥ 段階的国産化計画（FDI・技術導入にあたって輸入される中間財・資本財に5年以内の国産化を義務付ける制度）の撤廃。
⑦ 政府保有の公企業株式の放出（disinvestment）の実施。

これら一連の改革によって，インドの輸入代替工業化政策の政策的枠組みは大きく転換した。1991年の新産業政策において，製薬産業は重要優先産業に指

定され，医薬品政策も産業政策の枠組みの転換に伴い，修正されることになった。

このころ，インド製薬産業は，医薬品製造に必要な技術水準を獲得し，インドで生産される医

表2-9　1990年代初頭のインドにおける医薬品生産の状況　　　　（単位：1,000万ルピー）

	1980/81年	1993/94年	増加率
原　薬	240	1,320	450%
製　剤	1,200	6,900	475%

（出所）　Department of Chemicals and Petrochemicals（1994: para.4）より作成。

薬品の品目も広範囲に拡大していた。250社の大企業，8,000社の小規模企業がインドで操業し，原薬の国内需要の70％，製剤はほぼ100％を満たしていた。また，製薬産業は貿易収支黒字化を継続しており，世界市場においても信頼できる原薬輸出国としての地位を確立していた（Department of Chemicals and Petrochemicals 1994: para.3, 4）。

原薬生産は，1980/81年の24億ルピーから1993/94年には132億ルピー（450％増）へ，製剤は120億ルピーから690億ルピー（475％増）に増加した（表2-9）。

1980年代半ば以降，インド製薬産業は原薬・製剤ともに生産を増大しただけでなく，原薬生産に関しては，1978年医薬品政策から課題とされてきた原料の段階からの原薬生産が実現した。原薬生産の増大には，小規模企業部門が大きく貢献し，原薬の総生産の30％を小規模企業部門が生産するようになった。

以上のような生産の増大に伴い，医薬品貿易のパフォーマンスも好調を記録し，4年連続で貿易収支黒字を計上し，1992/93年は56億ルピーの貿易収支黒字を計上し，1984/85年の1,870万ルピーの貿易収支黒字から，8年間で貿易収支黒字は劇的に増大した。インドは，医薬品の国際市場において，信頼できる原薬輸出国としての地位を確立しつつあった。

1994年医薬品政策

「1986年医薬品政策の修正版（Modifications in Drug Policy 1986）」（以下，1994年医薬品政策）と題した新しい医薬品政策が1994年に発表された。

輸出入政策が改正され，ネガティブリストが廃止され，貿易収支のルピーの完全な兌換性が認められたことで，インドの貿易・経済の成長のシナリオは大きく変化し，産業ライセンスの妥当性も大きく低下した。

産業ライセンスについては以下の5項目が決定され規制緩和が進んだ（Department of Chemicals and Petrochemicals 1994: para.22.1）。

① インド医薬品管理局が全ての原薬に許可した産業ライセンスとすべての中間体の産業ライセンスを以下のケースを除き撤廃する。
　　(1)公的部門に引き続き排他的に留保される5つの指定原薬（ビタミンB1，ビタミンB2，葉酸，テトラサイクリン，オキシテトラサイクリン）
　　(2)遺伝子組換え技術を利用して生産された原薬
　　(3)核酸の生体内利用を必要とする原薬
② 提携していない製剤企業への原薬生産の一定割合を義務的（強制的）に供給するという規定を撤廃する。
③ 特定の細胞・組織を標的にした製剤を除き，製剤に関するライセンスを廃止する。
④ 原薬と製剤の生産を関連付ける生産比率と輸入原薬の使用制限を廃止する。
⑤ 大分類化，立地規制，そして事業（COB）ライセンスの付与は産業政策に従う。

産業ライセンスの自由化の一方で，原薬生産を後退させないための措置が採られた。原薬生産の促進と過度の原薬輸入を抑制するために関税を利用することになった。中間体の輸入に対して関税を課すことにしたのである。重要な中間体は，原料の段階からの原薬の輸入代替を促進するためにネガティブリストに収載されることとなった（Department of Chemicals and Petrochemicals 1994: para.22.2）。原料の段階からの生産を促進するために，原料から製造する場合，利益率は現行の自己資本の18％（14％から4％の増加），払込資本の26％（22％から4％の増加）がそれぞれ認められることとなった。原薬を完全に自社製造する企業に対しては，利益率が高く認められることになり（Department of Chemicals and Petrochemicals 1994: para.22.7.5），原薬製造へのインセンティブが強化された。

1994年医薬品政策で注目すべき点は，公企業に対する政策変化である。1986年医薬品政策において，経営不良化が問題化しつつあった公企業は，効率化による経営再建が目指された。1994年医薬品政策では，公企業の生産計画が社会性を喪失しているとして，公企業の役割の縮小が決定された。公企業に留保されてきた医薬品の品目数を大幅に削減することが決定された。1994年に留保されていた15品目のうち，5品目（ビタミンB1，ビタミンB2，葉酸，テトラサイクリン，オキシテトラサイクリン）のみが公企業の留保品目として残され，その他は民間部門に開放された（Department of Chemicals and Petrochemicals 1994: para.22.3）。

1973年改正外国為替規制法を皮切りに，1978年医薬品政策，1986年医薬品政策において，外資系企業への規制が強化されてきたが，1994年医薬品政策では，外資規制が緩和されることとなった。1991年新産業政策において，製薬産業は優先産業に指定され，外資出資比率が51％以上の企業もインド企業として処遇されることになった。すべての原薬とその中間体と製剤の製造について，51％までの外国直接投資（FDI）が認められることとなった。しかしながら，国内ですでに利用可能な技術水準を念頭に置き，FDIの申請については熟慮が必要であるとの考えも示され，技術移転を前提としたFDIの流入の促進を図ろうとするインド政府の意思を確認できる。

51％以上のFDIは，特に原料の段階からの原薬と中間体の製造，遺伝子組換え技術を利用して生産される原薬，そして特定の細胞・組織を標的とする製剤の製造について，ケース・バイ・ケースで検討されることとなった。外国技術協定については，遺伝子組換え技術を利用して生産される原薬を除いて，すべての原薬，中間体，そして製剤について自動承認ルートが認められた（Department of Chemicals and Petrochemicals 1994: para.22.4）。

インド政府は，製薬産業を研究開発志向産業，そして輸出産業として振興すべき産業であると認識した。費用対効果が高い技術を獲得し，既存の技術水準を高めるために，1994年医薬品政策では，技術革新を促進するための研究開発が重要とされ，研究開発の一層の促進が図られた。GATT協定と特許法が改正されることが強制されること（1995年のWTO発足により，TRIPS協定の義務履行により，1970年特許法を改正する義務が発生すること）を考慮し，インド政府は，

今後は，製薬産業において基礎研究が重要であり，緊急の課題として関心を払う必要があると考えた (Department of Chemicals and Petrochemicals 1994: para.7)。創薬研究を促進するためのインセンティブを提示した。インドの研究開発を通じて開発された新薬については商業生産開始日から10年間，遺伝子組換え技術を使用して製造された医薬品および特定の細胞を標的とする医薬品は製造開始日から5年間，それぞれ価格規制の対象から除外することが決定された (Department of Chemicals and Petrochemicals 1994: para.22.6.1; 22.7.2)。

また，化学・肥料省の化学・石油化学局 (Department of Chemicals and Petrochemicals) は，医薬品部門の研究開発に刺激を与えるような措置を検討するための関連省庁グループを設置し，保健・家族福祉省は新薬の申請，特にインドでの研究開発を通じて開発された新薬の申請の迅速な評価と承認に関する必要な手続きを簡素化することが決定された (Department of Chemicals and Petrochemicals 1994: para.22.6.2; 22.6.3)。

1994年医薬品政策は，1991年以降の経済改革・経済自由化の枠組みに沿って1986年医薬品政策を修正したものである。つまり，1986年医薬品政策で実施された規制緩和をさらに推進するものであった。産業ライセンスに関しては，公企業に留保される5つの指定原薬，遺伝子組換え技術を利用し生産する原薬，核酸の生体内利用を必要とする原薬を除いて，原薬，中間体に関する産業ライセンスが廃止された。製剤に関しては，特定の細胞・組織を標的とするものを除き産業ライセンスが撤廃された。留保されてきた品目の社会性の喪失を理由に，公的部門への留保品目も15品目から5品目に大幅に削減された。

1986年医薬品政策との大きな違いは，外資系企業に対する規制が大幅に緩和された点である。FDI規制・外国技術協定に関する規制の緩和，外資系企業に課されてきた様々な規制が廃止された。外資系企業に対する規制が緩和されたことによって，インド企業は，国内においてもレベル・プレイング・フィールドな環境で外資系企業と競争しなければならなくなった。1970年代当時，技術的にも生産能力においても圧倒的劣位にあったインド企業が，1990年代初頭には，外資系企業と十分に競争できる能力を獲得したと考えてよいだろう。

5 グローバル化──2000年代

1990年代後半以降，インド製薬産業のグローバル化が加速し，グローバル・スタンダードへの適応がインド製薬産業の課題となった。WTO の TRIPS 協定の義務履行による1970年特許法改正の手続きは，1990年代末に開始され，2005年に完了した。そして，インドの特許体制は TRIPS 協定と整合的となった。1994年医薬品政策で研究開発が重要視されたが，その姿勢はさらに強められた。

また，インドの医薬品の製造管理および品質管理基準（GMP）を世界標準レベルに引き上げるため，GMP が制度化され，すべての製造業者に GMP の履行が義務付けられることとなった。

1990年代後半以降の製薬産業

1990年代後半に入ると，インドは，抗生物質，抗菌剤，ステロイド，ホルモン，ワクチン，アーユルヴェーダ医薬品など幅広い原薬および製剤を製造しており，原薬需要の70％，製剤需要についてはほぼ100％満たしていた。1996／97年には，原薬と製剤の生産は，それぞれ218億6,000万ルピー，1,049億4,000万ルピーに達した。医薬品輸出額は286億1,000万ルピー，貿易収支黒字額は，77億ルピー（輸入額は209億1,000万ルピー）に達した。（Planning Commission 1997: para.5.184; 5.185; 5.186）。

2000／01年には，原薬生産額は，453億3,000万ルピー，製剤生産額は，1,500億ルピーに達し，医薬品輸出額は873億ルピーに達し，米国，欧州，日本などの規制市場を含む世界200ヵ国に輸出していた（Planning Commission 2002: para.7.1.128; 7.1.129）。インド製薬産業は，世界の医薬品市場において，高品質の原薬と製剤の低コストサプライヤーとして台頭していた。

TRIPS 協定と1970年特許法の改正

WTO の TRIPS 協定とは知的所有権保護に関する国際的標準を確立し，権利行使措置に関する法的手続きを定めた WTO 協定である。TRIPS 協定の基

本原則は無差別主義に立脚する。すなわち内国民待遇原則と最恵国待遇が二大原則となっている。さらに知的所有権が「私権」であると明言している。TRIPS協定の主な特徴は，①国際的に知的所有権の保護を強化したこと，②権利行使に関する基本原則を定めたこと，③パリ条約，ベルヌ条約の未加盟国にもこれらの条約遵守義務を規定したこと，④知的財産の世界に初めて最恵国待遇の原則を導入したこと，⑤国家間の紛争をWTOの紛争解決制度を通じて解決することを規定したこと，などが挙げられる。

TRIPS協定がカバーする領域は，①著作権，②商標，③地理的表示，④工業意匠，⑤特許，⑥集積回路の配置図，⑦営業秘密を含む非開示情報，である。特許については，全ての技術分野の発明に対して，その出願から最低20年間保護される。

1995年1月1日にWTOが発足したが，TRIPS協定と整合的な国内法制度の変更について，先進国には1年の経過期間，途上国と移行経済には5年間，後発途上国には11年の猶予が与えられた。1995年1月1日時点で，途上国が特定分野の技術において物質特許保護を与えていない場合，物質特許保護実施には10年間の経過期間が与えられた。医薬品と農業用化学品に対しては，経過期間の開始から，特許申請を受け付けなければならない。ただし，その特許が経過期間中に与えられる必要はない。さらに，たとえ経過期間中であっても，他国での特許保有者に対して国内において「排他的販売権」（Exclusive Marketing Rights）を付与しなければならない。また知的財産保有者に対する不当なライセンス契約については，それが競争あるいは技術移転を阻害する場合には，特定の条件のもとで，政府はそうしたライセンスを無効にすることが可能である。これが「強制実施権」（Compulsory License）と呼称される加盟国の権利である。緊急事態が生じた場合に特許権者の意向とは無関係に，政府が特定の企業に対して特許権の使用を認めて，医薬品や製品を作らせるというものである。

TRIPS協定の義務履行のため，インドは1970年特許法の改正を迫られることになった。1994年12月に，インドは「1994年特許（改正）大統領令」を暫定的に立法化した。この大統領令は国会で90日以内に承認されなければ失効するものであったが，国会は1995年5月24日にこれを否決した。

1970年特許法を改正して，インドは物質特許を導入しなければならなくなった。1970年特許法は，医薬品や農業用化学品について物質特許を認めていなかった。物質特許を認めない1970年特許法は，TRIPS協定第27条に違反するため，インドは特許法の改正を行わなければならなくなった。インドには経過期間が認められていたが，TRIPS協定第27条を遵守していない国は，TRIPS協定第70条の規定に基づいて，①経過期間中においても物質特許の出願を受理し，②出願された特許に対して「排他的販売権」を与えなくてはならなかった。米国とEUは，1996年と1997年に，インドがこうした措置を採用していないとして，WTOに提訴した。それに対してインドは，①行政的手続きとしては，物質特許に対する出願を受け付けている，②排他的販売権付与のための要件を満たした申請が現時点ではないため，当該制度を設ける義務を負っていないなどの反論を行った。しかし，最終的にWTOのパネルは，米国の主張を認めた。インドはパネルの採択に対して上訴したが，上級委員会もパネルの裁定を支持した。

　1999年に，1970年特許法第1次改正法案が国会に提出され，2001年に国会を通過した。第1次改正法は，メールボックス条項として知られる，1995年1月1日から医薬品と農業用化学品をカバーする物質特許申請を受理するメカニズムの導入と一定条件を満たした場合に排他的販売権を付与することを導入するものであった。続いて2002年に第2次改正法案が国会に提出された。第2次改正法案では1つの例外を除いて，特許に関するTRIPS協定のすべての条項にインドの特許法を調和させることが目的とされた。第2次特許法（改正）法案は，2002年5月，上院・下院ともに通過した。第2次改正法案における1つの例外とは，化学品，医薬品，農業用化学品そして食料の分野における物質特許の導入である。これが第3次改正の主題となった。

　インド人民党（Bharat Janata Party: BJP）連立政府は2003年12月に第3次特許法改正法案を下院に提出したが，下院議会の解散により，この法案は失効した。2004年5月の総選挙で，インド国民会議派がBJPに勝利し，6年ぶりに政権復帰を果たした。インド国民会議派連立政府は，2005年1月1日特許法の改正期限が迫っていることを取り上げ，BJP連立政権が第13次下院議会に提出した

法案を検討することを決定した。第3次改正法案は、1970年特許法第5節(1)すなわち製法特許を与えている部分の削除と1970年特許法の第2節(1)(g)の食料の定義を削除することを求めている。これは、2005年1月1日からインドで物質特許出願を受理し、審査することを意味している。物質特許を導入する特許法改正が医薬品価格の高騰をもたらすのではないかという政治的関心から、改正法案の審議が立ち往生した。政府は冬季国会が終幕するまでに改正特許法を導入する予定にしていたが、同盟している共産党との見解の相違のため導入に至らなかった。政府は、2004年12月26日、「2004年特許法改正大統領令」(the Patents〔Amendment〕Ordinance, 2004)を発令し、期限である2005年1月1日までに、インドは形式的にTRIPS義務履行を遵守した。しかし、2004年大統領令も1994年と同様国会で承認されなければ失効することになったのだが、最終的には、改正特許法が2005年3月22日に下院議会を通過するに至った。WTOがスタートして10年が経過し、インドでTRIPS協定と完全に整合的な物質特許体制が本格的に導入されることになった。

2002年医薬品政策——医薬品政策から「製薬産業政策」へ

インドの経済自由化、世界経済のグローバル化の進展、そしてTRIPS協定の義務履行のために、インド製薬産業は新しい課題に直面していた。これらの新しい課題は、従来の医薬品政策の方針の変更と1986年医薬品政策を超えた新しいイニシアティブを要求していた。そして、インド政府は、1978年医薬品政策で示された医薬品政策の基本枠組みを転換した。

2002年医薬品政策（Pharmaceutical Policy, 2002）では、そのタイトルが医薬品政策（Drug Policy）から製薬産業政策（Pharmaceutical Policy）に変更となり、医薬品の製造および研究開発を重視し、積極的に支援する「産業」政策の性質を強めた。2002年医薬品政策では、「医薬品・製薬産業部門に関する政策の基本目標は、1986年医薬品政策に示されている。そして、政策は製薬産業の成長を加速させ、国際競争力を獲得するという方向に転換される。」と明言しているように、製薬産業の成長と国際競争力の獲得が政策目標として明確に示された。製薬産業は、新しい課題に直面していたが、それら外的環境の変化は、製

薬産業にとって飛躍の機会でもあった。そこで，課題を克服し，機会を活用するために，政策目標の見直し（従来の医薬品政策の方針の変更と新しいイニシアティブ）が必要であるとインド政府は考えた。TRIPS協定の義務履行による物質特許体制の到来を考慮し，持続的な成長を可能にするために，研究開発に対するインセンティブの改善や規制緩和が進んでいる医薬品価格規制のさらなる規制緩和を実施することを目指した（Department of Chemicals and Petrochemicals 2002: para.3）。

1991年にスタートしたインドの経済改革と経済自由化はさらに加速していた。産業ライセンスの対象範囲は縮小され，輸入に対する非関税障壁もその多くが撤廃されていた。そして，この過程で製薬産業においても以下のように規制緩和が進んでいた（Department of Chemicals and Petrochemicals 2002: para.2）。

① すべての医薬品製造に対する産業ライセンスは，遺伝子組換え技術を利用し製造される原薬と核酸の生体内利用を必要とする原薬，そして特定の細胞・組織を標的とする製剤を除いて廃止された。
② 公的部門に留保されていた5品目も，1999年2月に廃止され，民間企業に開放された（公企業に排他的に留保されている品目の撤廃）。
③ 外国直接投資（FDI）の自動承認ルートで認められる外資出資比率は2000年3月に51％から74％に引き上げられ，さらに100％に引き上げられる（FDI規制の完全自由化）。
④ 外国技術協定の自動承認は，遺伝子組換え技術を利用し生産する原薬を除き，全ての原薬，中間体，そして製剤について認められる。外国技術協定の自動承認手続きは，インド政府が規定する手続きに従う。
⑤ 公的部門の企業は輸入との競争も含め競争にさらされ，可能であれば公企業を民営化する。
⑥ バイオテクノロジーの研究開発を除いて，特許の申請，臨床試験を含む企業内研究にかかる費用に対して課税控除が150％に拡大される。
⑦ 特許法（第2次改正）法案が議会に提出される。特許有効期間を20年に延長するように改正する。

2002年医薬品政策と従来の医薬品政策との最大の相違点は，その優先順位の変更である。少なくとも，1994年医薬品政策までは，医薬品アクセスの向上を最優先課題とし，それを実現するために製薬産業の振興が必要であるという立場が維持されてきたが，2002年医薬品政策では製薬産業の成長が最優先課題として掲げられている。政策の名称の変更（Drug policy から Pharmaceutical policy に変更）は，政策の方向性を明確に示すものである。2002年医薬品政策の立案に先立ち，1999年に，2つの委員会が設置されたが，その2つの委員会報告書をみてもそれは明らかである。

インド政府は，製薬産業の研究開発能力を強化し，研究開発を行うインド企業が必要とする支援を明確にするために医薬品研究開発委員会（Pharmaceutical Research and Development Committee: PRDC）を，価格規制を再検討するために，医薬品価格規制再検討委員会（Drug Price Control Review Committee: DPCRC）を設置した。医薬品研究開発委員会は，報告書において，研究開発志向型のインド製薬企業を指定するために，以下の条件＝「ゴールドスタンダード」を提案した（Department of Chemicals and Petrochemicals 2000: para.29）。

① 研究開発に年間総売上高の少なくとも5％を投資している。
② 新薬開発，新しいドラッグ・デリバリー・システム（NDDS）の開発を含む研究に年間で少なくとも1億ルピーの投資をしている。
③ インドにおいて研究開発に従事する研究者を少なくとも100人雇用している。
④ インドで実施された研究で少なくとも10以上の特許を付与されている。
⑤ インドに製造施設を保有し操業している。

また，研究開発を支援するために，医薬品開発促進財団（Drug Development Promotion Foundation: DDPF）と医薬品研究開発基金（Pharmaceutical Research and Development Support Fund: PRDSF）の設置が提案された（Department of Chemicals and Petrochemicals 2000: para.20; 23）。

医薬品価格規制再検討委員会は，価格規制について，検討するために創設さ

れた。1987年医薬品価格規制令（Drug Price Control Order, 1987）以降，価格規制の規制対象範囲が段階的に縮小され，1995年医薬品価格規制令（Drug Price Control Order, 1995）では，74の原薬とそれを利用する製剤が価格規制の対象とされたが，1995年医薬品価格規制令は，医薬品価格規制メカニズムと運営上の問題を露呈し，意図したこととは逆の結果を招いている可能性があると考えられ，医薬品価格規制再検討委員会は，1995年医薬品価格規制令を改正することを目的とした（Department of Chemicals and Petrochemicals 2002: para.10）。物質特許体制において，研究開発はさらに重要性を増し，研究開発への投資が不可欠となる。製薬産業が生き残るためには，研究開発への投資を増加させる必要がある。医薬品価格の値上げが認められれば，収益が増大し，研究開発への投資の増額も可能になると考えられたと推察できる。一見，医薬品研究開発委員会と医薬品価格規制再検討員会は研究開発と医薬品価格規制という異なる課題を検討・議論しているようにみえるが，インド製薬企業の研究開発を促進することを目的としている。

　以上の２つの委員会の報告書をベースに2002年医薬品政策が草案され，2002年２月に発表された。2002年医薬品政策の主要な目標は以下のとおりである（Department of Chemicals and Petrochemicals 2002: para.5）。

① インドにおいて適正な価格で，良質な必須医薬品を大量消費できるようにする。
② 費用対効果の高い生産に必要なインド地場の生産能力と製薬産業部門の貿易障壁を除去することによって医薬品輸出を強化する。
③ インド製薬産業の本質的な性質を良質なものにするために，医薬品の生産と流通に関する品質管理システムを強化し，医薬品の合理的な利用を促進する。
④ インドにおける医薬品研究開発に高い水準の投資を向けるための助けとなるような環境を作り出すことにより，インドのニーズに一致し，特にインドに特有あるいは関連がある疾病に焦点を当てる方法で製薬産業部門の研究開発を促進する。

⑤ 製薬産業への新しい投資と新しい技術と新薬の導入を促進するような製薬産業に対するインセンティブフレームワークを創出する。

以下では，政策の具体的な内容について検討したい。まず，産業ライセンスについて，インド医薬品管理局（Drug Control General of India: DCGI）が承認した原薬，関連する中間体，そしてそれらの原薬を使用する製剤に対する産業ライセンスが廃止されることになった。ただし以下のケースは例外とされた（Department of Chemicals and Petrochemicals 2002: para.I）。

① 組換え遺伝子技術を利用して生産する原薬
② 有効成分として核酸の生体内利用を必要とする原薬
③ 特定の細胞・組織を標的とする製剤

FDI規制と外国技術協定についても，自由化が大きく進展した。インド医薬品管理局が承認した原薬，関連する中間体，そしてそれらの原薬を使用する製剤について，FDIは自動承認ルート（インド準備銀行への届出のみ）で外資出資比率100％まで認められることとなった。外国技術協定についても，自動承認ルートで承認されることとなった。ただし，産業ライセンス同様に，上述の3つのケースは例外とされ，事前の審査が必要とされた（Department of Chemicals and Petrochemicals 2002: para.II; III）。

TRIPS協定の義務履行による特許法の改正で，製薬産業の長期的発展のためには研究開発の一層の促進が必要であると認識され，研究開発促進のための措置が採られた。原則として，科学技術局（Department of Science and Technology）の指導のもとで医薬品研究開発基金（Pharmaceutical Research and Development Support Fund: PRDSF）の設立が承認された。また，科学技術局は，医薬品研究開発基金の利用を管理するために，技術開発評議会（Technology Development Board: TDB）に従って，医薬品開発促進評議会（Drug Development Promotion Board: DDPB）を組織し，医薬品研究開発基金の運営に当たることが決定された。知的財産の創出と医薬品の研究開発における地場の努力を促進する

ことを考慮し，適切な財政的インセンティブが供与されることも決定された（Department of Chemicals and Petrochemicals 2002: para. IV）。

インドの医薬品政策は，産業政策および輸出入政策の改正によるインド経済システムの変化と製薬産業の成長と発展段階にあわせて修正され，実施されてきた。1978年医薬品政策では，外資系企業への規制が強化され，研究開発と医薬品の製造における公的部門（公企業）の指導的役割を強調すると共に，小規模企業の保護育成を目指した。1986年医薬品政策では，費用対効果の高い生産の促進と新技術および新製品の導入を促進するために，投資環境の改善と整備，インド企業の生産能力の強化，そしてインド企業に対する規制緩和を実施すると同時に，外資系企業に対しては段階的国産化計画に組み入れるなど規制を強化することで，インド製薬産業の発展基盤を強化した。1991年のインドの経済自由化に従って，1994年医薬品政策では，インド企業，外資系企業共に規制緩和の対象となり，規制緩和が大幅に進むと同時に，研究開発特に新薬の開発を促進するためのインセンティブや措置が提示された。そして，2005年の物質特許導入を目前にした2002年医薬品政策においては，研究開発の促進と研究開発資金を確保するためにインド企業の収益性の改善を目的とした医薬品価格規制の大幅な規制緩和が提示された。

インド製薬産業は，多くの規制によりその活動を制約されてきた一方で，外資系企業との競争からは保護され，特に1980年代を通じてその産業基盤を確固たるものとしてきた。しかし，輸出産業として世界市場において確かな地位を築きつつあった1980年代半ば以降は，規制緩和を求めるようになってきた。1986年医薬品政策以来，医薬品の製造と流通の環境を自由化する大きな改革が導入され，これらの改革は，業界の「製薬産業への規制が厳格すぎる。規制がなくとも（競争によって）価格は安定し上昇することはない」という主張に対応してきたものである（Rane 1996: 2331）。実際に，医薬品政策は，段階的に，産業支援的の性質を強めてきた。1991年以降のインド経済の自由化とグローバル化，2005年の物質特許導入は，インド製薬産業の成長を支えてきた環境を一変するものであると考えられた。そのなかで発表された2002年医薬品政策は，まさに名称の変更通り「製薬産業」政策の性質を前面に出したものとなった。

2002年医薬品政策は，医薬品価格規制をめぐって，差し止めを求めた公益訴訟が起こされた。医薬品価格規制の部分を除いた研究開発の促進や産業ライセンスの廃止などの措置は実施に移されたが，医薬品価格規制の緩和については実施されなかった。2002年医薬品政策をめぐる公益訴訟については，第4章で詳述する。

世界標準への適応──GMPの義務化と小規模企業

製薬産業では，製造および品質管理基準が必要である。なぜなら医薬品の品質は生命かかわる問題であり，品質リスクは完成品（製品）の試験だけでは取り除くことが難しいためである。医薬品の品質の規制は，「医薬品の製造管理および品質管理基準」（GMP）によって実施されている。GMPとは，安心して使用できる良質の医薬品を供給するために，製造時の管理，遵守事項を定めた基準である。1962年，世界に先駆けて，米国がGMPを導入した。その後，世界保健機関（World Health Organization: WHO）が米国のGMPをベースにしてWHOのGMPを作成・導入した。1969年7月のWHO総会で，加盟各国がWHOの基準に従ってGMPを作成・施行し，医薬品の国際貿易においてGMPに基づく証明制度を採用することが勧告された。世界保健機関（World Health Organization: WHO）によれば，それは「医薬品が，意図した用途に相応しく，なおかつ販売承認当局が要求する品質基準に従って，一貫して生産・管理されることを保証する制度の一環」である（WHO 2003）。また，GMPは「完成品を試験することでは除去できないすべての医薬品生産におけるリスクを最小限にするように設計されて」おり（WHO出版年不明），「医薬品の生産に内在するリスクを縮小することを第一の目的としている」（WHO 2003）。

WHOによれば，医薬品のリスクとは，①健康に有害なあるいは死に至るような医薬品の予想外の汚染，②患者が誤った医薬品を受け取ることを意味する不正確な容器のラベル，そして③効果のない治療あるいは逆効果を結果的にもたらすといった医薬品中の有効成分が不十分であること，あるいは過剰に有効成分が含有されていることである（WHO出版年不明）。

WHOは，「品質の悪い医薬品は健康にとって危険があるだけでなく，政府

と個々の消費者双方の資金を浪費するため，GMPによる製造管理および品質管理が必要である」とその重要性を強調している（WHO出版年不明）。すべての完成品をテストすることは不可能であるため，医薬品の品質は製造過程で確保されなければならない。また，医薬品の完成品の段階で欠陥が見つかることは，製造段階で欠陥が見つかるよりもはるかに不経済であることは言うまでもない。

　WHOはGMPが医薬品の輸出機会を増大させるとも主張している。つまり，WHOのGMP証明制度を利用することにより，国際的に認知された基準に従って製造された医薬品のみが貿易されるようになる。医薬品輸出を促進する国の政府は，全ての医薬品生産にGMPを義務付け，GMP要件を検査する検査官を訓練することで，医薬品輸出を増大させることができるのである（WHO出版年不明）。

　インド政府は，インドを世界的な医薬品生産拠点，臨床研究・臨床試験センターへと育成するための施策をとっていった。1999年に，製薬産業の研究開発能力を強化するために設置された医薬品研究開発委員会（PRDC）は，インド製薬産業は，臨床研究と臨床試験の潜在的機会，インドにおけるアウトソーシングの機会が増大しており，インドを世界的なアウトソーシング拠点とするためにも，世界水準の製造管理および品質管理基準の改革の必要性があることを指摘した（Department of Chemicals and Petrochemicals 2000）。

　インドの大手製薬企業や中堅原薬企業は，早い段階でGMPを履行・遵守していた。1980年代初頭には，インドの大手製薬企業は米国への医薬品輸出を開始しており，こうした企業の製造施設は米国のGMP基準を満たしていた。しかし，インド製薬産業において最も数多く存在しているのは小規模企業であるが，こうした小規模企業の多くはGMPを満たしていないという実態があった。

　1950年代以来，インド政府は雇用を創出し，平等な所得分配を促進する目的から，小規模企業を支援してきた。小規模企業を対象とした優遇政策は，小規模企業が情報の非対称のために十分な信用をえることができない，また原材料の購入やマーケティングにおいて規模の経済を享受することができないという仮定のもとで実施されてきた（近藤 2003）。小規模企業優遇政策には，①商業

銀行や開発金融機関からの金融支援や課税控除，②小規模企業のみが製造できる留保品目の設定，③政府機関による特恵的な調達，④原材料への優先的アクセス，そして⑤インフラ施設の供給などが含まれる。1950年代において，これらの優遇政策は一時的・過渡的措置と認識されていたが，実際には，これらの優遇政策は企業の独立支援というよりむしろ脆弱な企業の保護となり，この状況は今日まで継続している（Nikaido 2004: 592）。

　小規模企業の定義は，基本的には他の企業の子会社や所有となっていない企業で，土地や建物を除く機械類および装置類などの資産に対する粗資本投下額が，1,000万ルピー（約1,500万円）以下であった。インド経済における小規模工業部門の存在感は大きく，製造業部門の総売上高の40％，製造業輸出の45％，インドの総輸出のおよそ35％をしめる。諸規模工業部門の雇用はおよそ1,720万人で，農業部門に次いで雇用を多く創出している（Nikaido 2004: 592）。

　1991年に始まった経済自由化以降，小規模企業を取り巻く環境は劇的に変化してきた。外資系企業との厳しい競争にさらされる一方，小規模企業は国民経済のエンジンとして期待されるようになった。「順応性のある革新的な性質を利用することで，小規模企業は下請け産業あるいは輸出志向産業として期待されている」のである（Nikaido 2004: 592）。

　計画委員会によって設置された製薬産業に関する作業部会の報告書によれば，2001年時点で，政府に登録している小規模製薬事業数は6,090（小規模企業総数に対する比率は0.4％）であり，74,719人（全体の1.2％）の雇用を創出している。生産総額は約551億ルピー（全体の2.7％），輸出総額は約23億ルピー（全体の1.8％）となっている（Planning Commission 2006: 120）。これらの数値は，政府に登録している小規模製薬企業だけを取り上げたものである。これに対して，化学・石油化学局（Department of Chemicals and Petrochemicals）によれば，製薬産業の領域では，約250社の大企業と約8,000社の中小企業がインドで活動している（Department of Chemicals and Petrochemicals 2000: Section II）。これらの小規模企業の多くは，大企業からの受託製造を行っている。インド製薬産業において，民間企業部門のほとんどが小規模企業であり，小規模企業はインド製薬産業の発展に貢献してきたといえよう。また，1991年の経済自由化以降，小規模

企業には，競争力のある輸出志向産業としての成長に期待が寄せられている（上池 2007: 57-58）。

インドでは，1986年医薬品政策において，GMP の導入が決定され，翌年に施行された。インドにおいて，製造・販売・流通している医薬品の品質は，医薬品・化粧品法および規則（the Drugs and Cosmetics Act, 1940 and Rules, 1945）のもとで規制されており，GMP は規則の付属文書 M（Schedule M）に規定された。

2001年12月11日，インドの GMP を WHO-GMP 水準へアップグレードすること，そして偽造医薬品の製造を撲滅するという目的で，1945年医薬品・化粧品規則の付属文書 M の改正が実施された。GMP 履行の義務化の背景には，インド小規模製薬企業による「偽薬と低品質薬」（Spurious/Substandard Drugs）問題がある。「偽薬と低品質薬」問題を検討したマシェルカー（Mashelkar）委員会報告によれば，州医薬品管理局が1995年から2002年の期間でサンプル調査した3万種以上の市販薬のうち，約10％程度が低品質薬であり，約0.2％から0.5％が偽薬であることが判明している（Ministry of Health and Family Welfare 2003: 75, Annexure 9）。

2001年の新 GMP を満たしていない製造施設で製造された医薬品は，原則として輸入・製造・在庫・販売・流通が認められない。また，①基準に達しない製品，②違法表示の製品，③偽造医薬品，および④純度が法定基準に満たない製品を，製造・販売する業者には，禁固刑または罰金が課されることになった。2001年12月11日以降，GMP の要件を満たしていない製造施設は，各州の医薬品管理局から製造許可を得られなくなった。さらに，2001年12月11日以前に許可を受けた企業に対しては，2003年12月31日までに GMP を遵守するように通達が出された。期日までに遵守できなかった場合は，製造許可の取消と製造施設の強制閉鎖が執行されることになった。

小規模工業部門に属する小規模企業にとって，GMP 履行は決して容易ではない。GMP に準拠するために製造施設を改良するには，最低でも120万ルピー（約180万円），最高で1,000万ルピー（約1,500万円）の追加投資が必要である。これは小規模企業にとっては巨額な負担である。さらに，履行に認められた猶

予期間も2年間と短かった。仮にこの負担を克服できたとしても、追加投資によって「粗資投下額1,000万ルピー以下」という小規模企業の要件を逸脱し、経済的恩恵を失う可能性もある。

　相当数の小規模企業が製造施設の閉鎖あるいは休業を選択すると予想されたため、小規模企業が多く加盟する製薬業界団体は、インド政府に対して働きかけを行った（上池 2006: 64-66）。

　インド医薬品製造業組合（IDMA）は、①小規模工業の要件に含まれる粗資本投下額の上限を、1,000万ルピーから5,000万ルピーに引き上げること、②長期低金利融資の提供、そして③医薬品への物品税率を引き下げることなどを政府に要求した。インド医薬品工業連合会（CiPi）も、年利4〜5％の長期低利融資の提供や、小規模企業の要件の緩和、そしてGMP履行の猶予期間の延長（最大で5年間）を求めた（Express Pharma Pulse 2003）。

　このような業界団体の要求はインド政府から譲歩的措置を引き出すことに成功した。GMPの履行期限は、2003年12月31日から2004年12月31日へ、そして最終的には2005年6月30日まで延期されることとなった。さらに、猶予期間の延長に関する自由裁量権を週の医薬品管理局に付与した。そして懸案であった小規模工業の要件も、製薬産業を含め一部の分野については資本投下額上限が1,000万ルピーから5,000万ルピーに引き上げられた。その他にも、GMPの要件のうち、付属施設に関わるものを一部緩和するといった対策が取られた（Express Pharma Pulse 2005）。

　インド政府が2005年12月28日に発表した2006年医薬品政策草案には、①医薬品に対する物品税率を16％から8％に引き下げること、②付属文書Mを履行しようとしている小規模企業の借入金利払いに対して、15％の補助金を提供するための基金を創設すること、そして③物品税が免除される企業の条件を、年商1,000万ルピー以下から、年商5,000万ルピー以下に緩和することなど、小規模企業のGMP履行を支援する内容が盛り込まれている（Department of Chemicals and Petrochemicals 2005）。これらの提言のなかで、①の物品税率の引き下げは2008年に実施に移されたが、②について、化学・肥料省の医薬品局（Department of Pharmaceuticals）は総額で56億ルピー規模に達する製薬技術改良基

金（Pharmaceutical Technology Up gradation Fund: PTUF）スキームの実施を提示したが，計画委員会がこれを却下した。2009年3月2日のハイレベル省庁間会議（医薬品局，財務省，計画委員会のメンバーが参加）において，医薬品局は関連省庁に対してPTUFスキームのもと，資金を遅滞なく支出することの緊急性を訴えたが，計画委員会は2005年9月末に開始された中小企業の技術改良支援スキーム（Credit Linked Capital Subsidy Scheme: CLCSS）の存在を理由に強硬に反対した（Shankar 2009）。CLCSSは2004年の予算演説で創設が発表され，小規模企業省（Ministry of Small Scale Industries）が実施する中小企業の技術向上を目的としたスキームで，融資の最高限度額は400万ルピーから1,000万ルピーで，15％の利払い補助金が提供される。[5] 計画委員会は，CLCSSと同様の目的を持つ他のスキームを設ける必要性がないと考えている。しかしながら，申請手続きが複雑なため，小規模企業からの申請が非常に少なく，計画委員会は，2008年にCLCSSを休止にしている。CLCSSの失敗を踏まえ，医薬品局は製薬部門の小規模企業向けにPTUFを考案し，PTUFスキームのもとで，政府は借入に対して5％の補助金を提供する予定にしていた。2008年5月，PTUFスキームは60億ルピーを支出することで最終調整に入ったと伝えられていた（Shankar 2008a）。しかし，計画委員会の反対に遭いPTUFスキームの実施が遅れることとなったのである。2008年10月にも化学・肥料省はスキームを完成させ，財務省と計画委員会に了承を得ようとしたが，このときも計画委員会はPTUFの実施に反対し，逆にCLCSSの復活を化学・肥料省に求めた（Shankar 2008b）。2010年，医薬品局は結局PTUFの実施を断念し，CLCSSをより製薬産業に適した形へと修正ならびに調整する努力をしている。CLCSSとPTUFは技術改良支援という性質は同じであるが，GMP義務化の要件とその期限を考慮すれば，申請手続きが複雑で時間を要するCLCSSではなく，GMP履行支援を目的としているPTUFが望ましいといえるだろう。実際に，小規模企業はCLCSSよりPTUFの実施を望んでおり，このような動きには冷ややかな態度を示した（Shankar 2010a, b）。

インド政府が小規模企業を救済する理由として，次の2点を指摘する事ができるだろう。第1に，潜在的輸出機会を捉えることである。小規模企業は，イ

ンドの中堅および大手製薬企業からの製造受託を受けている事が多いため，小規模企業のGMP水準の低さは，インド製薬産業全体の信頼を低め，輸出機会にマイナスの影響を与える可能性があるからである。例えば，2001年に米国で発生した炭疽菌騒動の時，インドで抗生物質シプロフロキサシンを製造している企業は70社以上存在していたにもかかわらず，米国食品医薬品局のGMP基準を満たしていたのはわずか2社にすぎず，ほとんどの企業が輸出機会を失った（Lalitha 2002b）。先進国以外に対する医薬品輸出は，WHO-GMPを満たしていれば十分であるため，インドのGMPを履行することで，インドからの輸出が促進されることも期待されている。米国をはじめとする先進国に輸出する場合は，輸出先のGMPが適用される。一般に先進国のGMPはWHO-GMPよりも厳格で，規制当局による厳格な製造施設査察を受ける必要がある。将来的に，先進国のGMPに適合するためにも，WHO水準のインドのGMPを履行することは必要不可欠である。第2に，政治的な意図を指摘することができよう。小規模企業はその数の多さ故に，議会制民主主義のインドにおいては無視できない存在である。GMPを履行できない小規模企業が，一斉に閉鎖に追い込まれるようなことになれば，反発は必至であり，選挙にも影響を与える可能性が高い。

　さて，それでは，実際にどれだけの製薬企業がGMPを順守するようになったのだろうか。製薬企業として全国で4,176社の小規模企業が登録されていたが，そのうちの707社がGMP未履行のために閉鎖，あるいは製造許可の更新が危ぶまれている状況にあった。すでに工場をアップグレードしている企業は1,672社で，1,797社は依然として義務履行を完了していなかった。原則として，2005年6月30日以降は，GMPを履行できなかった企業は閉鎖され，再び操業しないように監視下に置かれることになっていた。しかしながら，州レベルの当局が猶予期間設定について自由裁量権を与えられているため，GMP履行状況は州間で格差が発生した（Jayakumar2006）。計画委員会の報告書によれば，小規模製薬企業でGMPを順守しているのが事業所数でみて1,672（登録されている小規模製薬事業所全体の27%），GMPの履行を準備しているのが1,797（全体の30%），GMP基準を満たす余裕がないのが370（全体の6%），閉鎖か事業許認

可が中断されたのが337（全体の6％）となっていた（Planning Commission 2006: 122, Annexure III）。

2008年2月7日付けの報道によれば，小規模製薬企業の業界団体であるインド医薬品工業連合会（CiPi）のT.S. ジェイシャンカール（T.S. Jaishankar）議長は次のように述べている。「インドで操業していた小規模な製薬事業所の半数以上が閉鎖してしまったか，過去2年間に渡って無期限の事業延期を行っている。これは，小規模企業にとって不利な政策と変化するビジネス環境のなかで大企業との競争に太刀打ちできないことなどによって引き起こされた。」「2年前には，4,000以上もの事業所が存在していた。これは，3,000億ルピーにのぼるインド国内製薬市場全体の20％を占めるものであった。われわれの推計によれば，現在，操業している小規模な製薬事業所数は2,000を下回っており，これらの事業所の多くも生存のために戦い続けている」（Jayakumar 2008）。

GMP履行の義務化は，偽造医薬品や有害医薬品の製造を減少させることで，消費者の安全を確保し，医薬品の製造受託と輸出を促進につな

表2-10　インド国内のWHO-GMP認証施設（2016年時点）

州	WHO-GMP認証製造業者
アーンドラ・プラデーシュ	52
アルナーチャル・プラデーシュ	0
アンダマン・ニコバル	0
アッサム	0
ビハール	0
チャンディーガル	0
チャッティスーガル	0
デリー	7
ダドラ・ナガル・ハーヴェリー	5
ダマン・ディーウ	33
ゴア	35
グジャラート	280
ハリヤーナー	23
ヒマーチャル・プラデーシュ	134
ジャンムー・カシュミール	14
ジャールカンド	0
カルナータカ	68
ケーララ	8
ラクシャドゥイープ	0
マディヤ・プラデーシュ	38
マハーラーシュトラ	222
マニプル	0
メガラヤ	0
ミゾラム	0
ナガランド	0
オディシャ	0
パンジャーブ	16
ポンディシェリー	21
ラージャスターン	19
シッキム	16
タミル・ナードゥ	72
テーランガーナー	131
トリプラ	0
ウッタル・プラデーシュ	18
ウッタラカンド	97
西ベンガル	4
全インド	1,313

（出所）　CDSCO（2016）より作成。

がる。また，GMP履行の義務化によって偽造医薬品を製造しているような悪質な小規模企業が排除され，インド製薬産業の再編が促進されると考えられる。

しかしながら，小規模企業のGMP履行状況が改善されているかどうかははっきりしない。中央医薬品基準管理機構（Central Drugs Standard Control Organisation: CDSCO）によれば，2007年時点で814施設がWHO-GMPの認証を取得していたが（CDSCO 2007），2016年12月時点でWHO-GMP認証を得た製造施設数は1,313に増大している（**表2-10**）。しかしながら，その多くは大手企業が保有する複数の製造施設が認証を取得している状況である。例えば，アーンドラ・プラデーシュ州の52の認証施設のうち，10施設はDr. Reddy's Laboratoriesの製造施設という具合である。インド製薬産業全体の製造管理・品質管理基準の順守，徹底化には今後も努力が必要であろう。

6　集積地の形成──その背景と要因

製薬産業の集積地形成の背景

インドにおける製薬産業の集積地について検討したい。Marshall（1920）をはじめとして，産業集積の利益として，①知識と情報のスピルオーバー，②熟練技能労働者のプール，そして③産業連関効果が指摘されてきた。また，集積が集積を呼ぶという正のロックイン効果も期待されている。これらによって，集積地に存在する企業は規模の経済を享受することが可能になり，生産性の向上も実現される。Kamiike et al.（2012）では，集積地のある地域の労働生産性と総要素生産性（Total Factor Productivity）は共に大幅に改善されていることが観察された。集積が生産性の向上を促していると考えられる。

製薬産業はその発展の過程で国内各地に集積地を形成してきた。マハーラーシュトラ州，ゴア州，グジャラート州，デリー，ハリヤーナー州，パンジャーブ州，アーンドラ・プラデーシュ州，タミル・ナードゥ州，そしてヒマーチャル・プラデーシュ州，ウッタラカンド州などである。

表2-11は主要インド製薬企業および外資系企業の製造施設の州別分布を示したものである。2000年4月，インド政府は経済特区政策（Special Economic

第2章 製薬産業の発展

表2-11 主要製薬企業の州別製造施設数

州	企業	製剤	原薬	州合計	州	企業	製剤	原薬	州合計
アーンドラ・プラデーシュ	Aurobindo	2	2	15	マディヤ・プラデーシュ	Lupin	3		8
	Divi's Labs	2	1			Piramal Healthcare	2		
	Dr.Reddy's Laboratories	4	1			Ranbaxy	2		
	Jubilant Lifesciences	1				Merck	1		
	Piramal Healthcare		1		マハーラーシュトラ	Cadila Healthcare	1		96
	Ranbaxy	1				Cipla	8	1	
デリー	Cipla	1		10		Dishman		1	
	Glenmark	1				Dr.Reddy's Laboratories	1		
	Ranbaxy	6				Glenmark	8	1	
	Abbott	1				Jubilant Lifesciences	1		
	Sanofi	1				Lupin	5	1	
ゴア	Cipla	1		3		Piramal Healthcare	11	1	
	Glenmark	1				Ranbaxy	3	1	
	Merck	1				Sun	6	2	
グジャラート	Cadila Healthcare	8	2	37		Torrent	1		
	Dishman	2	1			Wockhardt	8	1	
	Jubilant Lifesciences		1			Abbott	1	2	
	Lupin	1				Byer	2	2	
	Sun	5	2			Boehringer Ingelheim	2		
	Torrent	7	3			GSK	4	1	
	Wockhardt	1				Johnson & Johnson	4	1	
	GSK	1				Merck	4		
	Pfizer	1				Novartis	5	1	
	Sanofi	1				Pfizer	3		
	Wyeth	1				Sanofi	2	1	
						Wyeth	2		
ハリヤーナー	Ranbaxy	1		3	パンジャーブ	Ranbaxy	3		3
	Eli Lilly		1		タミル・ナードゥ	Sun	2	4	
	GSK		1			Wockhardt	1		
ヒマーチャル・プラデーシュ	Cadila Healthcare	1		11		Sanofi	1		
	Cipla	1			ウッタラカンド	Jubilant Lifesciences	1	1	
	Dr.Reddy's Laboratories	1							
	Glenmark	1			西ベンガル	Sun	1		3
	Piramal Healthcare	1				Ranbaxy		1	
	Ranbaxy	3	1			Pfizer	1		
	Torrent	1			ダドラ・ナガール・ハベリ	Sun	3		3
	Wockhardt	1							
カルナータカ	Biocon	1	2	12	ダマン・ディウ	Wockhardt	2		3
	Cipla	1				Johnson & Johnson	1		
	Jubilant Lifesciences	1			ポンディチェリー	Dr.Reddy's Laboratories	1		1
	Astrazeneca	1							
	Byer	1							
	GSK	3	2						

(出所) NPPA (2007) より作成。

表2-12 2005年経済特区法(SEZ Act, 2005)のもとで承認された製薬・バイオSEZ

	正式承認	原則承認	稼働中
アーンドラ・プラデーシュ	3	2	3
ゴア	1		
グジャラート	3		2
カルナータカ	1	1	
マハーラーシュトラ	2	1	2
パンジャーブ	1		1
テーランガーナー	1		1
総数	12	3	10

(出所) SEZ in India, Department of Commerce, Ministry of Commerce & Industry, Government of India, www.sezindia.nic.in/index.asp (2017年3月26日時点)より作成。

Zones〈SEZ〉Policy)を発表したが,現在12の製薬・バイオSEZが承認されているが,そのすべてが上記の集積地に立地している(表2-12)。このほかにも,州や中央政府が保有する工業団地がSEZに認定されており,その工業団地に入居している製造施設もある。以上の表からも,インドにおける製薬産業の地域的集積状況を確認することができる。

インド製薬産業の集積地の形成における主な要因として,①公的研究機関と民間企業の連携,②公企業のエンジニアによる起業,そして③インド民間大企業の外延的発展を指摘できよう。

インド製薬産業の発展段階初期においては,公的研究機関ならびに公企業が医薬品の研究開発と製造において主導的役割を果たしてきた。インド政府は,1950年代初頭より,公的研究機関と公企業を創設した。インド製薬産業の発展は,公的研究機関と民間企業の緊密な連携によるところが大きい。公的研究機関が開発した技術は民間企業に移転され,民間企業はその技術を商業化したのである。とりわけインド製薬産業の発展初期において,民間企業は独自の研究開発能力を有しておらず,公的研究機関との連携が決定的に重要であった。つまり,公的研究機関の周辺に製薬産業の集積が進んだと考えられる。

また,公企業および公的研究機関の研究者やエンジニアが起業したことにより,公企業の周辺にも自然に集積地が形成された。Dr. Reddy's Laboratoriesの創業者K.A.レッディは,公企業IDPL出身の研究者が起業した最も有名な事例である。ハイダラーバードには,公的研究機関インド化学技術研究所・ハイダラーバード(IICT-H)と公企業IDPLが立地している。IICT-HやIDPLの研究者が独立して起業したことによって,ハイダラーバードは原薬企業の一

第2章 製薬産業の発展

表2-13 公的研究機関および公企業の所在地

公的研究機関／公企業		設立年	所在地	
公的研究機関	CDRI	1951	ラクナウ（ウッタル・プラデーシュ州）	
	IICT-H	1956	ハイダラーバード（アーンドラ・プラデーシュ州）	
	NCL	1950	プネー（マハーラーシュトラ州）	
国営企業	IDPL	1961	ハイダラーバード（アーンドラ・プラデーシュ州）	
	HAL	1954	プネー（マハーラーシュトラ州）	
	BCPL	1980	コルカタ（西ベンガル州）	民間企業（Bengal Chemicals & Pharmaceuticals Works）の国有化
	BIL	1978	コルカタ（西ベンガル州）	民間企業（BengalImmunity Company Limited）の国有化
	SSPL	1972	コルカタ（西ベンガル州）	民間企業（SmithStanistreet Company Limited）の国有化
国営企業子会社	IDPL (Tamil Nadu) Ltd	1981	チェンナイ（タミル・ナードゥ州）	
	Bihar Drugs & Organic Chemicals Ltd		ムザファルプール（ビハール州）	
国営企業と州開発投資公社との合弁企業	RDPL	1981	ジャイプール（ラージャスターン州）	IDPLとラージャスターン産業開発投資公社（RIICO）
	ODCL	1979	ブバネーシュワル（オリッサ州）	IDPLとオリッサ産業促進投資公社（IPICOL）
	KAPL	1981	バンガロール（カルナータカ州）	HALとカルナータカ州産業投資開発公社（KSIIDC）
	MAPL	1979	ナガプール（マハーラーシュトラ州）	HALとマハーラーシュトラ州産業投資公社（SIICOM）
	MSDPL	1989	インパール（マニプル州）	HALとマニプル産業開発公社（MANIDO）

（出所）Department of Pharmaceuticals（2012）より作成。

大集積地に発展した。ハイダラーバードはこうしたスピンオフによって誕生した産業集積の代表的な事例である（表2-13）。

インド民間企業の外延的発展については，以下のような背景が考えられる。CiplaやAlembicのように独立以前より医薬品およびその関連製品を製造していた企業や医薬品販売に従事していたRanbaxy Laboratoriesのような企業が，1970年特許法改正により他国で特許保護されている医薬品をリバースエンジニアリングによって自由に製造することが可能になり，それ以降，急速にインド製薬産業は発展を遂げていった。また，1978年医薬品政策において，外資系企業，インド企業共に，原薬の生産能力の拡大を含めて，産業ライセンスを取得するためには，生産する原薬の一定の割合を，提携関係のない企業へ供給することが義務付けられていた（外資系企業50％，MRTP法適用企業50％，公企業40％，インド企業30％）。このような事情から，これらインド大手企業や外資系企業の周辺に集積地が形成されていったと考えられる。また，ハイダラーバードでは，Dr. Reddy's Laboratoriesの研究者が独立して起業している。Hetero，MSN Laboratories，そしてアウトソーシング専業企業であるDivi's Laboratoriesの創業者は，Dr. Reddy's Laboratoriesの研究者であった（Reddy 2015）。製薬企業からのスピンオフも集積地の形成に寄与していると考えられる。

近年では，中央政府あるいは州政府の主導のもと政策的に集積地の形成が促進されている。中央政府が主導して集積が促された代表的事例として，ヒマーチャル・プラデーシュ州およびウッタラカンド州がある。まず，ヒマーチャル・プラデーシュ州およびウッタラカンド州では，後進地域開発政策として，インド政府が2003年よりウッタラーンチャル・ヒマーチャル産業政策を実施していた（DIPP 2003a, b）。この政策は，「推進産業」と「ネガティブリスト産業」とに分類し，推進産業として指定された産業を積極的に州内に誘致する一方で，環境負荷が高いと判断され，ネガティブリスト産業に収載された産業の誘致は抑制される。「推進産業」には医薬品産業を含め18業種が含まれ，ネガティブリスト産業には，20業種が収載された（表2-14）。

同産業政策では，指定工業団地に新規立地する事業所，またはその既存設備を拡張する事業所に対し，優遇措置として，「物品税免除」「法人税免除」「設

表2-14 ウッタラーンチャル・ヒマーチャル産業政策における推進産業とネガティブリスト産業一覧

	推進産業		ネガティブリスト産業
1	花卉	1	タバコ・タバコ製品
2	薬草・芳香植物（加工）	2	火力発電所（石炭・石油使用）
3	蜂蜜	3	選炭・乾燥炭加工
4	園芸・農産物加工	4	無機化学（薬効オキシゲン，薬効ハイドロゲン，圧縮空気を除く）
5	食料品	5	有機化学（プロビタミン，ビタミン，ホルモン，配糖体，ショ糖を除く）
6	砂糖	6	皮なめし・染色・
7	絹・絹製品	7	大理石・鉱石（等級なし）
8	羊毛・羊毛製品	8	製粉所（小麦・米）
9	織物	9	石炭を使用する鋳造所
10	スポーツ用品	10	鉱物燃料，鉱油，それらの蒸留物，瀝青炭，鉱蝋
11	紙・紙製品（ネガティブリストに掲載されていないもの）	11	合成ゴム製品
12	医薬品	12	セメント工場，アスベスト，繊維を含む粗糖
13	ICT産業	13	爆発物（産業用爆発物，起爆装置・ヒューズ，花火，マッチ，推進燃料パウダーなどを含む）
14	ミネラル・ウォーター	14	無機化学肥料，化学肥料
15	エコツーリズム	15	殺虫剤（基礎製造・製剤）
16	産業用ガラス	16	グラスファイバー・グラスファイバー製品
17	手工芸品	17	パルプ製造（木材パルプ，機械あるいは化学パルプ分解パルプを含む）
18	林産物加工（木材を除く）	18	ブランド物の炭酸水・ソフトドリンク（果物ベースでないもの）
		19	紙製品（筆記用，印刷用，厚紙，新聞紙，工芸紙，生理用ナプキン，巻き煙草用紙，耐脂紙，トイレットペーパー・ティッシュペーパー，カーボン紙，ワックス加工紙）
		20	プラスチック・プラスチック製品

（出所）DIPP（2003a）

備投資補助金」「輸送費補助金」を実施した。「物品税免除」については，インドでは工場出荷時点で16％の物品税が課せられるが，商業生産開始から10年間にわたり100％免除される。「法人税免除」については，法人税は課税対象所得に対して30％（実効税率33.66％）が課せられるが，商業生産開始から5年間は100％免除され，次の5年間では30％免除される。そして，「設備投資補助金」については，工場や機械への投資額の50％が300万ルピーを上限として補助される。当然のことながら，これらの優遇措置は，「ネガティブリスト産業」には一切認められない。同産業政策の実施により，ヒマーチャル・プラデーシュ

州とウッタラカンド州への製薬企業の集積が進んだ。

　近年，製薬産業の集積地においては，関連産業でもあるバイオテクノロジー産業の誘致が州政府主導のもと実施されている。ヒマーチャル・プラデーシュ州ならびにウッタラカンド州共に，製薬産業とバイオテクノロジー産業を推進産業として位置付け，特にバイオテクノロジー産業の誘致を積極的に実施している (Government of Himachal Pradesh 2004, Government of Uttarakhand 2003)。

　ハリヤーナー州は，工業先進州の1つであり，IT産業・バイオテクノロジー産業など知識基盤産業の拠点として台頭してきているが，それは，インフラストラクチャーが整備されている点，首都デリーとの地理的近接性が有利に働いているものと考えられる。2002年のハリヤーナー州は，2002年に，バイオテクノロジー政策を発表し，バイオテクノロジーの研究開発を振興するため，研究開発センターを設立することを決定している (Government of Haryana 2002)。ハリヤーナー州には，第11次5ヵ年計画と第12次5ヵ年計画中に，ファリダバード周辺へのバイオテクノロジー・クラスターの設立を計画している (IBEF 2010b)。デリーも，デリー大学との産学連携を通じたバイオテクノロジー産業の振興を目標としているパンジャーブ州でも，2003年産業政策において，バイオテクノロジー産業の誘致・振興を掲げている (Government of Punjab 2003)。

　インド最大の製薬産業集積地であるマハーラーシュトラ州は，2001年に産業政策とバイオテクノロジー政策を発表している。産業政策では，織物工場用地のバイオテクノロジー企業用地への転用を認めており，バイオテクノロジー企業の立地を促進している (Government of Maharashtra 2001a)。一方，バイオテクノロジー政策では，プネーにバイオテクノロジー・パークを創設し，同パーク内に米国食品医薬品局のGMP基準を満たした施設を提供するなどの支援措置を講じている (Government of Maharashtra 2001b)。米国のGMP認証を得るには多額のコストが必要となるため，バイオ医薬品企業を誘致のうえで非常に重要な支援である。

　ゴア政府は，2003年産業政策において，推進産業に「製薬産業・バイオテクノロジー産業」を指定し，Pharma ParkとBT Parkの設立を推進する方針を

打ち出した（Government of Goa 2003）。

アーンドラ・プラデーシュ州は，2001年にバイオテクノロジー政策を発表し，バイオテクノロジー・パークの創設，バイオテクノロジー企業に各種インセンティブを供与している（Government of Andhra Pradesh 2001）。カルナータカ州は，2001年に「ミレニアム・バイオテクノロジー政策」を発表し，州内に3ヵ所のバイオテック・パークを創設し（Government of Karnataka 2001），インドで最も大きなバイオテクノロジー・クラスターを形成するに至っている。タミル・ナードゥ州政府は，2000年にバイオテクノロジー政策を発表し，バイオテクノロジー企業特区（Biotechnology Enterprise Zones）を設け，バイオテクノロジー企業の誘致を促進している（Government of Tamil Nadu 2000）。

以下では，インドで最も洗練されたライフサイエンス・クラスターとして台頭しているテーランガーナー州（旧アーンドラ・プラデーシュ州）ハイダラーバードと新興クラスターとして発展を始めたアーンドラ・プラデーシュ州ヴィシャカパトナムを事例にインドの製薬クラスターの現状を紹介する。

最先端ライフサイエンス・クラスター——ハイダラーバード

ハイダラーバードの製薬産業の発展の重要な要因は，1961年の公企業 IDPL の創設である（**図3-1**）。IDPL は，入手可能な価格で必須医薬品を供給することを主要な目的として設立され，インド製薬産業の研究開発・技術開発を主導してきた。IDPL は，技術者と研究者の養成においても貢献しており，IDPL の出身のエンジニアが起業した事例が数多くみられる。また，ハイダラーバードには2つの研究開発機関が立地している。インド化学技術研究所（IICT-H）と細胞・分子生物学センター（Centre for Cellular and Molecular Biology: CCMB）である。IDPL，IICT-H そして CCMB などの研究機関が開発した技術を製薬企業が商業化することにより，ハイダラーバードの製薬産業の急速な成長が実現された。また，ハイダラーバードに立地する製薬企業の創業者の多くが IDPL の研究者出身であることはよく知られている。

1977年，当時のアーンドラ・プラデーシュ州政府は，IDPL 用の付属施設を開発するために，ランガレッディに工業団地を創設した。こうしたアーンド

ラ・プラデーシュ州の積極的なインフラ整備は多くの人材をハイダラーバードに引きつけた。そして，IDPL や IICT-H の研究者が起業し，Dr. Reddy's Laboratories のような大企業へ発展していった。

　ハイダラーバードは，インド最大の原薬企業の集積地として発展した。そして，ハイダラーバードの原薬企業の多くは，製剤も製造する垂直統合型企業へと成長を遂げている。今日，製薬産業はハイダラーバードを中心とするテーランガーナー州の戦略産業となっている。

　ハイダラーバードの製薬クラスターは，ハイダラーバードを中心に半径60km に広がり，ランガレッディ，メダク，そしてナルゴンダにおよぶエリアからなる（図 2-2）。

　クラスター内の情報アクセスの上で重要な役割を果たすのが業界団体である。業界団体のクラスター内のつながりを制度化する役割も果たす。共通のニーズや制約，チャンスを確認するための中立的立場であり，それらに対処するための活動拠点でもある。さらに，クラスターに関する情報の収集を行い，会員企業に提供し，州政府や中央政府との橋渡し役や規制改革に関する助言も行う（ポーター 1998: 152）。ハイダラーバードには，1991年にインドの原薬企業を代表する業界団体，原薬製造業組合（BDMA）が創設されている。BDMA は，新規の製造施設の創設を支援するために，インド政府との交渉を行ったり，汚染管理に関する問題解決のためや税制問題について政府に対してロビー活動を行ったり，定期的に会員企業の会合を持ち，政策変化に関する情報交換の場を設けたりしている。さらに，2004年に，輸出促進を目的として，医薬品輸出促進協議会（Pharmaceuticals Export Promotion Council: Pharmexcil）が創設された。Pharmexcil は，通商代表を組織し，インドと海外の両方で売り手と買い手双方が出会う機会を設けたり（ビジネスマッチング），輸出関連のセミナーを組織したり，政府に対して輸出関連政策について助言を行う。また Pharmexcil は会員企業に対して情報とサービスを提供している。

　クラスターには中小・零細規模の企業も多く存在する。ハイダラーバードにも多くの中小零細規模企業（Micro, Small and Medium Enterprises: MSMEs）が存在している。インド小企業開発銀行（SIDBI）が，ハイダラーバード製薬クラ

第2章 製薬産業の発展

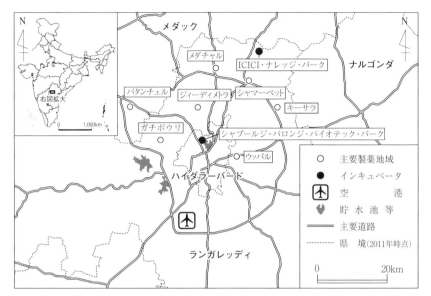

図2-2 ハイダラーバード市の地図
(出所) ML Infomap 社のデータを一部改変して作成。

スター (Hyderabad Pharma Cluster) というプロジェクトを実施し，中小規模企業の支援を実施した。このクラスターは，中小・零細製薬企業の競争力を向上させ，成長を促進することによって，雇用創出を目的としたクラスターである。ハイダラーバードの製薬クラスターは製造管理および品質管理基準のGMPや非臨床試験の安全性および信頼性を確保するための基準である優良試験所基準である (Good Laboratory Practice: GLP) に関するコンサルタント業務や，研究機関との提携支援を行っている (The Hindu 2005)。

アーンドラ・プラデーシュ州 (現テーランガーナー州) 政府はクラスターの高度化を図る政策を実施している。ハイダラーバードにインド初の最先端ライフサイエンス・クラスターであるゲノム・バレー (Genome Valley) を創設した。

ゲノム・バレーは，ハイダラーバードを中心として，シャマーペット，メダチャル，ウッパル，パタンチェル，ジーディメトラ，ガチボウリそしてキーサラに広がるバイオ医薬品クラスターであり，バイオテクノロジーの研究，教育・訓練，そして製造活動の拠点として開発された。アーンドラ・プラデーシ

103

ュ州政府は，スタートアップ企業に資金を提供するために，インド初のバイオテック・ベンチャー・ファンド（3,000万ドル）を，APIDC Venture Capitalと米国のDynam Venture Eastとのジョイント・ベンチャーとして創設した。

ゲノム・バレーには，シャマーペットにバイオクラスターのシャプールジ・パロンジ・バイオテックパーク（Shapoorji Pallonji Biotech Park: SPBP）とICICIナレッジパーク（ICICI Knowledge Park: IKP）という2つのインキュベータが併設され，バイオ医薬品企業の育成と振興が行われている（図2-2）。

SPBPは，バイオテクノロジー庁（Department of Biotechnology），分割前のアーンドラ・プラデーシュ州政府，そしてShapoorji Pallonji & Co.との産官連携のもと創設された。SPBP内には，研究開発施設，多目的プラント，特殊パイロットプラント，分析・品質コントロールセンター，そして人材育成センターが設置されている。IKPは，世界基準を満たす施設を提供し，インド初の研究開発の産学連携ネットワークである。IKPには，現在22の企業が入居し，製薬関連の研究開発に従事している。知的所有権に関する部門もある。米国の薬局方（United States Pharmacopia）が研究施設を有しているが，これは米国メリーランドのほかでは，米国内外でも唯一の施設である。現在，ハイダラーバード市はバイオ医薬品，特にワクチンの世界的な製造拠点としても急成長を遂げている。

インド医療研究評議会（Indian Council of Medical Research: ICMR）は，米国の国立衛生研究所（National Institute of Health: NIH）との提携のもと，バイオ医療研究用の実験動物学中央研究所（National Centre for Laboratory Animal Science: NCLAS）を創設している。また，ゲノム・バレーに，産業主導のライフサイエンス研究の中心地として，国際生命科学研究所（International Life Science Institute）の創設も計画されている。

また，関連・支援産業として，IT産業の存在も重要であろう。アーンドラ・プラデーシュ州は，IT産業のクラスター化も進めており，Tata Consultancy Services（TCS）などの大手IT企業はバイオインフォーマティクスやデータマネジメントなどを請け負っている。

ハイダラーバードには製薬産業に必要な人材育成の拠点も整備され始めてい

る。オスマニア大学（Osmania University）に加え，国立薬学教育研究機関（National Institute of Pharmaceutical Education and Research: NIPER）ハイダラーバードが2008年に新しく設立された。NIPERは，薬学研究施設であると同時に人材を育成する教育機関として，1998年にパンジャーブ州に創設され，2008年に，ハイダラーバード，アフマダーバード，コルカタ，ハジプールの4ヵ所に設置された。NIPER（ハイダラーバード）は，人材育成と研究開発へのサポートを行うことを目的としているが，現在，まだサービスの利用は十分ではないものの，業界のニーズに合わせ，施設のアップグレードが行われている。

新興クラスター——ヴィシャカパトナム

ヴィシャカパトナムはインド第2の軍港であり，東部海軍司令部があることで有名であり，インド第3の貿易港でもある。産業としては，鉄鋼業が有名であったが，近年IT産業および製薬産業の拠点へと変貌しつつある。チェンナイ－コルカタ大産業動脈計画が実施されれば，ヴィシャカパトナムの重要性はさらに高まる可能性がある（図2-3）。

ヴィシャカパトナムは，インドにおける製薬産業の拠点として最も急速に成長しているクラスターである。そして，アーンドラ・プラデーシュ州が，テーランガーナー州とアーンドラ・プラデーシュ州の2つの州に分割され，ヴィシャカパトナムはアーンドラ・プラデーシュ州の製薬産業の最大の集積地となった。

APIIC（アーンドラ・プラデーシュ州産業インフラ公社）とラムキー・ファーマ・シティ（Ramky Pharma City (India) Ltd）のジョイント・ベンチャー（出資比率は，Ramkyが89％，APIICが11％）であるジャワハルラール・ネルー・ファーマ・シティ（Jawaharlal Nehru Pharma City: JNPC）プロジェクトのもとクラスターが創設され，製薬専用のラムキー・ファーマ・シティ（Ramky Pharma City）というSEZが併設されている。JNPCはインド初の製薬専用工業団地でもある。JNPCは2,300エーカーの敷地で，原薬企業と関連の化学企業が入居している。JNPCはシンガポールのJTCシンガポールが設計企画し，600エーカーの製薬専用SEZも併設している。

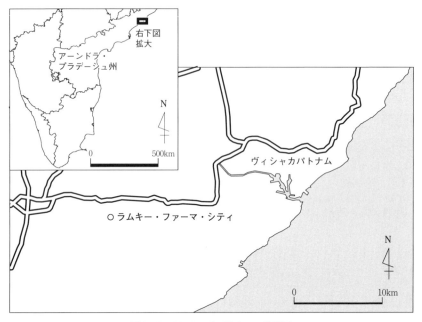

図2-3　ヴィシャカパトナムの位置図
（出所）　ML Infomap 社のデータを一部改変して作成。

　SEZ には，先進的な分析試験研究施設，コンテナターミナル，トラックターミナル，タンク型の貯蔵システムの創設も計画されている。また，学術界と産業界のギャップを埋めるための訓練センターも設立される。JNPC にはすでに約20企業が入居している。Dr. Reddy's Laboratories, Biocon, Hetero, GVK, Orchid Chemicals, など主要インド製薬企業に加え，日本のエーザイ，ドイツの Pharmagel も入居している。2010年1月に，エーザイは，製造施設と研究開発センターをオープンし稼働している（エーザイについては，第7章で詳述する）。
　ヴィシャカパトナムには，マリン・バイオテックパーク（Marine Biotech Park）が創設されている。同団地は，ヴィシャカパトナムの海洋生物資源の多様性をヘルスケア関連商品に応用することを目的としている（Business Line 2003）。

ヴィシャカパトナムの魅力は，インフラストラクチャーと施設が整備されている点に加え，良好な投資環境と人材の豊富さにある。アーンドラ大学，ギータム（GITAM）大学は共に薬学部を保有している。エーザイは，ギータム大学と研究開発と人材育成に関して了解覚書（MOU）を締結している。エーザイ・ナレッジセンターのランバ（Lamba）社長によれば，エーザイはギータム大学の研究開発を支援する一方，同大学からのインターンシップも受け入れている。MOU は，エーザイにとって優秀な人材へのアクセスにプラスに働くと考えているという[6]。ギータム大学は，エーザイのほかにも AstraZeneca, Dr. Reddy's Laboratories などの企業とも提携している。

　ハイダラーバードは，インド初のライフサイエンス・クラスターとして，クラスターの優位性を高め，より高度なタイプのクラスターに移行している。ハイダラーバードのように成長しているクラスターは，製造業やサービス産業といった形で，外国直接投資（FDI）も引きつけるようになる。また，生産性の低い立地からの企業の移転もある。一方，ヴィシャカパトナムは，SEZ の設置により FDI の誘致を積極的に行い，クラスター開発の促進・強化につなげている一方で，アーンドラ・プラデーシュ州は，インフラやその他のビジネス環境への投資を増加させる支援を実施している。アーンドラ・プラデーシュ州の事例からも，クラスターの開発あるいはアップグレードには，競争を促進することが重要であることが分かる。ハイダラーバード以外のクラスターにおいても，各州政府が中心となってクラスターの優位性を高めるための政策を実施している。インド製薬産業は，その発展過程においてインド各地に集積地を形成してきた。これらの集積地はクラスターとして成長を遂げており，持続的なインド製薬産業の成長に貢献しているといえる。

7　製薬産業の発展

　以上みてきたとおり，独立後の経済開発戦略の展開のなかで，インドは，製薬産業の輸入代替に成功し，かつそれを国際的な競争力を持つ輸出産業として育成することに成功した。製薬産業が輸入代替に成功した要因は，第 1 に，

1970年特許法のもとでのアンチ・パテント政策である。インディラ・ガンディー政権は，物質特許を認める1911年特許および意匠法にかえて物質特許を認めず製法特許のみを認める1970年特許法を制定し，施行した。1970年特許法は，インドにおいてリバースエンジニアリングと他国で特許保護されている医薬品の代替的製法の開発を促進した。加えて，国際的には，多くの先進国が経済力の集中や独占を妨げるための政策枠組みの1つとして，1990年代までアンチ・パテント政策を採用しており，世界知的所有権機関（WIPO）も加盟国における知的所有権保護における独自性を最大限に尊重してきた。戦後の日本をはじめとする東アジア諸国における輸出志向工業化を軸とする経済開発戦略の成功の要因として，欧米の先進国が開発した工業製品を輸入し，リバースエンジニアリングを通じて生産技術を模倣・習得することで，製品の国産化を実現し，そしてそれを輸出したように，インドも世界的に緩やかだった知的所有権保護の潮流の恩恵を享受することができたといえよう。また，インドの製造業が直面した特許不実施問題から解放されたことにより，技術革新へのインセンティブが働き，製薬産業では技術進歩が進展した。

　第2に，インド政府による産業政策を指摘できる。輸入代替工業化政策の政策枠組みである産業政策（産業許認可制度，高関税・数量規制などの貿易政策，1969年独占および制限的取引慣行法，1973年改正外国為替規制法）は，1970年当時，インド市場で圧倒的に優勢を誇っていた外資系企業の活動を抑制し，その活動の縮小に貢献した。一方，リバースエンジニアリングによって，インド国外では特許で保護されている医薬品の模倣生産に成功した企業は，国産化の実現，すなわち国内で入手可能となったとして，当該医薬品の輸入規制（輸入禁止）を求め，他社が当該医薬品の模倣生産を開始するまで，インド市場における独占的利益を得る手段として，輸入規制を利用した。

　第3に，インド政府による医薬品政策が産業政策を補完する役割を果たした点である。1978年医薬品政策は，インドで最初の包括的な医薬品政策で，1990年代までインド医薬品政策の基本的な枠組みをなした。医薬品の自給自足を達成することをその基本目標に掲げた1978年医薬品政策のもと，研究開発の促進を通じたインド製薬産業の技術力の向上を促進する措置が実施され，インド企

業の研究開発能力と技術基盤が向上していった。その一方で，外資系企業に対する規制を強化する内容が盛り込まれた。1986年医薬品政策では，インド企業に対する規制緩和を実施する一方で，外資系企業は段階的国産化計画に従うことを義務付けるなど，外資系企業に対しては規制を強化した。医薬品政策は産業政策とあわせて，外資系企業の活動を大幅に抑制する効果を持ち，そこにインド企業の成長の余地が生まれ，インド企業の発展を促進した。以上３つの要因に加えて，医薬品価格規制の実施が輸入代替の成功には必要不可欠であったが，医薬品価格規制については，次章で詳述したい。

　1980年代末にはインドは製薬産業の輸入代替に成功した。しかしながら，輸入代替の成功の要因は，1990年代に入って，その多くが喪失した。

　第１の要因は，1980年代の米国を嚆矢とする先進国の特許保護強化政策（プロ・パテント政策）への転換，1995年に発行したWTOのTRIPS協定によって喪失した。TRIPS協定は，インドに，医薬品に物質特許を導入し，特許期間を従来の７年間から最低で20年間に延長するように1970年特許法の改正を義務付けた。それによって，特許で保護されている医薬品をリバースエンジニアリングすることによって，模倣生産を自由に行うことが不可能になった。また，インドは1991年から経済自由化と経済安定化を柱とする構造調整計画を実施し，輸入代替工業化政策の枠組みを大きく転換させ，経済のグローバル化を推進するようになり，第２の要因の多くも失われた。こうした環境の変化に対応して，インドの医薬品政策は，産業支援的側面を強めていった。政策の柱として，研究開発促進を打ち出し，イノヴェーションを梃子に成長する戦略へと転換した。インド政府は，製薬産業のグローバル化を推進するために，インドのすべての製薬企業にGMP履行を義務付けることで，インドにおける医薬品の品質管理体制をWHO水準に引き上げ，医薬品輸出の促進を制度的に支援する体制を整えた。

　製薬産業は発展の過程において，インド各地に集積地を形成した。アーンドラ・プラデーシュ州は，製薬産業の集積地であるマハーラーシュトラ州やグジャラート州のような工業先進州ではない。しかしながら，公企業IDPLの周辺に製薬企業の集積が始まった。Dr. Reddy's LaboratoriesのようなIDPLから

のスピンオフ企業が発展し，さらに集積が進むことで，インドを代表する原薬産業の集積地へと発展した。集積地に存在する企業は規模の経済を享受し，生産性の向上も実現され，インド製薬産業の発展に寄与した。さらに，アーンドラ・プラデーシュ州（現テーランガーナー州）はライフサイエンスのクラスターの形成を政策的に実施し，ハイダラーバード市を原薬産業の集積地からインドで最先端のライフサイエンス・クラスターに成長させた。また，辺境州であるヒマーチャル・プラデーシュ州，ウッタラカンド州は独自の産業誘致政策を実施し，製薬産業の集積に成功している。こうした集積地の形成により，集積地の企業の生産性が向上し，結果として製薬産業の発展に寄与した。

注

(1) Alembicは，その後グジャラート州バローダに拠点を移している。

(2) 例えば，CiplaはIICT-Hのサービスを利用した企業として知られている。Ciplaは抗エイズ薬の低コストサプライヤーとして世界的に有名であるが，IICT-Hが開発したジドブジンの製法を，Ciplaが商業化し，生産・販売した（Chaudhuri 2005: 36）。

(3) スルファメトキサゾール，メチルドパ，イブプロフェンは，Dr.Reddy's Laboratoriesがインドではじめて（スルファメトキサゾールはDr.Reddy's Laboratoriesの前身にあたる企業Standard Organics）が開発した（詳細は第6章第3節を参照されたい）。

(4) The Patents (Amendment) Ordinance, 2004 http://lawmin.nic.in/Patents%20Amendment%20Ordinance%202004.pdf

(5) 2005年にガイドラインが改定され，借入金に対する利子補助金は当初12％であったが，2005年4月に15％に引き上げられた（Ministry of Small Scale Industries, *Revised Guidelines on Credit Linked Capital Subsidy Scheme(CLCSS) for Technology Upgradation of Small Scale Industries(SSI)*）。

(6) 2011年9月12日，エーザイ・ナレッジセンターにおけるヒアリング調査による。

第3章

医薬品価格規制
―― 産業発展の視点から ――

インドでは,国民に適正な価格で医薬品を供給するために,1960年代初頭から医薬品の価格を規制している。医薬品価格規制の実施により,インドの医薬品価格は世界で最も低い水準にまで引き下げられ,インドにおける医薬品アクセスの改善に貢献してきた。その一方で,医薬品価格規制は,インド企業にとっては,コスト削減へのインセンティブとして機能した。医薬品価格の上限を決められている状況で,利潤を最大化するためには,コストを極限まで引き下げなければならない。インド企業は,低コストで医薬品を製造する技術を開発し,獲得しなければ,生き残ることができなかった。1979年に医薬品価格規制が強化された後は,医薬品価格規制は輸出インセンティブとして機能し,インド企業の海外市場進出を促した。医薬品価格規制令の存在が,低コスト競争を生み出し,インド製薬産業が非効率に陥ることを防ぐと同時に,インド企業のコスト競争力を高めた。そして,高いコスト競争力を武器に,医薬品輸出を増大させてきた。インドにおける医薬品価格規制の実施は,医薬品アクセスの改善と同時に産業発展を促してきた。以下では,インドにおける医薬品価格規制の変遷をレビューし,インドにおける産業発展に果たした役割について検討する。

1 医薬品価格規制の導入――1970年医薬品価格規制令

1962年に,インドで初めて医薬品の価格規制が導入された。1962年の中印戦争の勃発による非常事態発動の時に,医薬品価格を規制することが決定された。医薬品価格表示令(Drugs〈displays of prices〉Order, 1962)と医薬品価格規制令

(Drugs〈control of prices〉Order, 1963)がインド防衛法(the Defense of India Act)のもとで公布された。これらの法令は，1963年4月1日まで医薬品価格を凍結することを目的とした。この2つの命令の施行は，必須医薬品供給の混乱とそれによって引き起こされる医薬品価格の上昇に対応するための緊急措置であった。これらの緊急措置が原材料や投入財の価格を同時に凍結したため，インドの製薬業界はインド政府を批判した(Ministry of Petroleum and Chemicals 1975: 174, Singh 1985: 163)。

　1966年に，インド政府は選別的価格引き上げ制度(a system of selective price increase)を導入し，1966年医薬品価格表示・規制令(Drug Prices〈display and control〉Order, 1966)を承認した。1966年医薬品価格表示・規制令は，全ての製剤について，価格を引き上げる場合は，政府の事前承認を受けることを医薬品企業に義務付けた。その後，薬局方に収載された製品と独自の研究開発によって製品化された新しい医薬品で，インドで最初に販売された医薬品に関しては，事前の価格承認の対象から除外された(Singh 1985: 164)。

　インド政府は，1966年医薬品価格表示・規制令の改正の一方で，関税委員会(Tariff Commission)に，必須医薬品を指定して，それらの生産コストを調査し，そして適正価格を勧告するように指示した。1968年に関税委員会が提出した報告書では，①指定された17の必須医薬品の国内価格はその他の国の医薬品価格よりも低いということ，②概してインドの製剤市場は他国の製剤市場と比べて，収益性が高くなっている，の2点が明らかにされた。これらの医薬品の価格が高い要因として，①輸入されている生産装置，中間体，そして原材料のコストが高い，②その他の国に比べ，生産能力が小規模で低い，そして③特許法とノウハウの移転に関連する条件，が指摘された(Ministry of Petroleum and Chemicals 1975: 174, Singh 1985: 164)。

　関税委員会の勧告を再検討した後，新しい医薬品価格規制令が重要物資法のもと，1970年5月16日に承認された。1970年医薬品価格規制令である。1970年医薬品価格規制令は以下の意図で設計された(Ministry of Petroleum and Chemicals 1975: 175)。

① 概して価格が高止まりしている必須医薬品の価格を引き下げる。
② 成長を維持促進し，計画的に研究施設を開発・拡張するように製薬産業に十分なインセンティブを供給する。
③ 将来的な産業発展において起業家精神を拡大することを促進し，そしてそれによって必要な技術能力を有するインド人に機会を提供する。
④ 超過利益を削減する。

1970年医薬品価格規制令は以下の特徴を持った（Ministry of Petroleum and Chemicals 1975: 175-176）。

① 製剤のマークアップ率（値上げ率）は工場渡し価格の75%とする。工場渡し価格には，外部への貨物運送費，流通経費，取引手数料，宣伝費，そして製造業者のマージンが含まれる。
② 独自の研究開発による製剤の場合は，100%までのマークアップ率が認められる。インドの独自の研究によって開発された原薬を使用する製剤については，150%までマークアップ率が認められる。
③ 企業が得る総利益を売上高の15%に制限する。これによって，仮にそれ以上の利益を企業が得た場合は，超過した利益は，インド政府によって積み立てられ，(1)研究開発，(2)将来の利益と損失の調整，そして(3)中央政府が指定するその他の目的のために，政府の事前承認を経て利用される。

1970年医薬品価格規制令の導入によって，コストベースで医薬品の価格が決定され，上限価格が設定された。1970年医薬品価格規制令では，医薬品は2つのカテゴリー（必須医薬品か否か）で分類され，2つのカテゴリーの医薬品価格は以下の決定式によって決定された。

$$小売価格 = （原材料コスト + 加工コスト + 梱包コスト）\\ × （1 + マークアップ率／100） + （物品税 + 売上税）$$

1970医薬品価格規制令が導入されたことによって，製剤を輸入し販売する，あるいは原薬を輸入して製剤に加工するビジネスモデルは利益をあげられなくなり，製薬企業の医薬品製造への参入を促していったと考えられる。また，1970年医薬品価格規制令は，コスト削減へのインセンティブとして機能した。医薬品価格の上限を決められている状況で，利潤を最大化するためには，コストを極限まで引き下げなければならない。インド企業は，低コストで医薬品を製造する技術を開発しなければ，市場で生き残ることが難しくなった。

2　価格規制の強化——1979年医薬品価格規制令

　1978年医薬品政策では，1970年医薬品価格規制令を改正する方針が示された。1970年医薬品価格規制令は業界からの厳しい批判に直面し，インド政府はその批判への対応を迫られていた。インド政府と業界の間で最も大きな議論となったのは，資本利益率の妥当性についてであった。インド政府が認めた15％の税引き前利益率が不十分であり，総売上高が10万ルピー程度の小規模企業にとっては利益がないのに等しいことが指摘されていた（Pathak and Mote 1972: 1369-1379）。

　図3-1のとおり，1970年医薬品価格規制令の導入の結果，1971年以降，医薬品の相対価格をみても，医薬品の価格水準は下落傾向が明らかである。

　しかし，逆に価格が上昇するケースもみられたことも事実である。デリー行政調査チーム（Delhi Administration Survey Team）が行った調査によれば，調査対象となった616の製品のうち，258の製品で価格が下落したが，191の製品では価格が上昇し，167の製品の価格は変動がなかったことが明らかになった。この調査では，国営企業が生産する23製品の医薬品もカバーされていたが，3つの製品で10％の価格下落が観察されたことを除き，残りの20製品は価格上昇を記録し，そのうちの6製品では価格の上昇率が40％を超え，4製品の価格上昇率は20〜40％，8製品の価格上昇率は10〜20％，そして2製品の価格上昇率が5〜10％であった。当時インド医薬品市場の12％を構成していたペニシリン系の医薬品（抗生物質）の価格の上昇率は特に高く，48〜88％の上昇率を記録

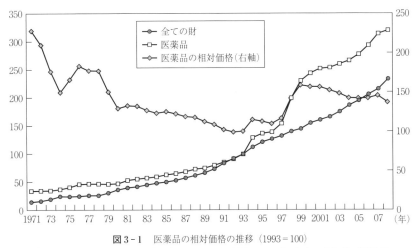

図3-1 医薬品の相対価格の推移（1993＝100）

（出所） Reserve Bank of India（RBI）, *Handbook of Monetary Statistics of India*, 2006; Reserve Bank of India（RBI）, *Handbook of Statistics on the Indian Economy* 2008-2009；*RBI Bulletin 2009-2010*より作成。

していた。またサルファ剤についても40～50％の上昇率を記録していた（Singh 1985: 165-166）。実際に，医薬品価格は下降傾向にあるものの，1973年から1978年にかけて，医薬品の相対価格は上昇している（**図3-1**）。

また，1970年医薬品価格規制令の施行後，必須医薬品の価格が引き下げられたため，多くの企業が必須医薬品から必須医薬品ではない医薬品（多くの場合，売れ行きの良いOTC医薬品）に生産をシフトすることによって損失を補っていた（Singh 1985: 166）。

1970年医薬品価格規制令は，数度にわたって改正されたが，以上の問題が解決することがなかった。最終的に，インド政府は，ハーティ委員会に医薬品価格について調査させた。ハーティ委員会の医薬品価格規制について報告要旨は以下のとおりである（Ministry of Petroleum and Chemicals 1975: 186-188）

① 原薬の重要性や複雑さに応じて，株式すなわち準備金を加えた払込資本の12～14％間の税引き後利益を価格設定の基準に採用する。
② 製剤の場合，(1)企業規模，(2)品目の選択，そして(3)価格規制が予期され

ている製品のリーダープライスのみを規制するという選別原則を導入する。総売上高が1,000万ルピー未満の企業（独占および制限的取引慣行法（MRTP法）対象企業以外）は価格規制を免除される。その代わりに、1年間の総売上高が1,000万ルピーを超えるかどうかに関係なく、インドにおける1年間の売上高が150万ルピー（物品税を含む）を超えるすべての製剤（一般名で流通している製剤以外）は価格規制の対象となる。

③ 最高上限価格はマーケットリーダーである企業の生産コストと妥当な利益を考慮して決定される。

④ もう一つの選別変数として、個々に重要である製品グループと製薬産業の生産高の大部分を構成する製品グループを指定する方法を提案する。このリストのそれぞれの品目に関して、そのなかで総売上高の60％を占める主要な生産者を特定することは可能であり、これらの企業の費用分析をベースにして、最高上限価格を定める。そして、その他の企業はこの上限価格の範囲内で自由に価格を決定できることとする。

⑤ 総売上高の8〜13％の利益率上限を修正したものを採用する。さらに、代替基準として、税引き後利益の上限を純資産額の10〜12.5％の間で指定する。

ハーティ委員会報告をベースに1978年医薬品政策が策定され、医薬品価格規制の新しい方針が示された。まず、医薬品価格規制リストに掲載される医薬品の分類基準は、1970年医薬品価格規制令の必須医薬品か否かという2つのカテゴリーを細分化し、4つのカテゴリーにした。価格規制対象となる製剤はカテゴリーⅠ〜Ⅲに分類され、カテゴリーⅣは価格規制から除外されることとなった。カテゴリーⅠ〜Ⅱに収載される医薬品は必須医薬品である（**表3-1**）。

医薬品価格規制の対象となっている製剤の生産に使用されるすべての原薬も価格規制の対象とされた。

① カテゴリーⅠとⅡに分類される製剤の生産に必要な原薬の税引き後利益は純資産額（株式＋任意積立金）の14％に設定され、その他の原薬は12％

とする。
② 工業原価・価格局（Bureau of Industrial Cost and Prices: BICP）がすでに費用構造を調査している約100の原薬の価格は1年間凍結される。

表3-1　1978年医薬品政策で提示されたカテゴリー別マークアップ率

	定　義	マークアップ率
カテゴリーⅠ	必須性が高い医薬品	40％
カテゴリーⅡ	救命医薬品	55％
カテゴリーⅢ	その他医薬品	100％
カテゴリーⅣ	規制対象外医薬品	上限なし

（出所）Department of Industrial Development（1982: Sec.II-29）より作成

③ 費用構造が調査されていない原薬については，BICPが現在公表されている価格を上述の基準に基づいて再検討する。
④ 新政策の策定後，新しく市場に導入された原薬の価格は上述の基準に基づいて決定される。
⑤ 1つ以上の企業が生産している国産の原薬の場合，すべての製剤業者に販売する際の共通最高上限価格は，インドにおいて売上高に大きなシェアを占めている相対的に効率的な企業の平均費用をベースに設定される。
⑥ 政府が公示した原薬価格には，輸送費・輸送保険は含まれるが，地方税は含まれない（Department of Industrial Development 1982 Sec.II-28）。

1978年医薬品政策において，製剤の価格は，以下のとおり，設定されることが決定した。

① 1970年医薬品価格規制令の必須医薬品か否かという2つのカテゴリーに代えて，新たに4つのカテゴリーを設定した（**表3-1**）。
② カテゴリーⅠとⅡに収載される製剤の価格は同等の治療学的価値の製品グループをベースに算定される。価格設定は同じグループの他のすべての製剤の最高上限価格として主要企業の製品の価格を基本に算定される。カテゴリーⅠ，カテゴリーⅡに認められる値上げ率はそれぞれ40％と55％。
③ カテゴリーⅢについては，従来通り，各生産者が個別に価格を設定する

ことが認められる。しかしながら，標準的製品をベースにすることが可能であるならば，主要製品を認定し，その製剤の公示価格は，政府の助言のもと，関連する企業の任意で採択される。カテゴリーⅢでは，最大で100％のマークアップ率（値上げ率）が認められ，企業はこの限度内で自由にマークアップ率を決定することができる。

④ そしてカテゴリーⅣの医薬品は価格規制から除外される。
⑤ 企業の規模別に利益率が決定される（表3-2）。
⑥ 新しい製剤（新しい原薬を使用した製剤）に関して，上述の原則が適用される。

大規模企業に対しては，利益率を低く設定し，小規模企業に対して大きな利益率を認めた（表3-2）。利益率の設定からも，当時の産業政策の潮流と同様，大規模企業を規制する一方で，小規模企業を保護し，育成していこうとするインド政府の意思が確認できる。

表3-3は，1979年医薬品価格規制令における4つのカテゴリーである。最もマークアップ率が小さいカテゴリーⅠ（最大40％）に分類された医薬品は15品目，カテゴリーⅡ（最大50％）は20品目，そしてカテゴリーⅢ（最大100％）は40品目であった。規制対象外のカテゴリーⅣは25品目である。マークアップ率が小さいグループであるカテゴリーⅠ，Ⅱの分野には感染症治療薬が多いのが特徴である。

1978年医薬品政策において，カテゴリーⅠ～Ⅳについて，以下の事項も決定された。最初の1年間は，最高上限価格を指導価格として，カテゴリーⅠとⅡの既存の製剤の価格は凍結されることとなった。製剤に関して，個々の企業の現行価格が最高上限価格より低い場合でも，価格の引き上げは認められないこととなった。そして，カテゴリーⅢの製剤の価格も最初の1年間は既存の水準で凍結された。カテゴリーⅣの製剤については，規制対象から外されるが，上述の利益率の上限が適用される。税引き前利益率が8～13％を超えた場合は，余剰金は政府が指定する研究開発に資金として提供されることとなった。小規模製薬企業については，年間売上高が500万ルピーの企業は価格規

第3章　医薬品価格規制

制を免除されるが，カテゴリーⅠとⅡの製剤に関しては，小規模企業も指導価格に従わなければならないとされた。生産の割り当てについても，個々の製薬企業の売上高の少なくとも20％がカテゴリーⅠとⅡの製剤になるようにするなど，必須医薬品の製造を増加させるための措置が採られた（Department of Industrial Development 1982: Sec. II-29)。医薬品の政府調達に関しては，公企業に優遇措置が付与されることとなった。

研究開発を促進するために，インドにおいて，独自の研究開発努力で開発された新薬および他では生産されていない新薬については，原薬

表3-2　企業規模別利益率

企業の規模	DPCO1979で認められた企業の粗利	税引き前利益率（物品税を除く売上高に対する）
大規模企業：年間売上高が6,000万ルピー超	1　原薬の製造活動も研究開発活動もおこなっていない	8％
	2　売上高の5％あるいはそれ以上に相当する原薬の生産活動を行なっているが，研究活動はおこなっていない	9％
	3　売上高の5％あるいはそれ以上に相当する原薬の生産活動を行い，新薬に関連する認可された研究開発活動を行なっている	10％
中規模企業：年間売上高が1,000万ルピー以上6,000万ルピー以下	1　原薬の製造活動も研究開発活動もおこなっていない	9％
	2　売上高の5％あるいはそれ以上に相当する原薬の生産活動を行なっているが，研究活動はおこなっていない	11％
	3　売上高の5％あるいはそれ以上に相当する原薬の生産活動を行い，新薬に関連する認可された研究開発活動を行なっている	13％
その他企業：年間売上高が1,000万ルピー未満	1　最終製剤生産能力のみ保有	12％
	2　売上高の5％あるいはそれ以上に相当する原薬の生産活動を行なっている	13％

（出所）　Department of Industrial Development（1982: Sec. II-28-29）より作成。

表3-3　1979年医薬品価格規制令における4つのカテゴリー

	カテゴリーI	カテゴリーII	カテゴリーIII	カテゴリーIV
1	アスピリン錠剤	アナルギン錠剤	麻酔薬	アナボリクスステロイド
2	ジゴキシン錠剤	アモジアキン錠剤	鎮痛剤・解熱剤	抗うつ薬
3	ジアフェニルスルホン錠剤	クロラムフェニコールパルミチン酸塩懸濁シロップおよびクロラムフェニコール酸ナトリウムを含むクロラムフェニコール経口製剤	駆虫剤	解毒薬
4	三種混合ワクチン	クロラムフェニコール・ストレプトマイシン合剤	抗アメーバ薬	抗肥満薬
5	インスリン注射剤	クロロキン塩	抗喘息薬・腸容性消化薬	催淫薬
6	ヒドロクロロチアジド錠剤	プリマキン錠剤	抗生物質	中枢神経刺激薬
7	インドクロロヒドロキシキノリン錠剤およびジヨードオキシキノリン錠剤	カルシウムベンゾイルパラアミノサリチル酸錠剤	抗がん剤	利胆剤
8	イソニアジド錠剤	ジエチルカルバマゼピンクエン酸塩錠剤	血液凝固阻止剤	栄養剤
9	イソニアジド・チオアセタゾン錠剤	フロセミド錠剤・注射剤	抗けいれん薬	酵素
10	硫酸モルヒネ注射剤	ニトログリセリン錠剤	抗糖尿病薬	痔治療薬
11	プロカインペニシリンGとベンザチンペニシリンを含むペニシリン注射剤	フルタリスル錠剤	抗ヒスタミン剤	止血剤
12	パラアミノサリチル酸顆粒および錠剤	プレドニゾロン錠剤・注射剤	抗らい菌薬	月経障害に使用するホルモン剤
13	ペニシリンV錠剤	フェノバルビトン錠剤	抗マラリア薬	下剤
14	ペニシリン配合ストレプトマイシン注射剤	ピペラジン・ピペラジン塩錠剤・シロップ	抗リウマチ薬	男性ホルモン
15	ペチジン注射剤	スルファジミジン錠剤	消毒薬	マウスウォッシャー
16		オキシジメチルクロロおよびピロリジンメチルテトラサイクリンを含むテトラサイクリンカプセル・錠剤・シロップ・注射剤・眼科剤	抗結核薬	鼻充血除去剤
17		トルブタミド錠剤	心臓血管薬(高血圧薬/狭心症治療薬・冠血管拡張薬/末梢血管拡張薬/強心配糖体/その他)	縫合剤
18		破傷風トキソイド注射剤	コルチコイドステロイド	人工甘味料
19		ジフテリア破傷風トキソイド注射剤	利尿剤	のど飴
20		キニーネ塩錠剤・注射剤	カルシウム療法用医薬品	甲状腺疾患治療薬
21			増血剤	診断補助薬
22			経口避妊薬	パーキンソン病治療薬
23			眼科薬	筋弛緩剤
24			オキシトール	鎮静剤・催眠剤
25			血漿増量剤・輸血製剤	精神安定剤
26			血清・ワクチン	
27			泌尿器系疾患治療薬	
28			ビタミン類	
29			アンピシリンカプセル・錠剤・シロップ・注射剤	
30			エリスロマイシンカプセル・錠剤・シロップ	
31			メトロニダゾール錠剤	
32			制酸剤	
33			止瀉薬	
34			抗痛風薬	
35			消毒剤	
36			鎮咳薬・去痰薬	
37			歯科用製品(インド伝統医療の麻酔薬以外)	
38			皮膚病治療薬(抗生物質・スルフォナミド・コルチコイドステロイドを含むもの以外)	
39			耳鼻科治療薬(抗生物質を使用しないもの)	
40			副交感神経興奮薬	

(出所)　Department of Industrial Development (1982: Sec.II-38-40) より作成。

は価格規制の対象外とし,製剤については価格規制を5年間免除することが決定された(Department of Industrial Development 1982: Sec.II-30)。

製剤,原薬のみならず,1978年医薬品政策では,**表3-4**の8つの中間体が価格規制の対象となることが決定された。原薬と同様に,純資産額の12〜14%の利益率が保証されることとなった(Department of Industrial Development 1982: Sec-II-30)。

表3-4 価格規制を受ける中間体

	中間体
1	3-アミノフェノール
2	4-ニトロクロロベンゼン
3	ピコリン
4	4-ニトロ安息香酸
5	1-メチルイミダゾール
6	右旋糖,ブドウ糖
7	アセトアニリド
8	エチレンオキシド

(出所) Department of Industrial Development(1982: Sec. II-30)より作成。

1979年医薬品価格規制令の特徴は以下の11点である。

① インドにおける独自の研究を通じて開発されたあるいは世界のどこでも生産されていない新しい原薬(新薬)が価格規制の対象から除外された。
② 原薬について,すべての輸入業者に事前に政府の承認をえることを義務付けた。
③ すべての原薬は,国産・輸入を問わず,個別の企業と輸入業者が共同管理価格(pooled prices)で医薬品を販売するために,政府が留保価格(retention prices)を設定する権限をもつこととなった。このプロセスによって,地場の企業の利益が保護される。
④ 最高上限価格の設定は,より効率的な製造を行っている企業の平均費用をベースにした。また,政府には,個別の原薬企業の留保価格とその留保価格の加重平均に基づいて設定された共通販売価格を設定する権限が付与された。
⑤ カテゴリーⅢに分類された原薬を利用するすべての企業は,事前に申請を行い,政府の承認を得ることが義務付けられた。
⑥ カテゴリーⅠ〜Ⅲに収載されている製剤の指導価格は政府によって設定され,設定価格は企業の最高上限販売価格とされることとなった。販売

価格が指導価格よりも低く，企業が製剤の販売価格を引き上げる場合，政府の事前承認をえることが義務付けられた。指導価格よりも価格が高い場合は，企業は販売価格を指導価格の水準まで引き下げなければならず，販売価格は，政府に承認されるまで凍結されることとなった。

⑦ 医薬品価格平等化勘定（Drug Prices Equalization Account: DPEA）の創設が決定された。DPEA は，企業と輸入業者からの預託金から構成され，預託者は，留保価格と共同管理価格と共通販売価格の差額の補償を受け取ることができる。

⑧ 3つのカテゴリー（カテゴリーⅠ～Ⅲ）の製剤は価格規制の対象となり，カテゴリーⅠは40％，カテゴリーⅡは55％，そしてカテゴリーⅢには100％のマークアップ率が認められることとなった。

⑨ 新しい製剤を導入する場合は，すべての企業と輸入業者は政府から事前に価格承認を得ることが義務付けられた。当然ながら，このルールは輸入製剤にも平等に適用された。

⑩ 企業と輸入業者は卸売業者，医薬品管理局そして政府に価格リストを提供し，価格の変更があった場合は，新しいリストを提供することとが義務付けられた。また，すべての卸売業者，企業，輸入業者そして流通業者は価格リストを明示することが義務付けられた。

⑪ 個々の原薬の売上高とパック別の製剤の売上高を記録し，政府の査察を受けることが義務付けられた（Department of Chemicals and Petrochemicals 1979）。

1979年医薬品価格規制令における製剤の小売価格の決定式は以下の通りである。

$$小売価格 = （原材料コスト＋加工コスト＋包装材コスト＋包装コスト）\times （1＋マークアップ率／100）＋物品税$$

1979年医薬品価格規制令では，医薬品価格規制の対象となる医薬品数が1970

年医薬品価格規制令よりも増大した。それによって，図4-1のとおり，1973年から1978年にかけて，上昇トレンドに転じていた医薬品の相対価格は，1979年医薬品価格規制令の導入後，急速に下降トレンドに転じ，下落を続けた。

しかしながら，医薬品価格の上昇は抑制されたものの，インドの国内市場はインド企業にとって魅力がないものになりつつあった。1980年代に入ると，製薬産業は収益を増大させるために，インドよりも交易条件の良い海外市場への展開（輸出志向）を加速していくことになる。

3　経済自由化と医薬品価格規制の緩和

1978年医薬品政策で医薬品価格規制対象範囲の拡大が決定され，1979年医薬品価格規制令で医薬品価格の規制が強化された。製薬産業界からは医薬品価格規制強化に対する批判が起こった。業界からの批判に対処するために，インド政府は頻繁な医薬品価格規制令の改正を余儀なくされた。1980年代に入り，インドでは経済自由化の機運が高まり，医薬品価格規制も規制緩和されることとなった。

1986年医薬品政策において，1979年医薬品価格規制令の改正が決まった。ハーティ委員会の報告書を基本的には踏襲しながらも，医薬品価格規制の緩和の方針が示された。

ハーティ委員会は，医薬品（製剤）の公正な価格を保証するという見地から，①製造施設の規模，②品目の選択，そして③リーダープライス（主要製品の価格）のみを規制するという，選別的な価格規制を提案していたが，1986年医薬品政策においてもこの選別原則は維持された。そして，1986年医薬品政策では，以下の目的のもと，原薬と製剤の分類の合理化を決定した（Department of Chemicals and Petrochemicals 1986: para.5.2）。

① インドの大多数の国民に必要不可欠な医薬品の生産を奨励する。
② 規制範囲を縮小することによって，価格規制をより合理化し効率的なものにする。

③ 必須医薬品を生産する企業に適正な利益を保証し、同時に不当な価格上昇を規制する。

1986年医薬品政策では、医薬品価格の上昇を抑制しながら生産を増大させることを目標とした。そのため、規制対象となる医薬品の範囲を縮小する一方で、政府が価格上昇を監視する強力なモニタリングシステムを開発することが決定された (Department of Chemicals and Petrochemicals 1986: para.5.2)。

規制対象となる医薬品の分類基準は、1979年医薬品価格規制令の3つのカテゴリーから2つのカテゴリーへと縮小されることになった。カテゴリーIには、国家保健計画に必要な医薬品が収載され、カテゴリーIIにはその他の必須医薬品が収載された。カテゴリーIIに収載されるその他必須医薬品は、ハイレベルの専門家委員会を招集し、そのリストを作成することになった。インド政府は、必要であればいつでもすべての規制対象医薬品を規制対象外カテゴリーに移す権限を保持し、規制外カテゴリーにある医薬品の価格は定期的に、そして厳密に監視されることが決定された (Department of Chemicals and Petrochemicals 1986: para.5.2)。

IとIIに分類されるすべての原薬の価格設定には統一基準が適用され、企業は以下の3つの選択肢から基準を選ぶことが認められた (Department of Chemicals and Petrochemicals 1986: para.5.3)。

① 純資産額の14％の税引き後利益
② 投下資本額の22％の利益
③ 新しい生産設備の長期限界費用に基づく12％の内部収益率

国内で生産された製剤の最高小売価格（物品税と州税を含まない）は、カテゴリーIは75％の製造原価に対して認められる最高値上げ率 (Maximum Allowable Post Manufacturing Expense: MAPE) と呼ばれるマークアップ率が導入され、カテゴリーIIの製剤には100％が認められた。輸入製剤に関しては、販売・流通コストに利子と輸入マージンを含めたものが、輸入仕入れ原価の50％を超えて

はならないとされた (Department of Chemicals and Petrochemicals 1986: para.5.3)。

1987年医薬品価格規制令が施行された。1987年医薬品価格規制令では，必須医薬品を価格規制の対象とするという原則は維持されたものの，マークアップ率に関しては，カテゴリーⅠについては75％まで認められることになった。1979年医薬品価格規制令のカテゴリーⅠの40％，カテゴリーⅡの55％というマークアップ率と比較すると，大きく引き上げられることになった。つまり，医薬品価格規制は大幅に緩和されることとなったのである。医薬品の相対価格（図3-1）は，1987年より上昇傾向に転じており，規制緩和の効果をはっきりと観察できる。

そして，1991年にインドは本格的な経済自由化を開始し，医薬品の価格規制令も抜本的に改正されることとなり，規制緩和が大幅に進むことになった。

1994年医薬品政策において，新しい価格規制の方針が示され，大幅に規制緩和されることが決定した。

まず，価格規制対象となる医薬品のカテゴリーが，1987年医薬品価格規制令では，マークアップ率（MAPE）の違いによって，2つのカテゴリーに分類されていたが，1994年医薬品政策では，MAPEは100％に統一された (Department of Chemicals and Petrochemicals 1994: para.22.7.1)。

また，1970年医薬品価格規制令以来の価格規制の対象となる医薬品を決定する基準である「必須医薬品か否か」という基準が破棄され，価格規制の対象となる医薬品を選別する基準として，下記のような経済指標が導入された (Department of Chemicals and Petrochemicals 1994: para.22.7 2)。

① 価格規制下におかれる医薬品の基準は，年間の売上高が最低4,000万ルピーとする。
② 一般に広く利用されている医薬品で独占状況にある医薬品が価格規制対象となる。年間の売上高が1,000万ルピー以上の原薬，小売市場におけるマーケットシェアが単独で90％以上の製剤企業がいれば，独占状況が存在しているとみなされる。
③ 少なくとも5社の原薬企業と10社の製剤企業が存在し，いずれも小売市

場におけるマーケットシェアが40％以上でない医薬品の場合は，競争的市場とみなされ，価格規制の対象外とされる。しかしながら，価格の動向は，価格が市場競争を促進するように，厳格に監視される。政府は，最高上限価格を決定する。

④ 政府は，価格規制対象外に置かれた医薬品の価格についても監視を行い医薬品の価格が不適切に上昇した場合，政府は，価格規制の対象とすることも含め，適切な措置を講じる。

⑤ 上述の基準を適用するために，まず，1990年3月31日までのデータをもとに医薬品政策の再検討を行う。データのアップデートは国家医薬品価格局（National Pharmaceutical Pricing Authority: NPPA）によって行われる。

⑥ 遺伝子組換え技術を使用した遺伝子工学製品と特定の細胞をターゲットとして製剤はインドで製造された日から5年間価格規制の対象から除外される。

1994年医薬品政策では，NPPAの創設が決定された。NPPAには医薬品の価格を設定・修正すること，価格規制の対象となる医薬品の選定を行い，価格規制対象となる医薬品を更新するなどの関連業務を行うと同時に，それら業務についての意思決定の権限が付与された。そして，インド政府は，NPPAの決定を再検討する役割を果たすこととなった（Department of Chemicals and Petrochemicals 1994: para.22.7.4）。

以上の内容が，1994年医薬品政策において示され，1995年医薬品価格規制令が施行された。1995年医薬品価格規制令の内容は以下のとおりである。

まず，医薬品の価格規制は，①原薬の販売価格，②製剤販売価格（小売価格），そして③製剤のマークアップ率をそれぞれ規制する3段階で実施されることになった。NPPAが価格規制の対象となる原薬を指定し，価格規制対象原薬リストを作成し，「指定原薬」および指定原薬を使用する指定製剤の公定価格を設定する。指定外原薬は価格規制の対象から除外され，指定外原薬を使用する製剤も規制対象から除外される（Department of Chemicals and Petrochemicals

1995: Para.3)。

　1970年医薬品価格規制令以来，医薬品価格規制リストに収載される医薬品を選別する基準は，「必須医薬品であるか否か」であった。しかし，1995年医薬品価格規制令では，売上高・企業数・市場シェアなどの経済指標が基準とされた。その基準は以下のとおりである。

① 1990年3月時点で原薬市場の総売上高が4,000万ルピー以上で，製剤市場で最も売れている銘柄のシェアが40％を超える品目。
② 1990年3月時点で原薬市場の総売上高が1,000万ルピー以上4,000万ルピー未満で，製剤市場で最も売れている銘柄のシェアが90％以上の品目。

　以上の基準で選定された1995年医薬品価格規制令の価格規制対象リスト（原薬）の74品目である（**表3-5**）。

　1994年医薬品政策で示されたとおり，十分に市場競争があると判断された医薬品は価格規制の対象から除外されることになった。ただし，規制対象外に置かれた医薬品の価格も監視が継続的に実施され，規制当局であるNPPAには，理不尽な価格上昇が確認された場合に介入する権限が付与された。

　価格規制の手順は次のとおりである。まず，NPPAが指定原薬の最高販売価格を指定する。また，指定原薬の販売に関わる税引き後利益の上限を，①純資産額の14％，②投下資本額の22％，あるいは③新しい生産設備の長期限界費用に基づく12％の内部収益率，のいずれかによって設定するが，原薬企業は3つの選択肢のうちの1つを選ぶことが認められている。

　指定製剤の小売価格は，原材料費とその他諸経費に対するマークアップ率（MAPE）から算出される。その決定式は次のとおりである（Department of Chemicals and Petrochemicals 1995: para.7）。

　　小売価格＝（原材料費＋加工費＋包装原材料費＋包装費）
　　　　　　×（1＋マークアップ率（MAPE）／100）＋物品税額

表3-5 1995年価格規制令の規制対象原薬リスト

	原薬名		原薬名
1	スルファメトキサゾール	39	グリセオフルビン
2	ペニシリン	40	ゲンタマイシン
3	テトラサイクリン	41	デキストロプロポキシフェン
4	リファンピシン	42	ハロゲン化ヒドロキシキノリン
5	ストレプトマイシン	43	ペンタゾシン
6	ラニチジン	44	カプトプリル
7	ビタミンC	45	ナプロキセン
8	ベタメタゾン	46	ピランテル
9	メトロニダゾール	47	スルファドキシン
10	クロロキン	48	ノルフロキサシン
11	インスリン	49	セファドロキシル
12	エリスロマイシン	50	パントネートとパンテノール
13	ビタミンA	51	フラゾリドン
14	オキシテトラサイクリン	52	ピリチオキシン
15	プレドニゾロン	53	スルファジアジン
16	セファゾリン	54	フラマイセチン
17	メチルドパ	55	ベラパミル
18	アスピリン	56	硫酸アミカシン*
19	トリメトプリム	57	グリピジド
20	クロキサシリン	58	スピロノラクトン
21	スルファジミジン	59	ペントキシフィリン
22	サルブタモール	60	アモジアキン
23	ファモチジン	61	スルファモキソール
24	イブプロフェン	62	フルセミド
25	メタミゾール(アナルジン)	63	マレイン酸フェニラミン
26	ドキシサイクリン	64	クロロキシレノール
27	シプロフロキサシン	65	バカンピシリン
28	セフォタキシム	66	リンコマイシン
29	デキサメタゾン	67	クロルプロパミド
30	エフェドリン	68	メブヒドロリン
31	ビタミンB1(チアミン)	69	クロルプロマジン
32	カルバマゼピン	70	メタンジエノン
33	ビタミンB2(リボフラビン)	71	フェニルブタゾン
34	テオフィリン	72	リネストレノール
35	レボドパ	73	サラゾスルファピリジン
36	トルナフテート	74	ジオスミン
37	ビタミンE	75	トリミプラミン
38	ナリジクス酸	76	メフェナム酸*

(注) *の医薬品は1997年に規制対象から除外された。
(出所) Department of Chemicals and Petrochemicals (1995)より作成。

なお,マークアップ率(MAPE)は取引マージンと企業が得る利益を含んでおり,1995年医薬品価格規制令では100%まで認められることとなった。

以上のように,1991年の経済自由化の影響を受けて,医薬品価格規制の規制対象を選別する基準が,経済指標へと変更され,医薬品価格の設定に競争の概念が持ち込まれた。それによって,規制対象の医薬品数は激減し,医薬品価格規制は大幅に規制緩和されることとなった。実際に,原薬部門については,企業間の競争が激しく,競争によって原薬価格が十分に引き下げられていた(Chaudhuri 2005: 287)。

2002年医薬品政策で,医薬品規制緩和はさらに加速した。2002年医薬品政策は医薬品の製造と研究開発を重視し,積極的に支援する「製薬産業」政策の性質を強め,医薬品価格規制については業界の強い要望を反映し,大幅な医薬品価格規制の緩和の方針が示さ

れた。

　1987年医薬品価格規制令以降，医薬品価格規制は段階的に緩和されてきた（表3-6）。そして，1995年医薬品価格規制令では，価格規制医薬品の選定基準が，従来の「必須医薬品か否か」から売上高・企業数・市場シェアといった経済指標に変更され，十分な市場競争があると判断された医薬品は価格規制から除外されることになり，規制対象品目（指定原薬数）が74品目にまで削減された。

　2005年にはTRIPS協定と完全に整合的な物質特許体制が導入され，これによって，インドでは従来のように他国で有効な特許が存在する医薬品をリバースエンジニアリングし，ジェネリック医薬品として生産することは困難になった。1990年代半ば以降，インド企業は物質特許体制に備えて，新しいビジネスモデルを追求し始めた。そのなかでも，ジェネリック医薬品の輸出を拡大しつつ，一方で新薬開発に向けた研究開発を促進することで，ジェネリック医薬品企業から先発医薬品企業へと漸進的に移行していくことを長期的戦略として選ぶ企業が出てきた。これらの企業にとって，新薬開発に必要な研究開発資金を確保することが重要な課題となった。そのためには国による研究開発に対する投資支援はもちろんのこと，企業の収益率の改善が重要となった。企業の収益率の向上の手段の1つとして，医薬品価格規制のさらなる緩和が議論されるようになったのである。

　また，2002年医薬品政策は，研究開発を促進するという目的に加え，小中規模製薬企業のGMP履行を支援するために，医薬品価格規制緩和を打ち出していた（Lalitha 2002a: 3103）。2002年医薬品政策で示された新価格規制令の方針は以下のとおりである（Department of Chemicals and Petrochemicals 2002: para.IV）。

① 規制原薬の選定基準
- 2001年3月時点において，原薬市場の総売上高が2億5,000万ルピー超，製剤市場において最も売れている銘柄のシェアが50％以上の品目
- 2001年3月時点おいて，原薬市場の総売上高が1億ルピー超，2億5,000万ルピー未満，製剤市場において最も売れている銘柄のシェア

が90％以上の品目
② MAPE（マークアップ率）は，インドで製造されている製剤については100％が認められる。
③ 製剤の価格：指定製剤について，価格は現在の方法（1995年医薬品価格規制令の方法）で決定される。価格承認にかかる期間は，完全な処方箋情報を受領した日から2ヵ月とする。マークアップ率を制限する現在の規定（1995年医薬品価格規制令上の規定）は廃止されるが，公益の観点から必要であれば，指定外製剤を含むすべての製剤の価格は政府によって設定されるかあるいは修正される。
④ 最高上限価格はすべての製剤に設定される。小規模企業，商標登録されていない商品名を販売している企業も設定価格に従わなければならない。
⑤ 例外措置：1970年特許法のもと特許を認められ，他のどこでも生産されていない新薬で，インドの研究開発によって開発されたものであれば，商業生産が開始された日から15年間価格規制から除外される。また，インドにおける研究開発によって開発された製法で，1970年特許法で特許を付与された医薬品は，インドで商業生産が開始された日から特許が満了するまでの期間，価格規制から除外される。また，新しいドラッグ・デリバリー・システム（NDDS）を使用した製剤は，商業生産が開始された日から特許が満了する日まで価格規制から除外される。
⑥ 指定原薬の価格：原料の段階から製造している場合，利益率は純資産額の14％，あるいは投下資本額の22％に4％をプラスするものとする。価格承認に必要とされる期間は，処方箋情報を受領した日から4ヵ月間とする。政府は，公益を考慮した場合，必要であれば，すべての原薬の最高販売価格を設定する権限を有する。
⑦ 規制対象範囲：1995年医薬品価格規制令では，74品目の原薬とそれを利用する製剤が価格規制の対象であり，市場の40％程度であったが，新しい医薬品価格規制令では市場の22％まで引き下げる。

2002年医薬品政策では，規制対象品目は1995年医薬品価格規制令の原薬74品（製剤の40％）からさらに減少し35品目（製剤の22％）への削減が提案された（表3-6）。2002年医薬品政策は，はっきりと産業支援の方針を打ち出した。特に，研究開発の促進の促進が強調され，研究開発資金の確保を目的とした医薬品の価格規制の大幅な緩和の方針が打ち出された。

表3-6　医薬品価格規制の緩和

	指定原薬数	規制対象の医薬品が市場に占める割合
DPCO1979	347	80%
DPCO1987	142	60%
DPCO1995	74	40%
2008年時点	74	20%

（出所）　NPPA資料より筆者作成。

4　医薬品規制緩和への反発と規制強化への転換
――2002年医薬品政策公益訴訟と2012年医薬品価格政策

　2002年医薬品政策で示された方針は，新しい医薬品価格規制令として施行されなかった。2002年5月，カルナータカ州高等裁判所に，2人の民間人（医師のバスカール氏〔Dr. Baskar〕と退役軍人のゴピナツ元中佐〔Lt. Colonel retired K.S.Gopinath〕）が，2002年医薬品政策の無効を訴えた公益訴訟を起こしたためである。彼らは，2002年医薬品政策は，救命医薬品を価格規制の対象外におき，企業に自由に価格を引き上げることを認めるものである。それによって，医薬品の価格高騰を引き起こす可能性があり，インドの医薬品アクセスを阻害し，公衆衛生に多大な影響を与えるとして，同政策の差し止めと無効化を請求した。カルナータカ州高裁は，全ての必須医薬品を価格規制の対象とするように指示すると同時に，2002年医薬品政策の実施の差し止めを決定した（Business Line 2002）。この判決を不服としたインド政府は最高裁判所に上訴したが，最高裁も医薬品価格規制の緩和に対して否定的な立場をとり，必須医薬品の入手可能性を保障するよう政府に指示した（Venkatesan 2003）。この公益訴訟における最高裁の命令が契機となり，医薬品価格規制は規制緩和の潮流から規制強化へと大きく方向転換した。

　2005年12月末，インド政府は，2006年医薬品政策草案（Draft National Pharmaceutical Policy, 2006）を発表した。2006年医薬品政策草案を作成するにあたって、インド政府は2つの委員会を設置し、それぞれに医薬品価格規制についての調査と審議を委任した。1つ目の委員会は、2004年8月19日に設置された化学・石油化学局医薬品産業担当局長G.S. サンドゥ（G.S. Sandhu）の委員会である（以下、サンドゥ委員会）。

サンドゥ委員会の中間報告では、①価格規制から漏れる医薬品の価格を集中的に監視し、②貧困層の医薬品アクセスを確保するために、政府が医薬品を直接企業から購入し、値下げして販売する（補助金の導入）、そして③特許医薬品の価格高騰を回避するための、事前価格交渉制度の導入、などが提案された（Ministry of Food Processing Industries 2005）。

2つ目の委員会は、2004年11月29日に設置された、計画委員会のプラナブ・セン（Pronab Sen）を議長とした特別調査委員会（以下、プラナブ・セン委員会）である。プラナブ・セン委員会に課された使命は、救命医薬品の利用可能性を高めるべく、価格規制以外の選択肢を調査することであった。

2005年9月に提出した報告書の概要は以下のとおりである。

① 価格規制は医薬品の「必須性」に基づいて実施されるべきである。
② 価格規制は製剤にのみ適用されるべきであり、原薬に適用すべきではない。
③ 統一価格を設定するのではなく、上限価格のみを設定すべきである。
④ 必須医薬品の上限価格は生産コストに基づくのではなく、マーケットベースの指標に基づいて設定されるべきである。
⑤ 必要であれば、指定治療学分野に分類された医薬品については、価格交渉制度を義務付け、包括的な価格監視制度の下におくべきである。
⑥ 公企業の生産を復活させるべきである。
⑦ 健康保険の適用を医薬品にも拡大できるように、政府機関や組合あるいは消費者団体による官民パートナーシップや保険会社を通じた医薬品の大量調達を促進するべきである。
⑧ 医薬品価格規制の原則として、国家必須医薬品リスト（National List of

Essential Medicines; NLEM) に収載されているすべての医薬品の上限価格を設定する。上限価格の設定方法は，2005年4月1日時点で，それぞれの製剤市場で最も売れていた3銘柄を取り上げ，それら3銘柄の価格の加重平均値を全銘柄共通の上限価格とする。市場に3銘柄存在していない場合は，すべての銘柄の加重平均を利用することとする。

⑨ NLEMに収載されていない医薬品の価格は，集中的に監視されるべきであり，既存のAPI（原薬）を利用した新しい製剤については，該当する企業は販売承認申請と一緒に希望する価格の提出を求められる。関連ある製剤の上限価格と希望価格に矛盾がない場合のみ，販売が承認される。

⑩ 特許医薬品については，販売承認が付与される前に価格交渉が義務付けられる。価格交渉の際に使用される「参照価格」は，治療学的同等性が最も近く，インド国内市場で最も売れている医薬品の上限価格，あるいはその特許医薬品の最低国際価格とする。また，特定の医薬品に関してはブランド名の使用を禁止し価格競争を促進する。

以上の10項目が提案された（Department of Chemicals and Petrochemicals 2005a: 53-64）。

2005年12月末に発表された2006年医薬品政策草案の内容は，プラナブ・セン委員会の提案をサンドゥ委員会の提案で補完するという形となった。両委員会とも，市場競争だけでは医薬品の価格を引き下げることができず，政府の介入による医薬品の価格規制が必要であるとの方針で一致しており，2006年医薬品政策草案は，2002年医薬品政策の規制緩和から一転して，医薬品価格規制の強化の方針を打ち出した。NLEMに収載される354品目が規制対象となるため，価格規制の対象品目は大幅に拡大する事になった。

2006年医薬品政策草案における価格規制に関する内容は以下のとおりである（Department of Chemicals and Petrochemicals 2005b；Ministry of Chemicals and Fertilizers 2006）

① 価格規制の対象は現行の74品目に加えて，NLEM 収載の354品目を対象とする。
② 価格規制の方法として，現行のコストプラス方式とは別に，価格交渉制（特に特許医薬品について），差別価格制，参照価格制，大量調達割引価格制などを検討する。
③ コストプラス方式の価格規制に使用する原材料価格の情報源を，公的部門の製薬企業，輸入統計および市場参加者に拡大する。
④ コストプラス式価格規制のマークアップ率を100％から150％に引き上げる。
⑤ 現在の価格規制の対象である74品目の医薬品については，急激な価格上昇を回避するために1年間はマークアップ率を100％に据え置き，以後段階的に引き上げる。
⑥ 研究開発や臨床研究が実施された医薬品については，特別に200％のマークアップ率を認める。
⑦ 一定の基準を満たす研究開発集約型企業の製品については200％のマークアップ率を認める。
⑧ インド国内で新たに開発され，物質特許，製法特許，そして製剤特許の対象となる医薬品については，5年間，価格規制から除外する。
⑨ ワクチン，バイオ医薬品，院内処方のみに使用される医薬品，単価が1錠（1カプセル）1ルピー以下の医薬品，およびその他指定される医薬品は，価格規制の対象から除外される。
⑩ NPPA の価格モニタリング機能を強化する。
⑪ 各州の医薬品管理局に価格モニタリング組織を設置する。

2002年医薬品政策は，産業支援政策としての側面が色濃く，消費者への配慮が少なかったが（Lalitha 2002a），2006年医薬品政策草案では消費者支援的性質が強められた。2006年医薬品政策草案では，価格規制とは別に医薬品アクセスを改善するための措置が提案されている。例えば，医薬品に課される健康特別税（health cess）の導入である。2％の健康特別税の導入により，およそ650億

ルピーが国庫に入ると試算され，その資金は，①公的分配制度を通じた医薬品の供給，②抗がん剤を対象とした補助金制度，③国家エイズ・コントロール機関（National AIDS Control Organisation）が運営する抗レトロウイルス療法センターの拡張，そして④小規模企業のGMP履行に対する支援基金，などに使用される。健康特別税が実現しない場合は，政府はGDPの0.02％に匹敵する資金を予算から拠出することも検討していた（Department of Chemicals and Petrochemicals 2005b: 22-23）。

しかしながら，2006年医薬品政策草案は消費者支援の性質を強めたものの，産業支援的側面を放棄したわけではなく，むしろ2002年医薬品政策よりも具体的な産業育成措置が提案された。それは，①医薬品開発と臨床試験に対するインセンティブ供与，②製薬産業専用の経済特区（SEZ）の設置，そして③輸出促進措置など具体的な産業支援策を提案している（Department of Chemicals and Petrochemicals 2005b: 8-9; 28-30）。

しかし，2006年医薬品政策草案も政策として正式に発表されることはなかった。その理由の1つとして，業界の支持を得ることができなかったことにあるだろう。2006年医薬品政策の草案について，業界団体は不満を表明した。まず，インド製薬業者機構（OPPI）は，医薬品価格規制の潮流に逆行するものであり，インド製薬産業の成長を促進するよりもむしろ阻害する可能性があるとの懸念を表明していた（Medindia 2006）。また，インド製薬産業連盟（IPA）は，2006年医薬品政策草案が実施されれば，短期的には価格が引き下げられるかもしれないが，長期的には医薬品の不足が起こり，偽造医薬品や有害医薬品が市場に出回る可能性があるし，インド企業が海外での医薬品生産を増やすようになれば，結果的に医薬品の価格の高騰を引き起こす可能性があるとした（Subbu 2006）。

業界が，公的分配制度の活用や健康特別税の導入を積極的に提案した背景には，患者の医薬品アクセスが損なわれない制度を構築することにより，医薬品価格規制の廃止が政治的に受け入れやすくなると期待したからであると考えられる。製薬産業にとって，輸出振興策や研究開発に対するインセンティブ（優遇税制）よりも医薬品価格規制の緩和（最終的にはその廃止）のほうを望んでいたのである。一方，インド政府は，価格規制を強化（対象品目の拡大）する一方

で，2002年医薬品政策よりもさらに踏み込んだ産業支援政策を打ち出したのは，医薬品価格規制の強化を製薬産業に受け入れてもらうという意図が働いたからに他ならない。結果的に，業界とインド政府が歩み寄ることができず，2006年医薬品政策草案も実施が見送られた。

そして，2006年医薬品政策草案の公表から約7年後の2012年12月7日，新しい医薬品価格政策が発表され，医薬品価格規制の強化が決定した。2011年国家必須医薬品リスト（NLEM2011）の完成を受け，2011年11月に，インド政府は，2011年医薬品価格政策草案（Draft National Pharmaceuticals Pricing Policy, 2011）を発表した。1995年医薬品価格規制令からの大きな変更点として，①医薬品価格規制の対象商品の選別基準の変更，すなわち経済指標から医薬品の必須性（＝必須医薬品か否か）に変更，②原薬および製剤の両面での規制から製剤のみの規制への変更，そして③価格設定方法をコストベースから実勢価格ベース（マーケットベース）に変更，の3点である（Department of Pharmaceuticals 2011: 7）。

原薬を規制対象から外し，製剤のみを規制する理由として，1995年医薬品価格規制令での原薬価格の規制は，価格規制の手続きや運営を煩雑にするだけでなく，価格規制対象の原薬およびその原薬を使用する製剤の製造を企業が回避するなどの生産シフトのカスケード効果や固定価格がもたらす反競争的行動が，患者と消費者の利益を損なってきたと評価したことにある（Department of Pharmaceuticals 2011: 9-11）。

一方，価格設定方法をコストベースからマーケットベースに変更した理由について，まず，コストベースでの価格の算定は，毎年，複雑で多様なデータを利用して算出しなければならず，企業は，極めて詳細な価格データの提出を要求されるが，個々の企業でのデータの操作も可能であり，データの提出が期限に遅れることがあり，十分な時間をかけて，データを精査することが不可能であることが指摘された。また，製造コストのデータも多様で，製造技術によってもデータが異なってくること，マーケットベースでの価格設定では，広く利用可能なパブリック・ドメインのデータをもとに算定が可能になり，コストベースよりも透明性が高く，公正で公平な価格設定が可能になること，コスト

ベースの管理価格体制では，中長期的に医薬品価格の深刻な歪みをもたらすためであるとしている（Department of Pharmaceuticals 2011: 11-15）。つまり，コストベースによる価格の設定は，行政の能力を超える煩雑なものであり，競争を阻害し，透明性を欠く制度であり，結果的に価格を歪める結果になっているとみなされた。

1995年医薬品価格規制令では，競争があると判断された医薬品については，価格規制から除外されたが，インドの原薬市場は極めて競争的であり，実際には公定価格のほうが高いケースが見られた。1995年医薬品価格規制令の根本的な欠陥を修正し，医薬品価格規制が最初に導入された当時の原則である必須医薬品の価格を規制することに立ち戻ることが大原則として決定された。しかし，これは，2006年医薬品政策草案の立案のために設置されたプラナブ・セン委員会の報告書での提言をそのまま活用しており，2006年医薬品政策草案が完全に放棄されたわけではなかった。

2011年医薬品価格政策草案の内容に対して，①マーケットシェアの小さい医薬品よりよりマーケットシェアの大きい高価な医薬品の価格を反映することができる一方で，低価格帯の価格が引き上げられる可能性がある（高価な医薬品の価格が引き下げられる一方で，現在は低価格の医薬品の価格が引き上げられる可能性がある），②草案では合剤（配合剤）は規制対象外となっているが，合剤に関しては逆に薬価が上昇する可能性がある，③NLEM2011では特定の含量の医薬品を収載しており，例えばアトルバスタチンは5mg，10mgで収載されているため規制対象となるが，アトルバスタチン20mgはNLEM2011に収載されておらず，規制対象から除外されるため，含量を変更することにより規制から逃れる企業が増える，などの問題点が指摘された（Rajagopal 2012）。

以上の問題点を修正するために，関連省大臣会議（Group of Ministry）が設置され，業界関係者や利害関係者の意見を集約し，修正に向けた議論がなされた。そして，2012年12月7日，2012年医薬品価格政策（National Pharmaceuticals Pricing Policy, 2012）が発表された。内容は**表3-7**のとおりである。草案からの修正・変更点は，①価格設定方法が草案の上位3銘柄の加重平均値を利用した方法を破棄し，マーケットシェア1％以上のすべての銘柄の単純平均値によ

表3-7 医薬品価格規制令の改正点

価格規制対象医薬品の選定基準	価格設定方法	その他改正点
1995年医薬品価格政策 売上高・企業数・市場シェアなど経済指標（市場規模および市場集中度を重視）、規制対象は、指定された原薬および原薬を利用するすべての製剤 〈指定原薬の選定基準〉 （1）1990年3月時点で原薬市場の総売上高が4,000万ルピー以上で、製剤市場で最も売られている銘柄のシェアが40%を超える品目 （2）1990年3月時点で4,000万ルピー以上1,000万ルピー未満で、製剤市場で最も売られている銘柄のシェアが90%以上の品目。 ＊74品目の原薬が対象となり、製剤の40%が規制対象。	〈指定原薬の価格設定方法〉 指定原薬の税引き後の上限利益率 （1）純資産額の14% （2）投資資本額の22% （3）新設ブラウンフィールドの長期限界費用に基づく12%の内部収益率 ＊企業は、これらの3つの選択肢のうちの1つを選ぶことが認められた。 〈製剤の価格設定方法〉 最終製剤の小売価格は、原材料費とその他諸経費に対するマーク・アップ率で算出される。 決定式：小売上限価格＝（原材料費＋加工費＋包装費）×（1＋マークアップ率／100）＋物品税額	
2011年医薬品価格政策 2011年国家必須医薬品リストに収載されている最終製剤（配合剤）（348品目）を規制対象とする。	最終製剤の上限価格の公布日から6か月さかのぼった日に医薬品価格政策の最終製剤市場で最も売られていた3銘柄を取り上げ、それら3銘柄の加重平均値を全銘柄共通の上限価格とする。 毎年WPI（卸売物価指数）の上昇率によって上限価格が調整される。	輸入医薬品と国産品の上限価格の一本化。 特許医薬品については価格規制方法を別途検討する。
2012年医薬品価格政策 2011年国家必須医薬品リストに収載される最終製剤（348品目）を規制対象とする。 原薬価格は規制せず。	マーケットシェア1％以上のすべての銘柄の単純平均によって上限価格を設定する。	研究開発促進措置として、インドでの研究開発を通じたもの、インドで特許を取得した新薬、新しいドラッグ・デリバリー・システム（NDDS）を利用した医薬品は5年間価格規制を免除。
原薬価格は規制せず。 2011年国家必須医薬品リストに収載される最終製剤（配合剤）や含量の変更などや含量の変更などや含量の変更などの成分調整を行う場合は、NPPA（あるいは権限を付与された委員会）による事前の価格承認の義務化。 DPCO1995の規制対象74品目のうち、規制対象外となる41品目については、1年間価格凍結される。		

（出所）Department of Pharmaceuticals（2011; 2012）より作成。

って上限価格を設定する方法が採用されたこと，②2011年医薬品価格政策草案ではNLEM2011に収載されている348の製剤のみを価格規制の対象としていたが，合剤（配合剤）および異なる含量の製剤についても，すべて価格規制の対象とし，医薬品の成分調整を行なう企業は，必ずNPPAによる価格承認を得なければならないと変更された（Department of Pharmaceuticals 2012b: 21-29）。GOMの議論では，1％以上のマーケットシェアを有する銘柄の加重平均値をベースに価格を設定することも提案されたが，単純平均値の採用が決定した。企業が新しい物質を必須医薬品に添加することで価格規制を回避しようとすることを防ぐことを目的としている。

　2012年医薬品価格政策が施行され，新しい価格規制令が施行されれば，規制対象となる医薬品は，総医薬品市場の17％程度で，現在価格規制に置かれている医薬品と合わせると，総医薬品市場の30％に達し，価格は現在より20％程度平均で下落することが見込まれた。また，主要医薬品の銘柄の価格は，多くの主要銘柄の価格は50％から最大で80％に引き下げられ，インド製薬企業の収益に大きな影響を与えると考えられた。また，インドの投資機運を損ね，NLEM2011収載の医薬品の生産能力への投資や生産能力の拡張が阻害されるとの指摘もあった（The Economic Times 2012）。

　2013年5月，2013年医薬品価格規制令（Drug Price Control Order, 2013）が公布された（施行は8月）。規制対象医薬品は，総医薬品市場の30％に達し，医薬品価格は全体で20％程度下落することが見込まれた。2013年医薬品価格規制令の施行により医薬品アクセスの改善が期待される一方で主要銘柄の価格が50％から80％程度引き下げられると予想されており，製薬企業の収益に少なからず影響を与えることが予想された。

5　モディ政権発足後の動向

　2014年，インド下院総選挙（定数545議席）が実施され（2015年5月16日開票），ナレンドラ・モディ（Narendra Modi）氏が率いる最大野党インド人民党（BJP）が過半数を超える282議席を獲得し，与党であるインド国民会議派に圧勝し，

10年ぶりに政権に返り咲くと同時に，インドでは実に30年ぶりの単独与党となった。

モディ氏は，2001～2014年まで，インド西部グジャラート州の州首相を務めてきた。グジャラート州首相時代のモディ氏の経済手腕は高く評価されている。グジャラート州はインドにおいても最も高い経済成長を遂げる工業先進州であるが，モディ氏はそのグジャラート躍進の立役者である。モディ時代のグジャラート州は，モディ氏の強い指導力で州のインフラを整備し，産業促進に非常に積極的で，バイブラント・グジャラート（Vibrant Gujarat）というグローバルな投資促進会議を2年に1度開催するなど，世界的にグジャラート州をアピールし，外資の誘致を積極的に行ってきた。現在グジャラート州では，日系企業専用工業団地の建設が進められているし，インドの自動車最大手であるマルチ・スズキが，この工業団地とは別に工場を造ることになっている。モディ氏は，グジャラート州の経験，「グジャラート・モデル」を全国に導入することを公約に総選挙を戦い，勝利した。

こうして産業支援的，ビジネスフレンドリーな政策を実施することが期待されていたが，製薬産業に関しては必ずしもそうではなかった。貧困層出身のモディ氏は，グジャラート・モデルの全国展開と同時に，貧しい人たちのための政治を行うことも公約に掲げていた。製薬産業においては，「貧しい人たちのための政治」を実践する政策をモディ政権は，発足直後から開始した。

2014年7月，2013年医薬品価格規制令に基づき，新たに糖尿病治療薬および心臓疾患治療薬を含む108品目の医薬品の上限価格を設定した。2013年医薬品価格規制令のパラグラフ19において，1年で10％以上価格が上昇するというような異常な価格上昇が確認された場合，あるいは公共の利益を考慮した場合，NLEM2011に収載されていない医薬品の価格を規制する権限をNPPAに認めるとしている（NPPA Order S.O. 1734, 14 July 2014）。さらに，2014年9月に感染症治療薬，糖尿病治療薬を含む43品目の価格を，2014年12月には，政府が「必須医薬品」であると判断した52品目（鎮痛剤，抗生物質，抗がん剤，皮膚疾患治療薬）の価格が規制されることが決定された。2015年5月には，結核，マラリア，そして糖尿病の治療薬を含む30品目の上限価格が設定され，これによって医薬

品価格は25～30％下落することが予想された。

2013年医薬品価格規制令は，インド企業の経営戦略にも大きな影響を与えた。国内市場に主軸をおいてきたインド企業の海外展開を促す効果を持った。インド大手企業のなかで，Cipla は国内市場を重視してきた企業であったが，2013年以降急速に海外展開を加速している。医薬品価格規制が強化された1979年以降，インド企業の輸出志向が強まったが，2013年医薬品価格規制令によって，再びインド企業の海外志向が強まる可能性は高い。特に，インド企業の進出が遅れている，世界第2位の医薬品市場である日本への進出が加速すると考えられる。

インドにおける医薬品価格規制はジェネリック医薬品にのみ有効であり，新薬・特許医薬品は価格規制の適用外となっている。2005年の特許法改正以後，欧米の製薬企業による新薬・特許医薬品の導入が開始され，特許医薬品の価格設定について議論されてきた。その議論の中心が，特許医薬品の事前価格交渉制度である。インド政府と企業が直接価格について交渉し，価格を設定するというものである（Department of Pharmaceuticals 2013）。モディ政権は，特許医薬品の価格規制についても検討しているが，主として特許医薬品をインドで販売している多国籍製薬企業の収益に影響を与える可能性がある。

6 産業発展のインセンティブとして機能した医薬品価格規制

インドにおける医薬品価格規制は，医薬品の価格を引き下げることで医薬品へのアクセスを改善し，インドの健康福祉水準を向上させることを目的として開始された。依然として，貧困層の大部分の医薬品アクセスが十分に確保されていないなど，インドの医薬品アクセスにはまだ課題が残されているものの，医薬品価格規制が導入されて以来，着実に医薬品アクセスは改善し，健康福祉水準は向上してきたことは疑いようがない事実である。しかし，医薬品アクセスの改善への効果以上に，製薬産業の発展に大きな効果を持ってきたといえよう。第2章で見たとおり，インドは製薬産業の輸入代替に成功した。インドで輸入代替に成功した産業は，IT 産業と製薬産業だけであるが，製造業に限定

すれば，製薬産業はインドで輸入代替に成功し輸出志向に転換した稀有の存在である。高関税と数量制限による輸入規制，外国資本の流入規制などによって自国産業を保護育成し，輸入を国内生産に代替させる輸入代替工業化政策の推進は，一般的には非効率，技術移転の遅れと国産技術の陳腐化をもたらし，結果的にインド経済を停滞させたと考えられている。保護対象となった産業において，企業間の競争は激しいものではなく，そうした競争の欠如がさらに新しい技術への獲得意欲を削ぎ，技術の新陳代謝は促進されず，新しい国産技術が開発されることはおろか，むしろ陳腐化した国産技術を使用した製品により，経済的にも環境的にも非効率な工業製品がインドで支配的になった。1991年の経済自由化の時点で，高い国際競争力を有する製造業は存在しなかったが，製薬産業はすでに国際競争力を有する輸出産業として，世界市場において台頭を始めていた。本章でみてきたとおり，製薬産業が，輸入代替に成功し，輸出志向へと転換した背景として，医薬品価格規制の存在が決定的に重要であった。1970年に本格的に医薬品価格規制が導入されたことで，小売価格の天井が決まっている状況で，収益を出すためには，コストの引き下げが不可欠となり，インド企業は，低費用で医薬品を製造する製法の開発を促進した。医薬品価格規制の導入によって，企業がコストを削減しなければ収益を上げることができない環境を生み出したことで，インドの輸入代替工業化政策がインドの産業構造に植え付けた非効率で高費用な生産構造が製薬産業には定着しなかった。また，輸入代替工業化下の輸入政策は，必要不可欠で国内で得られない品目に限定して輸入を認める原則で実施されており，国産化が達成された品目は輸入が禁止されたため，海外で開発された新しい医薬品をリバースエンジニアリングで模倣し国産化することで，当該医薬品のインド市場における独占販売を可能にした。製法の開発や新しい医薬品の導入のための研究開発を促進するように，インセンティブ，つまり研究開発を通じて，インドでは販売されていなかった医薬品を導入した場合，一定期間その製品は価格規制の対象から除外されるなどの研究開発インセンティブが価格規制に設けられていたため，新しい医薬品の導入が経営戦略上非常に重要になり，このことが技術の陳腐化を防ぐ効果を持ったといえる。

そして何よりも，医薬品価格規制の導入によって，インドの医薬品の価格が世界で最も低い水準にまで引き下げられたことが，輸出インセンティブとして機能したことである。インドの国内市場に比して，海外市場がはるかに交易条件が良いという状況を医薬品価格規制が生み出し，製薬企業は成長の活路を海外市場に求めた。1979年の医薬品価格規制の強化は，1970年代後半以降の輸出促進政策への移行と重なり，製薬企業の輸出志向につながった。また，医薬品は安くても低品質では売れないため，インド企業は医薬品の品質向上のための研究開発努力も重ねた。こうして海外でも通用する高品質の医薬品を，海外の製薬企業よりも安く販売することに成功し，世界市場において，医薬品輸出国として台頭していった。そして，輸出製品の新陳代謝を積極的に図っていったことが，技術と製品の陳腐化を防いだ。

　製薬産業の輸入代替は，医薬品価格規制がなければ成功しえなかったといえる。医薬品価格規制は，インドの医薬品アクセスを改善するだけでなく，インド製薬産業の発展に大きな役割を果たした。

第4章
模倣と革新の融合
――インドのイノヴェーション――

　TRIPS協定の義務履行による1970年特許法の改正（＝物質特許の導入）は，インドのイノヴェーションとそれに基づくビジネスの在り方に大きな影響を与えた。インドは，単に先発医薬品を模倣した安価なジェネリック医薬品を製造し販売するジェネリック医薬品企業であることに満足せず，新しい技術の獲得と開発に努力し，付加価値の高い製品とサービスを生み出す努力を行ってきた。インドのイノヴェーションとは，既存の技術や知識と革新的技術を組み合わせることであり，インド企業は，模倣と革新を融合したイノヴェーティブな製品やサービスを提供することで，グローバル市場において存在感を増してきたといえる。特に，2000年代以降は，模倣と革新を融合させ，ジェネリック医薬品でありながらも，高品質で高付加価値製品を提供することによって，インドは，グローバル市場における競争優位を築いてきた。

1　TRIPS協定がインド製薬産業に与えたインパクト

　Fink（2004）は，途上国にとって，強力な知的所有権の保護は，貿易，外国直接投資，そして技術移転を増大させると論じている。しかしながら，これらの利益は主に中所得国で見られる現象であり，利益の規模は政策改革，特に投資環境の改善に依存すると考えられる。それでは，低所得国であるインドではどのような影響があったのだろうか？

　1970年特許法の改正は，インド製薬産業の成長を支えてきた制度的環境を一変させるものであった。インド製薬産業はTRIPS協定が突きつける新しい課題に直面していた。

1970年特許法改正の目的は，インドに物質特許を導入することである。物質特許の導入はインド製薬産業の成長にとってマイナスの影響を持つと考えられた。物質特許の導入は，リバースエンジニアリングによるジェネリック医薬品の生産を不可能にするものである。物質特許を認めず製法特許のみを認める1970年特許法のもとで，インド製薬産業は他国で有効な特許が存在する医薬品をリバースエンジニアリングし，ジェネリック医薬品として生産し，物質特許が有効ではない市場へ輸出することで，成長を遂げてきた。物質特許の導入によって，インド製薬産業の成長が阻害されると懸念された。実際に，インド製薬産業も当初は物質特許導入に反対であった。

　こうした懸念とは裏腹に，TRIPS協定後も，インド製薬産業は，輸出を伸ばし，急速な成長を遂げてきた。この成長の背景の1つには，2010年前後にブロックバスターと呼ばれる大型医薬品の特許失効が集中し（＝「2010年問題」「2015年問題」），先進国市場において，多くの医薬品の特許期間が満了したことがある。特許侵害をせずジェネリック医薬品を生産することが可能になり，インド製薬産業にとっては，輸出機会が拡大したのである。インド製薬産業はTRIPS協定がもたらす挑戦を機会として活用することを選択した。インド製薬産業は，新しいビジネスモデルを模索し，追求していった。

　TRIPS協定による特許法の改正は，インド製薬企業の研究開発支出の増大をもたらしただけではなく，その研究開発構造と戦略も大きく変えた。

　製薬産業は非常に研究開発志向の産業であり，物質特許体制のもと，持続的な成長を遂げるためには，新薬の開発や新技術の開発を継続していくことが不可欠である。**図4-1**はインドにおける研究開発支出の推移である。

　TRIPS協定は，ジェネリック医薬品製造のための製法開発が中心であったインド製薬産業の研究開発を大きく変えた。2002年以降，インド企業は研究開発投資を増大させ，研究開発志向を強めた。Ranbaxy LaboratoriesやDr. Reddy's Laboratoriesは，インド企業の中でも最も早く研究開発志向に転換した企業であり，1995年前後には創薬研究（新薬開発）に着手した。

　1990年代後半以降，インド製薬産業の高い成長は，1990年代までに獲得してきた模倣技術と1990年代以降に獲得していく革新的技術を融合させることによ

第4章　模倣と革新の融合

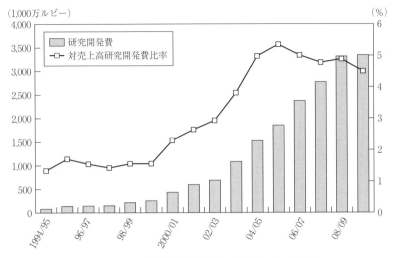

図4-1　インド企業の研究開発支出の推移（1994～2009年）
（出所）Department of Pharmaceuticals（2012a: 19）より作成。

って実現されている。次節では，インド製薬産業の模倣と革新の融合の実態について検討したい。

2　インドのイノヴェーション——模倣と革新の融合

新しいドラッグ・デリバリー・システム（Novel Drug Delivery System: NDDS）
　インド主要製薬企業は，1990年代中頃以降，研究開発投資を増大させ，創薬研究に着手する一方で，新しいドラッグ・デリバリー・システム（NDDS）の研究開発に注力してきた。ドラッグ・デリバリー・システム（DDS）とは，目標とする患部（臓器や組織，細胞，病原体など）に，薬物を効果的かつ集中的に送り込む技術で，薬剤を膜などで包むことにより，途中で吸収・分解されることなく患部に到達させ，患部で薬剤を放出して治療効果を高める手法である。「薬物送達システム」または「薬物輸送システム」などとも呼ばれる。DDSには，医薬品の治療効果を高めるだけでなく，副作用の軽減も期待できるというメリットがある。DDSは，医薬品を，必要な時に，必要な量を，必要な部位

147

に,到達させることを目的とした技術であり,薬剤を膜などで包むことにより,患部に到達するまでに吸収・分解されないようにして,過剰な薬剤投与を抑える。副作用を防止すると同時に,投与量も少なくすることが可能となる。また,DDSは,薬剤の行き先もかなりコントロールできるため,大変効率が良い技術である。インドでは,NDDSの開発は,最も期待されている研究開発分野の1つとなっている。NDDSの機能を医薬品に追加することにより,高機能でなおかつ有効性の高い医薬品にすることが可能となり,製品価値の最大化にもつながる。NDDS技術を活用すれば,既存の医薬品も新しく製剤化した医薬品として市場に導入することが可能となる。日本や米国などでは,たとえ有効成分の特許が失効していたとしても,NDDSを使用した医薬品は,ジェネリック医薬品としてではなく,新医薬品として扱われる。

ジェネリック医薬品(模倣)にNDDS(革新)を組み合わせることが,インド製薬企業の新しい価値創造である。ジェネリック医薬品企業であるインド企業にとってのNDDSは,ジェネリック医薬品の高付加価値化による商品の差別化,インド国内ではブランドジェネリックを展開し,欧米などの規制市場へ製品を輸出している主要インド企業にとっては戦略的に重要である。主要インド企業が注力している分野は,表4-1のとおりである。現在,インドのNDDS開発は,低分子化合物からバイオ医薬品分野にも拡大されている。その背景には,主要インド企業がバイオシミラーやワクチン部門などのバイオ医薬品分野への参入を加速していることが指摘できよう(バイオ医薬品への参入については第4項で詳述する)。

インド企業にとって,NDDS開発の魅力は,そのリスクの小ささにある。インド企業がNDDS開発に参入する要因として,新薬開発に比べ,研究開発コストも研究開発期間もかなり短く,要求される技術的・科学的専門性も新薬開発に比して高くないことが指摘できる。インドにおける既存の医薬品のNDDSの開発期間は3〜4年で,投資額は約2,000万〜5,000万ドル程度である。インドにおけるNDDS製品の承認申請では,既存の通常版の製品との生物学的同等性を証明するのみであり,臨床試験も必要ではない。

インド企業の中でもNDDS開発と商品化において,最も成功した企業が,

2015年3月に Sun Pharmaceuticals に吸収合併された Ranbaxy Laboratories である。Ranbaxy は30品目以上の NDDS 製品を市場に導入しており，2007年においては，NDDS 製品の売上高は総売上9％に相当している。インドの NDDS 市場における Ranbaxy のシェアは7％であった。

Ranbaxy は，インド企業として，NDDS 分野において最初に商業的に成功した企業である。Ranbaxy は世界的にも画期的なシプロフロキサシン用の NDDS を開発した。従来，シプロフロキサシンは1日2回の服用が必要だったが，Ranbaxy は1日1回の服用のシプロフロキサシンの

表4-1　主要インド企業の NDDS 技術

企業名	技　　術
Cipla	ナノ粒子技術 リポソーム技術 ミクロスフィア 溶解押出法 浸透性経口制御放出 吸入技術
Lupin	生体付着性徐放／胃内滞留型徐放 レーザードリル穴徐放 マトリックス徐放／コーテッド徐放 矯味剤技術 可溶化とナノ粒子技術を使った生物学的利用の向上
Sun Pharmaceuticals	経口徐放性システム 標的化薬物輸送インジェクション 生分解性インプラント／インジェクション 局所的 DDS 新しい吸入薬用デバイス 眼科用 SMM 技術 眼科用 NTC 技術 乱用抑止性技術
Ranbaxy Laboratories	胃内滞留型 修正マトリックス型 多粒子性 エアロゲル

（出所）　Sun Pharma Advanced Research Company Ltd., *NDDS Project*, http://www.sunpharma.in/ndds-projects.htm, Cipla, *Research & Development (R&D)*, http://www.cipla.com/en/r-d/platform-technology.html, Lupin, Research and Development, http://www.lupinpharmaceuticals.com/rnd.htm, Sun Pharma, Research & Development, http://www.sunpharma.com/operations/research-and-development（Ranbaxy）より作成。

NDDS の開発に成功した。Ranbaxy は，この NDDS で特許を取得し，1999年に，シプロフロキサシンの開発企業である Bayer にライセンスアウトした。Bayer との契約では，Ranbaxy は Bayer から4年間に6,500万ドルを受け取ることになった。また，インドと CIS 諸国については，Ranbaxy が販売権を持ったものの，Ranbaxy は，Bayer に NDDS を利用した新しいシプロフロキサ

表4-2 インド企業による米国における新医薬品承認申請

企業	NDA件数	審査分類 P	審査分類 S	物質のタイプ 1	2	3	4	5
DR. Reddy's Labs	19	2	17	2	1	14	⟨2⟩	
Ranbaxy	16	0	16	3	2	10		1
Aurobindo	4	2	2				1	3
Jubilant	5	0	5			2		3
Sun Pharma	4		3					3
Lupin	4		4				3	1
Piramal	1		1	1				
Matrix	1		1					1
Stride Arcolab	1	1					1	
Glenmark	1							
Alembic	1		1					1
Emcure	1		1	1				
総数	58	5	51	7	3	29	4	13

(注) 米国食品医薬品局のNDAの審査分類は3つに分類されている。P：優先審査医薬品，S：標準審査医薬品，O：希少疾病用医薬品。優先審査医薬品は，治療学的に先進的な医薬品の審査，標準審査医薬品は，市場にすでに同様の治療学的効果を持つ医薬品である。物質のタイプについては，1：新規化合物，2：新有効物質，3：新しい製剤フォーム，4：新しい合剤，5：新しい製剤あるいは新しい企業，6：新しい適応，7：すでに市場で販売されているがNDAを取得していないもの，8：OTCスイッチ製品，10：全く別のNDAとしての新しい適応（統一されていない）

(出所) U.S. Food and Drug Administration (U.S.FDA), NDA and BLA Calendar Year Approvals, http://www.fda.gov/Drugs/DevelopmentApprovalProcess/HowDrugsareDevelopedandApproved/DrugandBiologicApprovalReports/NDAandBLAApprovalReports/ucm373413.htm より作成。

シンの世界的な販売権を認めている。Bayerは，直ちに臨床試験を実施し，2003年に米国市場にRanbaxyのNDDSを使用したシプロフロキサシンを導入した（Bhandari 2005: 212-214）。

米国や日本においては，NDDSを使用した医薬品は，仮に基本特許である物質特許が失効していたとしても，新医薬品として扱われるため，臨床試験の実施が必要となる。すなわち，ジェネリック医薬品にNDDSを使用すれば，新医薬品として認められ，米国や日本においては高い価格で販売することが可能である。ジェネリック医薬品（模倣）にNDDS（革新）を融合することによって，革新的製品を生み出すことにつながるのである。**表4-2**は，インド企業による米国における新医薬品承認申請である。物質のタイプの3での申請が最も多いが，これは新しい製剤フォームでの申請であり，NDDSを使用した医薬品を申請していることが確認できる。

以下では，NDDS分野で最も成功を収めたRanbaxyの事例を検討したい。**表4-3**のとおり，Ranbaxyの企業内研究の注力分野は，主として，経口部で

あったが，吸入（特許装置）や経皮部門（特許粘着性ポリマー）などの研究も共同研究で行っていた。また，経口NDDS分野において，①胃内滞留型（Gastro Retentive），②修正マトリックス型（Modified Matrix），③多粒

表4-3　Ranbaxy Laboratoriesの主要NDDS製品

製品名 （一般名）	分野	NDDS	ANDA	インドでのマーケットシェア
Sporidex AF（セファレキシン）	抗生物質	1日2回	取得	45.5%
Cifran OD（シプロフロキサシン）	抗生物質	1日1回	取得	28.1%
Zanocin OD（オフロキサシン）	抗生物質	1日1回	取得	14.8%
Flotral OD（アルフゾシン）	前立腺治療薬	1日1回	取得	–

（出所）　Ranbaxy Laboratories, *Annual Report*, various years より筆者作成。

子性（Multiparticulate），そして④エアロゲル（AeroGel）の4つプラットフォーム技術を開発している。Ranbaxyの主なNDDS商品は**表4-3**のとおりである。なかでも抗生物質のSporidex AF，Cifran OD，そしてZanocin ODは，インド市場のトップ10ブランドに入っており，マーケットシェアも高い。NDDSによる製品の差別化，高付加価値化が功を奏したといえる。RanbaxyのNDDSに関する特許については**表4-4**のとおりである。

　次に，NDDSの特許の公開取得状況を確認したい。インドにおけるNDDSに関する特許公開・付与の動向は**表4-5**のとおりである。これは，インド特許意匠商標総局（Controller General of Patents, Designs and Trademarks）http://www.ipindia.gov.in/ で Field of Invention を Pharmaceutical，Title を "drug＋delivery＋system" および "delivery＋system" でクロス検索した結果を整理したものである。外国籍で特許を最も多く取得しているのが米国（14件）である。インド企業で最も多いのは，Sun Pharmaceutical Industries（子会社の研究開発専業企業 Sun Pharmaceutical Advanced Research Company）の3件である。

　上述の通り，海外において，NDDSを使用した医薬品は新医薬品として評価され，高い価格で販売することが可能であるが，インドの事情はそれとは異なる。インドにおけるNDDS開発の先頭に立っていたRanbaxyは，インドでは特許出願件数に比して，特許承認件数が少ない。アメリカでの出願件数はイ

表4-4　Ranbaxy Laboratories の NDDS 特許出願・取得状況（2002-2011年）

	インド		PCT		米　国	
	申　請 （fillings）	受理・付与 （Accepted/Accepted）	申　請 （fillings）	公　開 （Published）	申　請 （fillings）	受理・付与 （Accepted/Accepted）
2002	14	2	7	3	4	1
2003	17	5	2			1
2004	16	8			1	1
2005	15					1
2006	7					
2007	15					
2008	4					
2009	12					
2010	6				1	
2011	8					
2012	18					
合　計	132	15	7	3	5	4

（注）　付与件数には，公開（published）および受理（accepted）も含まれる。
（出所）　Ranbaxy Laboratories, *Annual Report*, various years.

表4-5　インドにおける NDDS 特許

	特許公開	特許付与
イ ン ド	131	18
外　国	132	17
合　計	263	35

（注）　インド特許意匠商標総局（Controller General of Patents, Designs and Trademarks）http://www.ipindia.gov.in/ で Field of Invention を Pharmaceutical，Title を "drug＋delivery＋system" および "delivery＋system" でクロス検索した結果である。
（出所）　インド特許意匠商標総局（Controller General of Patents, Designs and Trademarks）http://www.ipindia.gov.in/

ンドにおける出願件数に比べかなり少ないものの，4件の特許を取得している。特に2005年特許法改正以後は，特許取得状況が芳しくない。現行法の2005年改正特許法では，「エバーグリーニング」を阻止することを目的とした規定が導入されている。医薬品特許のエバーグリーニングは，NDDSなどを通じて基本となる発明にわずかな改良を加え，この漸進的改良に対して特許を出願・取得することにより，当該医薬品の実質的保護期間を延長するものである。例えば，2005年改正特許法の第3条(d)項では，既知の物質の新たな形態も「効能を高めること」がない限り，発明でないとし，また，新たな用途は発明ではない，既知の物質に関する新たな用途はすべからく特許を認めない，と規定している。そして，塩，エステル，エーテル，多形体，そしてそ

の他既知の物質の派生物はすべて同じ物質とみなされ，既知の効能が増大することが実証されない限り特許の対象としていない。第3条(d)項が適用されれば，特許を取得することが困難になる。

　インド政府が2005年に設置した特許法関連委員会（Technical Expert Group on Patent Law Issues）で，Ranbaxyは，「インドの主要な製薬企業は研究開発に従事しており，新しい剤形や派生物，そしてNDDSなどの漸進的技術革新に対して，特許保護が与えられるべきである」と主張しており，「特許保護は，NDDS開発への誘引となる。多国籍製薬企業に比べて，インド企業は保有する資源が少なく，実際に新規化合物の特許保護からよりもNDDSに対する特許保護から得られる利益のほうが大きい。故に，インドはNDDSに十分な特許保護を行うべきである」と特許保護を求めている（DIPP 2009: 23-24）。特許関連法委員会におけるRanbaxyの主張および特許取得状況から推察できることは，インドにおいては，NDDSを含めた漸進的技術革新に対する特許保護が十分とはいえない現状があるということである。

　2012年12月7日に発表された2012年医薬品価格政策（National Pharmaceutical Pricing Policy, 2012）において，インドでの研究開発を通じて開発されたNDDSを使用した製剤は，インドで販売承認を得た日から5年間価格規制の対象外となる特例が認められることになった（Department of Pharmaceuticals 2012b: 25-26）。この政策決定は今後のインド企業のNDDS開発にとって大きなインセンティブとなると考えられた。しかし，インド政府はNDDS製品への例外を認めない決定を下した。こうした政策動向が，NDDSへの研究開発意欲を損なう可能性がある。上述した通り，インドではNDDSを使用したジェネリック医薬品の承認に臨床試験は要求されておらず，ジェネリック医薬品として扱われ，その価格も低く抑制される。

創薬への挑戦

　1990年代半ば，大手インド企業のなかには，研究開発投資を増大させ，創薬に向けた研究開発投資を開始し，創薬企業（先発医薬品企業）への転換を図る企業が登場した。2005年の特許法改正以前は，研究開発支出の大部分は製法開発

に向けられていたが,1990年代中頃以降,創薬研究への投資が増加し,研究開発支出の額も増大した。創薬研究を先駆けた Ranbaxy, Dr. Reddy's Laboratories は,平均で売上高の8％～10％,多い時には15％に相当する研究開発投資を行ってきた。

　しかしながら,基本的にジェネリック医薬品企業であるインド企業が新薬候補物質の探索から製品化までを実施するのは容易ではない。インド企業は,創薬研究に必要な技術やノウハウはもちろんのこと研究開発資金も必ずしも潤沢ではない。DiMasi et al. (2003) によれば,創薬研究には,一般に15～20年の長い研究開発期間と1医薬品につき平均で約8億ドル程度といわれる巨額の研究開発費が必要であるうえ,成功確率は極めて低い。欧米の創薬企業の1年間の研究開発費の平均が約40億ドル(対売上高研究開発費比率は平均で17％程度)である。これに対して,インド企業の中でも最大規模の研究開発投資を行ってきた Ranbaxy が最大の研究開発費を計上した2005年の研究開発費は約1億1,000万ドル(対売上高研究開発費比率は14％)であり,これ1つの新薬を開発するために必要な研究開発費の8分の1程度に過ぎない (Ranbaxy Laboratories Ltd. 2006: 55)。しかも,研究開発費には,ジェネリック医薬品や NDDS への研究開発投資も含まれており,すべてが創薬研究に向けられているわけではない。

　以上のような事情から,多くのインド企業は,臨床研究の早い段階から,開発した新薬候補物質を外資系企業にライセンスアウトする方法をとっている。インドが創薬分野で成功するためには,外資系企業との提携は重要な選択肢の1つである。実際に,研究開発面でのインドのコスト優位性や研究開発人材の豊富さに魅力を感じ,インド企業とのライセンス契約が,枯渇しつつある新薬パイプラインを埋め合わせると期待している欧米の大手製薬企業も少なくない。しかしながら,インド企業が開発している新薬候補物質の多くは,既知の化合物の誘導体による改良型である場合が多く,インド企業が開発している新薬候補物質へのニーズは必ずしも高くない。また,ライセンスアウトしたとしても,必ずしも成功するわけではない。第6章で詳述するが,Dr.Reddy's Laboratories が Novo Nordisk にライセンスアウトした新薬候補物質(糖尿病治療薬)は,臨床試験の段階で Novo Nordisk が開発を中止しており,ライセンスアウトに

よる共同開発が順調に進展することも難しい。

　創薬研究に従事するインド企業のなかで，新薬候補物質のライセンスアウトの分野で成功しているのが Glenmark である。Glenmark は，2010年に，慢性疼痛を治療する新薬候補物質（GRC15300），2011年に臨床段階にあるモノクローナル抗体（GBR500）を Sanofi Aventis にライセンスアウトしている。[1] Glenmark は，治験薬を創薬後に多国籍の製薬会社にライセンス供与（技術導出）する一方，前払い金のほか，開発面，規制面，販売面で一定の成果を出すごとに発生する報奨金の支払いを受ける。新薬が市場に導入されれば売上高に応じてロイヤルティの支払いも受け取る。GRC15300については，Glenmark と Sanofi Aventis が米国，東欧5ヵ国で製品を共同で販売活動を行うことを前提として，Sanofi Aventis は北米，EU，日本で独占販売権利を有し，ブラジル，ロシア，中国など10ヵ国で共同の販売権を持つ。一方，Glenmark は，インドやその他の国で独占販売権利を保持することになる。2014年4月，Glenmark は，GBR500が臨床の最終フェーズに到達したとして，マイルストーンペイメント500万ドルを受け取ることが明らかになった。Glenmark は前払い金として，2012年に5,000万ドルを受け取っている。[2]

　インド企業による創薬研究がスタートして20年以上経過したが，創薬研究をリードする企業も変化している。インドで創薬研究がスタートした当時，先頭を走っていた企業は Ranbaxy と Dr. Reddy's Laboratories であった。2014年に Sun Pharmaceuticals に吸収合併された Ranbaxy の創薬研究は，2008年に Ranbaxy を買収した第一三共に引き継がれた。インドの新薬開発が停滞するなか，2012年4月，Ranbaxy はインド企業として初めて，抗マラリア薬の新薬シンリアム（Synriam）をインド市場に導入した。今後は東南アジア地域，アフリカ地域，そして中南米地域でも，シンリアムを展開していく。[3]

　現在，インドの創薬研究をリードする企業は，現在は Glenmark と Zydus Cadila である（表4-6）。Zydus Cadila は，2013年9月に，リパグリン（Lipaglyn）の商業化に成功している。[4] リパグリンは脂質異常症治療薬ということもあり，インド企業が開発した初の大型医薬品（ブロックバスター）に成長することが期待されている。

表4-6 ZydysCadilaとGlenmarkの新薬候補物質のパイプライン

	開発名／物質名／商品名	効　　能	開発段階	備　考
Zydys Cadila	リパグリン （サログリタザール）	高トリグリセリド血症	販売承認	ブランド名 （一般名）
	リパグリン （サログリタザール）	糖尿病性脂質異常症	販売承認	ブランド名 （一般名）
	リパグリン （サログリタザール）	脂肪異栄養症	臨床試験第3相	ブランド名 （一般名）
	リパグリン （サログリタザール）	非アルコール性脂肪肝炎	臨床試験第3相	ブランド名 （一般名）
	リパグリン （サログリタザール）	2型糖尿病	臨床試験第3相	ブランド名 （一般名）
	ZYH7	脂質異常症	臨床試験第2相（完了）	
	ZYDPLA1	糖尿病	臨床試験第1相	
	ZYAN1	貧血	臨床試験第1相	
Glenmark	GBR1302	乳がん，胃がんなど	臨床試験第1相	モノクローナル抗体
	GBR1342	多発性骨髄腫	前臨床試験	
	GBR1372	結腸直腸がん	前臨床試験	
	GBR8383	がん	前臨床試験	
	GBR830	自己免疫疾患（皮膚病）	臨床試験第2相(b)	
	GRC388XX	慢性閉塞性肺疾患	前臨床試験	
	GSP301	アレルギー性鼻炎	臨床試験第3相	
	GSP304	慢性閉塞性肺疾患	臨床試験第2相(b)	
	GRC27864	慢性疼痛	臨床試験第3相(b)	

（出所）Zydus Cadila, New Molecular Entities in Pipeline, http://zyduscadila.com/, Glenmark, Research Pipeline, http://www.glenmarkpharma.com/novel-molecular-entities/research-pipeline より作成。

バイオ医薬品部門のへの参入──バイオシミラーの開発

インド政府は1980年代以降，積極的なバイオテクノロジー育成政策を実施してきており，近年急成長を見せている。バイオ医薬品がバイオテクノロジー産業の60％，バイオサービスが15.5％占める（Biospectrum-ABLE 2013: 22-24）。2012年のバイオ医薬品産業の総収入は，1,492億3,000万ルピー（約2,984億6,000万円）に上り，バイオテクノロジー産業の総輸出のうち，バイオ医薬品のシェアは65％（Biospectrum-ABLE 2013: 24）。インドのバイオテクノロジー産業の最大部門はバイオ医薬品産業である。以下で，インドのバイオ医薬品産業について解説をしたい。

第4章 模倣と革新の融合

　本書で主に取り上げてきた医薬品は，低分子化学合成医薬品である。分子が小さく，ごく少数の機能的な分子グループを含む比較的単純な構造をした有機化合物であり，段階的な化学合成プロセスを経て生産される医薬品で，これらの化学合成低分子医薬品は，そのきわめて小さい分子サイズと単純な化学構造であることから，その構造と特性を十分に解析され，容易に再製造することが可能である（日本製薬工業協会 2012: 1, 日本製薬工業協会 2013: 1）。ジェネリック医薬品の開発も，多額の研究開発を必要とせず，比較的容易であるのは，低分子化学合成医薬品の特性によるところが大きい。一方，バイオ医薬品とは，有効成分がタンパク質由来（成長ホルモン，インスリン，抗体など），生物由来の物質（細胞，ウイルス，バクテリアなど）により産生される医薬品であり，これらは低分子化学合成医薬品に比べて分子が大きく，構造が複雑であり，その特徴および特性は一般に製造プロセスによって影響される。低分子化学合成医薬品と比べ，バイオ医薬品の開発は難しい。バイオ医薬品も，低分子化学合成医薬品と同様に，新規に開発されたものは，一定期間知的所有権によって保護される。特許と販売承認のために提出した臨床試験およびその他のデータを保護する規制上のデータ保護[5]によって，一定期間の独占的販売権が与えられる。

　さて，インドのバイオ医薬品産業の主要3部門は，ワクチン，治療薬，診断薬であり，特にワクチンと組換え遺伝子治療薬部門が成長を牽引している。

　組換え遺伝子治療薬部門の研究開発領域は，HIV，ガン，結核，コレラ，デング熱に集中しており，遺伝子治療，細胞工学，幹細胞生物学，細胞修正技術などの研究開発が行われている。

　インドの主要バイオ医薬品企業は**表4-7**の通りである。インドは世界的ワクチン製造国の1つであることを反映して，ワクチン開発企業が上位に位置している。第1位のSerum Institute of Indiaは，インド最大のワクチン企業であり，WHO，米国の国立衛生研究所（National Institute of Health）などと提携し，髄膜炎菌A，H1N1インフルエンザ，ロタウイルスなどのワクチン開発を行っている[6]。これらのバイオ医薬品専業企業のほかにも，Zydus Cadila, Dr. Reddy's Laboratories, Sun Pharmaceuticalsなどインドの大手製薬企業もワクチンの製造開発に参入している。CRO（Clinical Research Organisation）とは，

表4-7　インドの主要なバイオ医薬品企業

	企業名	事業内容	2015年総収入 （単位：1,000万ルピー）
1	Serum Institute of India	ワクチン開発・製造	4,153
2	Biocon	バイオ医薬品	3,570
3	Jubilant Life Sciences	バイオ医薬品	3,144
4	Syngene International	CRO	1,113
5	Biological E	ワクチン開発・製造	1,018
6	AstraZeneca Pharma India	バイオ医薬品	571
7	Bharat Biotech International	ワクチン開発・製造	450
8	GSK India	バイオ医薬品	400
9	Anthem Biosciences	CRO	350
10	Concord Biotech	バイオ医薬品	273

（注）　CRO＝Clinical Research Organisation
（出所）　Biospectrum, *BioSpectrum Ranking Survey, Top Biotech Companies Stories*, http://www.biospectrumindia.com/category/top20より作成。

医薬品開発のために必要な治験業務（臨床開発）を受託する企業で，日本語では開発業務受託機関と呼ばれている。

　上位10社のうち，半数の5社がバイオ医薬品の開発と製造に従事しているが，外資系企業のGSK（GlaxoSmithKline India）を除くインド企業は，主として，先行するバイオ医薬品の特許とデータ保護期間の終了後に販売可能となる「類似バイオ医薬品（Similar biotherapeutic products）」（日本製薬工業協会 2013: 5），すなわち既存のバイオ医薬品の後続品の開発と製造に従事している。一般に，類似バイオ医薬品をバイオシミラー（biosimilar）と呼んでいる。低分子化学合成医薬品のジェネリック医薬品とバイオシミラーの相違点について簡単にまとめたのが，表4-8である。

　低分子化学合成医薬品よりもバイオ医薬品のほうが開発・製造が難しく，その費用も大きくなることはすでに述べたが，後発品（後続品）についても同様である。バイオシミラーは，先行するバイオ医薬品に「類似している」ものの，同一ではない医薬品である。低分子化学合成医薬品のジェネリック医薬品の製造は，単純な構造をもつ安定的な化学合成分子を複製するために比較的容易であるが，バイオ医薬品は複雑な分子構造を持ち，なおかつ特有の製造工程が要求されるため，バイオシミラーの製造は容易ではない。低分子化学合成医薬品

第4章　模倣と革新の融合

のジェネリック医薬品は，先発品と製法を変えたとしても，生物学的に同等（同一）のものを複製することが可能であるが，製造方法が特性に影響を与えるバイオ医薬品では，わずかな製法の違いが製品の有効性や安全性を左右する。実際に，低分子化学合成医薬品のように，先行するバイオ医薬

表4-8　バイオシミラーとジェネリック医薬品の相違点

	ジェネリック医薬品	バイオシミラー
種　類	化学合成低分子医薬品	バイオ薬品
分子構造	小さい（低分子）	大きい（高分子）
市場導入時期	先発品の特許失効後	
試　験	生物学的同等性試験	臨床試験
開発期間	短い	長い
研究および製造コスト	低い	高い
価　格	安い	高い

（出所）　筆者作成。

品を正確に複製することは不可能である。そのため，バイオシミラーの承認には，生物学的同等性試験ではなく，バイオシミラーの品質，安全性そして有効性が先行するバイオ医薬品と高い類似性を持つことを示すために，臨床試験が要求されている。バイオシミラーは後続品とはいえ，非常に類似性の高いバイオ医薬品を開発しなければならず，高い技術力と先端知識が必要となるのである。その意味で，ジェネリック医薬品よりも参入が難しく，競争相手も少ない。また，バイオシミラーの開発と製造は，ジェネリック医薬品に比べ，時間も費用がかかる。ジェネリック医薬品の開発費が1製品あたり100万〜500万ドルであるのに対し，バイオシミラーの開発費は1億〜2億ドル必要で，開発期間もジェネリック医薬品が3年〜5年であるのに対し，バイオシミラーは8年〜10年必要とされる。開発費が大きくなる分，価格もバイオシミラーのほうが高い。ジェネリック医薬品が先発品の価格から80％〜90％安くなるのに対し，バイオシミラーは先発品から20％〜30％程度安くなるに過ぎない（Deloitte 2015: 3）。

　インド企業がバイオシミラーに参入する理由として，①ジェネリック医薬品と比べ価格の下落率が小さい，②参入障壁が高く，競争相手が少ない点を挙げることができるだろう。

　次に，インドにおける状況を確認しよう。インドでは，すでに20品目以上のバイオ医薬品（バイオシミラー）が販売承認されている（**表4-9**）。これら以外

表4-9 インドで承認されているバイオ医薬品一覧

	医薬品名
1	ヒトインスリン
2	エリスロポエチン
3	B型肝炎ワクチン（遺伝子組換えHBs抗原）
4	ヒト成長ホルモン
5	インターロイキン-2
6	インターロイキン-11
7	顆粒球コロニー刺激因子
8	顆粒球コロニー刺激因子（GMCF）
9	インターフェロン2α
10	インターフェロン2β
11	インターフェロンγ
12	ストレプトキナーゼ
13	組織プラスミノーゲン活性化因子
14	血液凝固第Ⅷ因子
15	卵胞刺激ホルモン
16	テリパラチド（フォルテオ）
17	遺伝子組換えヒト活性化プロテインC（ザイグリス）
18	血小板由来増殖因子受容体（PDGF）
19	上皮成長因子（EGF）
20	遺伝子組換え凝固Ⅶ因子製剤

（出所）Department of Biotechnology, *IGMORIS*, http://igmoris.nic.in/commercial_release.asp より報告者作成。

にも，抗体医薬（モノクローナル抗体）のバイオシミラーも販売承認されている。インドは，世界に先駆けてバイオシミラーを承認した。その背景には世界のバイオシミラー市場の規模と成長がある。医療用医薬品の世界売上高上位50品目に占めるバイオ医薬品のシェアは増加し続けており，バイオ医薬品の比率は，2013年には45.4％に達している（医薬産業政策研究所 2014: 5）。バイオ医薬品の先発品の特許の失効が始まっており，世界のバイオシミラー市場は将来的にも非常に有望である。世界に先駆けてバイオシミラーを承認することは，患者のニーズを満たし，インドの薬品アクセスを向上するためであるだけでなく，2009年の欧州，2015年の米国でのバイオシミラーの販売承認が解禁を見越して，欧米のバイオシミラー市場にいち早く参入するためであると考えられる。

　バイオシミラーを開発する主要企業は，Biocon, Dr. Reddy's Laboratories, Zydus Cadila, そして Intas Pharmaceuticals などである。これらの企業は，抗体を利用した抗体医薬のバイオシミラーの開発に成功している。抗体医薬とは，生体内で病原体などの非自己物質やがん細胞などの異常な細胞を認識して殺滅することにより，生体を感染，疾患から保護する役目を有する免疫系の主役である抗体を主成分とした医薬品で，標的となる抗原に対して特異的に結合するため，副作用の少ない効果的な治療薬として期待されている（特許庁 2015: 1）。

Bioconは，インド最大のバイオ医薬品企業であり，2003年には，世界で初めてヒトインスリンをピキア酵母発現システムによって開発した企業であり，インスリンのバイオシミラーの開発を牽引する企業である。Biocon は，2016年，日本においてインスリン製剤のバイオシミラーの承認を取得し，日本向けインスリングラルギンの開発や臨床試験の実施で富士フィルムファーマと提携しており，日本でバイオシミラーを販売する初のインド企業となった。富士フィルムファーマは Biocon にロイヤルティを支払い，日本で Biocon の製品を展開する。さらに，現在 Biocon は，経口薬のインスリンの開発にも着手している。また，頭頸部癌の治療薬としてのモノクローナル抗体ニモツズマブのバイオシミラーも市場に導入している（**表 4-10**）。

　Dr. Reddy's Laboratories は，バイオシミラーに参入した先駆的インド企業

表 4-10　Biocon のバイオシミラーのパイプライン（2016年）

	物質名	タイプ	開発段階	市場規模 （単位：10億ドル）
インスリン	Rh インスリン	ヒトインスリン（遺伝子組換え）	EU 治験第3相完了	3.4
	グラルギン	長時間作用型基礎インスリン	国際治験第3相	8.4
	アスパルト	速攻型インスリンアナログ*	前臨床試験／スケールアップ	4.9
	リスプロ	速攻型インスリンアナログ*	前臨床試験／スケールアップ	2.8
モノクローナル抗体	トラスツズマブ	分子標的薬・抗がん剤（乳がん）	国際治験第3相	6.9
	ベバシズマブ	分子標的薬・抗がん剤（結腸・直腸がん）	EU 治験第1相，その他諸国（ROW）治験第3相	7
	アダリムマブ	ヒト型抗ヒト TNF-α モノクローナル抗体製剤・免疫抑制剤（慢性尋常性乾癬）	国際治験第3相	12.5
組換えタンパク質	ペグフィルグラスチム	持続型 G-CSF 製剤（がん化学療法による発熱性好中球減少症）	国際治験第3相	4.6
	エタネルセプト	分子標的薬・自己免疫疾患治療薬	前臨床試験／スケールアップ	8.5

（出所）　Biocon Ltd., *Biopharmaceuticals: Biosimilars*, http://www.biocon.com/biocon_products_bio_biological.asp?subLink=bio より作成。

であり，2007年に，世界で最初にモノクローナル抗体リツキシマブ（Rituximab）とフィルグラスチム（Filgrastim），そして2010年にはダルベポエチンアルファ（Daberpoetin alfa）のバイオシミラーを導入している[9]。

近年，バイオシミラーの分野で頭角を現しているのが，Zydus Cadilaである。Zydus Cadilaのバイオシミラーのポートフォリオは9製品にのぼり，2014年に世界で最初に関節リウマチの治療薬であるモノクローナル抗体アダリムマブ（Adalimumab）のバイオシミラーを導入した[10]。Intas Pharmaceuticalsは，すでにバイオシミラーを7製品市場に導入しており，世界で最初にモノクローナル抗体ラニビズマブ（Ranibizumab）のバイオシミラーを開発し，臨床試験に入っている[11]。以上のように，これら企業は，抗体医薬の分野において，世界に先駆けてバイオシミラーの開発に成功している。

3　TRIPS協定とアウトソーシングビジネスの拡大——GVCへの参加

1990年代以降，インド企業が，欧米の多国籍製薬企業との提携を通じて，技術能力・研究開発能力を向上させ，イノヴェーションを通じて成長するという様相が観察されている。製薬産業では，従来，基礎研究，臨床試験，製造そして販売に至るすべての過程を自社で行うことが一般的であったが，近年では，研究開発から製造までの付加価値の過程が細分化され，それらが複数国にまたがって分業されるグローバル・バリューチェーン（GVC）が形成されている。その背景には，日本をはじめ多くの先進国では，医療費抑制のため医薬品価格の引き下げが求められている一方，医薬品の研究開発コストが増加の一途をたどっている状況がある。このような状況において，世界の大手製薬企業は，資源を新薬開発に集中させ，既存製品の製造を外部企業に委託している。言い換えれば，バリューチェーンの段階ごとに外部企業に外部委託する多国籍製薬企業が増加している。研究開発などイノヴェーション活動の重要な部分は自社に残しつつ，国境を越えた研究開発活動の分散化が一般的になってきており，新興国へのアウトソーシングが増加している。

製薬産業における製造および研究開発のアウトソーシング市場は年率10％近

い成長率で成長している。そしてインドは近年，アウトソーシング先として関心を集めている。インド政府も，海外の製薬企業からのアウトソーシングを誘致する努力を行っており，成長著しい部門である。アウトソーシングは主に，製造受託（Contract Manufacturing）と臨床研究などを請け負う研究受託（Contract Research）に分類されるが，インドでは製造受託とそれの高付加価値版ともいえる研究・製造受託サービス（Contract Research and Manufacturing Services: CRAMS）が急成長を遂げており，インド製薬企業の参入も増加している。

　1970年特許法は製法特許しか認めてこなかったため，これまで海外の製薬企業はインドで新薬を製造することを控える傾向にあったが，近年，海外の製薬大手企業はインド企業に既存製品の委託生産を増加させている。その要因としては，2005年よりWTOのTRIPS協定と整合的な物質特許制度が導入されたことが重要である。インドで物質特許が付与されている医薬品を，特許権者の許諾を得ていない企業が模倣製造することができなくなった。したがって，当該医薬品の受託製造を行っているインド企業が，委託者から得たノウハウなどを模倣活動に流用するインセンティブは低い。海外の製薬企業の観点からは，特許制度改革によって，インド企業に製造を委託することのリスクが低くなったといえる。研究開発と製造プロセスを一体的に行うことで，企業の競争力を高めることが期待されるが，全ての工程を自社で行わず，必要に応じて国内の他企業へ外部化することも考えられる。例えば，米国の製薬産業では，基礎研究から販売まで一貫して自社内で行う体制から，ベンチャー企業等の外部技術を積極的に取り込む体制の構築を進めている。特に，バイオ医薬品の開発には，遺伝子工学，細胞工学等，従来の創薬よりも広範かつ高度な技術を融合していく必要があるため，初期段階の研究開発において，国内の他企業の外部資源を活用することで，生産工程の効率化等を図っている。

　医薬品のアウトソーシングにおいて最も大きなシェアを占めるのは製造委受託である。世界の製造受託ビジネスの中心は欧州および北米であるものの，インド企業も，コスト競争力と高い技術力という利点を活かし，製造受託に参入している。インドでは，米国食品医薬品局の承認を受けられる製造設備を，米国と比べて30〜50％低いコストで建設できる。またインド企業は原薬の材料で

ある中間体や，製剤に用いられる添加剤などを，米国企業よりも20〜30％低いコストで調達することができる。さらに人件費は米国の10〜15％程度である。その結果として，インド企業は米国の40〜50％のコストで，原薬を製造することができるといわれている（OPPI and Monitor Group 2003）。

また低い製造コストだけでなく，多くのインド企業は複雑な分子を合成する能力，および既存の製造方法を改良する能力も有している。最近では化学合成医薬品だけでなく，バイオ医薬品の製法開発においても進歩を遂げている。Wockhardt, Biocon そして Dr. Reddy's Laboratories などの大企業は，酵素やホルモンなどを合成するバイオテクノロジーを重点的に扱っており，多くの企業はキラル合成やペプチド合成などの技術にも熟達している。

さらにインド製薬大手企業の多くが，米国食品医薬品局や WHO の GMP に準拠していることも，これらの企業に製造受託することを容易化している。

インドでは CRAMS が拡大している。インドの CRAMS の市場規模は，2014年には93億ドル（研究受託38億ドル，製造受託55億ドル）に達しており，2018年には190億ドル（研究受託80億ドル，製造受託110億ドル）に達する見込みである。[12] 世界の CRAMS 市場に占めるインドのシェアは，2014年時で5％程度であるが，2018年には7〜8％に到達する見込みである。[13] 従来，海外の製薬大手は，中間体や原薬，そして製剤の製造をインド企業に委託していたが，1990年代以降，収益性を維持への圧力増大から，CRAMS への需要が増大してきた。CRAMS は，医薬品開発のすべての価値連鎖を通じてサポートする，つまり新規化合物を探索・開発から臨床試験そして製造受託までのプロセスの一部を請け負うビジネスである。インド企業が，新規化合物の探索と一部の臨床試験を請け負った後，欧米の製薬大手によって最終的に製品化された場合，インド企業が低コストの製法を開発し，その製造受託を請け負う。医薬品の開発から製造までの全行程を請け負うため，安定的かつ長期的に収益を確保することが可能であり，製造だけを請け負う製造受託よりもメリットが大きい。またインドが1970年代以降のアンチ・パテント体制で培ってきた技術力を最大限活かすことができる一方，新技術の獲得や開発が促進される。

インドは，欧米の多国籍製薬企業へ原薬（API）供給からスタートし，製造

受託，研究受託，そして CRAMS という，医薬品の GVC 全体をカバーするようなアウトソーシングビジネスを展開するに至っている（図 4-2）。近年は，インド企業は，欧米の多国籍企業との研究開発提携を結びなど，GVC の付加価値の高いステージに参入している。1990年代以降のインド企業の持続的高成長の背景には，GVC がある。

多国籍製薬企業による GVC 形成は，インドのような新興国への技術力のスピルオーバーを増大し，それによって，サプライヤー企業である新興国企業はアップグレードし，GVC においてより付加価値の高いステージに上がっていくと指摘されている（Gereffi 1999, Gereffi et al. 2005, Sturgeon & Linden 2011）が，1990年代以降のインド製薬企業の高成長は，こうした GVC におけるアップグレードによるところが大きいと考えられる。こうした GVC への参加は，インドのような新興国への技術力のスピルオーバーを増大し，それによって，サプライヤー企業である新興国企業はアップグレード（upgrading）し，GVC においてより付加価値の高いステージに上がっていくと指摘されている（Gereffi 1999, Gereffi et al. 2005, Sturgeon & Linden 2011）。また，GVC に参加することで，先端技術にアクセスすることが可能になり，製法のアップグレード（process upgrading）が可能になり，技術的効率性が上昇し，そしてより高品質で機能性の高い製品の製造が可能になる（product upgrading）。さらに，機能のアップグレード（functional upgrading），そしてバリューチェーンあるいは部門内でのアップグレードを実現していくことが可能になる（Humphrey & Schmitz 2000; 2002）。

図 4-2 は，インドの製薬企業が GVC への参加を通じてアップグレードを実現している様子を図式化したものである。つまり，低分子化学合成医薬品の模倣生産からスタートし，高付加価値，高機能を有するジェネリック医薬品の開発の実現，そして低分子化学合成医薬品分野における新薬の開発と商業化に成功し，そして現在は遺伝子工学や細胞培養技術などのより複雑かつ高度な先端技術の使用が求められるバイオ医薬品分野への参入を果たしている。当然のことながら，GVC におけるステージも上昇しており，医薬品の GVC へのインドの貢献度も増大している。

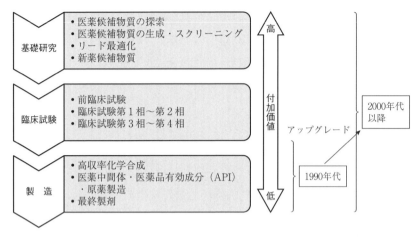

図 4-2　医薬品の GVC とインドのポジション
（出所）　筆者作成。

4　模倣と革新の融合と GVC

　TRIPS 協定の義務履行による1970年特許法の改正，つまり物質特許の導入は，インドのイノヴェーションとそれに基づくビジネスの在り方に大きな影響を与えた。インドは，単に先発医薬品を模倣した安価なジェネリック医薬品を製造し販売するジェネリック医薬品企業であることに満足せず，新しい技術の獲得と開発に努力し，付加価値の高い製品とサービスを生み出す努力を行い，既存の技術や知識と革新的技術を組み合わせるという，インド独自のイノヴェーションを実現してきた。NDDS は，ジェネリック医薬品の付加価値を高め，先進国では新医薬品として扱われ，ジェネリック医薬品よりも評価される。また，インドの新薬開発のメインフィールドは，既存の新薬と有効成分と同一の効果・効能，適応症であるが，化学構造が異なる改良型新薬と呼ばれるものであり，革新的新薬よりも，研究開発費が少なく，研究開発期間も短いため，リスクが小さい。インド企業にとっては，ジェネリック医薬品の開発で積み重ねてきた模倣技術を援用しながら，開発できる分野であると考えられ，まさに

模倣と革新の融合であるといえよう。バイオシミラーも開発も同様である。既存のバイオ医薬品の新薬に類似する医薬品を開発するものであり，模倣技術に加え，高い革新的技術を必要とする。バイオシミラーでの経験は，将来的に革新的バイオ医薬品の開発に通ずるだろう。

　TRIPS協定の義務履行による特許法改正は，インドにアウトソーシングビジネスの拡大をもたらした。アウトソーシングビジネスを通じて，インド企業は，多国籍製薬企業が形成する製薬産業のGVCに参加することになった。そして，インド製薬企業は，GVCへの参加を通じてアップグレードを実現してきた。インド製薬企業は，低分子化学合成医薬品の模倣生産からスタートし，高付加価値，高機能を有するジェネリック医薬品の開発の実現，そして低分子化学合成医薬品分野における新薬の開発と商業化に成功し，そして現在は，遺伝子工学や細胞培養技術などのより複雑かつ高度な先端技術の使用が求められるバイオ医薬品分野への参入を果たしている。当然のことながら，GVCにおけるインドのステージも上昇しており，医薬品のGVCへのインドの貢献度も大きくなっている。インド製薬企業は，模倣と革新を融合したイノヴェーティブな製品やサービスを提供することで，グローバル市場において存在感を増してきたといえる。特に，2000年代以降は，模倣と革新を融合させ，ジェネリック医薬品でありながらも，高い品質と価値を持つ製品を提供することによって，インドは，グローバル市場における競争優位を築いてきた。

　小田切（2004: 181-182）は，模倣も革新であるとしている。模倣は，リバースエンジニアリングを必要とする。技術導入により設計図や図面を入手してもそのままでは経済価値を生まず，商品化して成功するためには，自社の製造能力をそれに適応するように改良することが必要になる。つまり，模倣にも投資が必要であり，研究開発活動が必要である。つまり，インドは模倣における工夫や改良から革新を生み出し，さらに海外の先端技術を理解し，模倣技術といかに組み合わせるかという革新も生み出したのともいえる。模倣と革新の融合というインドの「革新」は，企業の能力によって生み出される。次章では，模倣と革新というインドの「革新」を生み出した企業の能力について，インド製薬企業の双璧をなしてきたRanbaxy LaboratoriesとDr. Reddy's Laboratories

の発展を検証し，考察する。

注

(1) Sanofi Aventis S.A., "Sanofi-Aventis and Glenmark Pharmaceuticals sign License agreement on novel agents to treat choronic pain," May 3, 2010, http://www.sanofi.se/l/se/sv/layout.jsp?cnt=BF7B30E1-28EA-4625-A932-6B735E48C242, Sanofi Aventis, "Sanofi and Glenmark Pharmaceuticals Sign License Agreement on Novel Monoclonal Antibody for Crohn's Disease and Other Chronic Autoimmune Disorders," May 16, 2011, http://www.sanofi.ph/l/ph/en/download.jsp?file=A36DF105-165F-4C42-A2EC-E4CC0E616B2E.pdf

(2) "Glenmark gets USD 5 million payment from Sanofi," *moneycontrol*, Apr 15, 2014, http://www.moneycontrol.com/news/business/glenmark-gets-usd-5-million-paymentsanofi_1069774.html

(3) "Ranbaxy Launches Synriam TM-India's First New Drug," http://www.ranbaxy.com/news/newsdisp.aspx?cp=1002&flag=ARC

(4) Zydus Cadila, "About Lipaglyn," http://www.lipaglyn.com/about_lipaglyn.html

(5) 医薬品のデータ保護については，第9章第3項で詳述する。

(6) Serum Institute of India Pvt. Ltd., Research & Development, http://www.seruminstitute.com/content/research.htm

(7) 日米では，バイオ後続品（follow-on biologics）とも呼ばれている。

(8) 富士フィルムファーマ株式会社，「インスリン グラルギン BS 注キット「FFP」発売のお知らせ」，2016年7月15日，http://ffp.fujifilm.co.jp/information/articlenr_0002.html

(9) Dr. Reddy's Laboratories Ltd., Biologics, http://www.drreddys.com/our-science/development-streams/biologics/

(10) Zydus Cadila, "Zydus launches world's first biosimilar of Adalimmumab," https://zyduscadila.com/wp-content/uploads/2015/05/PressNote09-12-14.pdf

(11) Intas Pharmaceuticals Ltd., *Biosimilar Pipeline-Intas Biologics*, http://www.intaspharma.com/index.php?option=com_content&view=article&id=65&Itemid=73

(12) UBM "India: A destination for CRAMS," http://ubmindiapharmapublications.com/india-a-destination-for-crams/

(13) Ibid.

第5章
インド製薬企業の発展
―― 企業の能力の形成 ――

　インド製薬産業は，独立後の経済開発戦略において，輸入代替に成功し，国際競争力のある輸出産業に成長した。インド製薬産業の発展の制度的要因として，1970年特許法の下でのアンチ・パテント政策，1978年医薬品政策をはじめとする医薬品政策，そしてインドにおける産業政策を指摘することができる。しかしながら，ある産業の発展とそのプロセスを検討する場合，民間企業の果たした役割あるいは企業の能力を検討することは重要である。企業の能力に関する諸研究（Lall 1987; Kim & Nelson 2000; 末廣 2000, 2006）を総合すると，企業の能力とは，技術の受け入れ（学習・模倣）や技術吸収能力の向上などの技術的能力，既存の経営資源の革新的結合，そして企業家精神などを総合するものである。また，企業の能力の形成には，外的な環境や条件の変化が関係すると考えることができる。

　以下では，インド製薬企業（Ranbaxy Laboratories と Dr. Reddy's Laboratories）の企業経営史を辿りながら，インドにおける産業政策や医薬品政策と企業の能力の形成の関係を具体的に整理し検証したい。

1　Ranbaxy Laboratories（ランバクシー・ラボラトリーズ）

　以下では，医薬品販売代理店から，研究開発型ジェネリック医薬品企業として，世界で第50位の製薬企業に成長した Ranbaxy Laboratories の事例を検討する。

創業と外資提携

　Ranbaxy Laboratories（以下，Ranbaxy）の起源は，1937年，ランジット・シン（Ranjit Signh）とグルバックス・シン（Gurbax Singh）がパンジャーブ州で創業した Ranbaxy & Co. である。Ranbaxy & Co. は日本の塩野義製薬のインド代理店として医薬品販売業を営んでいた。1950年初め，Ranbaxy & Co. は資金難に陥り，ニューデリーで金融業に従事していた従兄弟の B.M. シン（Bhai Mohan Singh）に融資を求めた。B.M. シンは後に Ranbaxy の創業者となる。植民地時代，土木建設業に従事していた B.M. シンは，第2次世界大戦中に植民地政府からアッサムの道路建設を受注し財をなした。そして，1947年の独立を機に，B.M. シンはパンジャーブ州からニューデリーへ移住し，金融事業を起業した（Bhandari 2005: 25-26）。Ranbaxy & Co. と B.M. シンは，債務不履行の場合には Ranbaxy & Co. が経営権を譲渡することで合意し，Ranbaxy & Co. への融資が実施された。しかしながら，Ranbaxy & Co. の債務返済が困難になったため，B.M. シンが Ranbaxy & Co. の株式を買い取り，1952年8月1日より株主として経営に参画した（Bhandari 2005: 36-37）。

　1952年，Ranbaxy & Co. は，イタリアの製薬企業 Lepetit と独占販売代理店契約を結び，デリー南部オクラに製造施設を建設した。1959年，Lepetit は Ranbaxy & Co. にクロラムフェニコールの製造提携を打診した。Ranbaxy & Co. と Lepetit はクロラムフェニコール製造施設をイタリアから移転し，オクラの製造施設に併設することで合意し，Ranbaxy & Co. と Lepetit の合弁事業が開始された（Bhandari 2005: 36-37）。

　当時のインドでは，外国資本の外国人持株比率（出資比率）は最大49％までに制限されており，外資系企業はインド企業のマイノリティ・パートナーにならざるをえなかった。しかし，Ranbaxy & Co. と Lepetit の場合は，Lepetit は Ranbaxy & Co. の株式を45％保有し，Lepetit が選任したインド人投資家に Ranbaxy & Co. 株式を6％保有させることによって，Lepetit 側が Ranbaxy & Co. の株式の51％を保有し，実質的に経営権を掌握した（Bhandari 2005: 39）。

　ここで，当時のインドの外資規制政策について整理したい。第1次5ヵ年計画期（1951～55年），外国資本（外資系企業）に対する規制は，比較的緩やかだっ

た。インド政府は，「新しい生産ラインが，発達させられるべき領域，特別な経験と技術的熟練が必要とされる領域，あるいは需要に対して国内生産量が小さく，そしてインド現地産業が十分な速度で拡大できる妥当な見込みのない領域に，外国投資が行われるべきである」を原則に，外国資本の参入を認め，①産業政策の適用において，外資系企業とインド企業を区別しない，②インドの外国為替ポジションと矛盾しない利益の送金と資本の送還に妥当な便宜を与える，③国有化の場合，適正かつ公正な補償が支払われる，と外国資本についてガイドランを定めた（Planning Commission 1951: Chapter 29, para.37-38）。

外資系企業のインド進出の背景として，①外国資本に対する政府の現実的な姿勢，②インド医薬品に対する比較的大きな需要，③緩やかな医薬品関連規制，そして④インド国内における競争の欠如，の4点を指摘できる。インド企業側としては，外資提携を通じて，医薬品製造に必要な施設と技術を獲得することが目的であったことはいうまでもない。

1973年改正外国為替規制法の制定で，外国人持株比率は40％以下に引き下げられた。しかしながら，1975年時点では，在インド外国製薬企業（直接・間接外国人持株比率が40％を超えている企業）数は45社で，そのうち外国人持株比率が74％以上の企業が14社，51-74％までが11社，40-51％までが13社で，外資系企業の支店あるいは組織部門以外で外国人持株比率40％超が7社存在した（Department of Industrial Development 1982: Sec.II-21-22）。

1973年改正外国為替規制法制定後も，なぜ40％以上の株式を保有する外資系企業が存在したのか。第1に，1973年改正外国為替規制法は，外国人持株比率を40％以下にすることを義務付けたが，特定産業・業種については，特例が認められた。1973年産業政策の付表Ⅰで指定された品目（医薬品も該当）の生産に従事しており，高度かつ複雑な技術を必要とする製造活動に従事している企業については，40％以上の外国人持株比率が認められた（Department of Industrial Development 1982: Sec.II-24）。高い技術を必要とする原薬を製造する外資系企業は，この特例が適用されたのである。1974年にインド政府が設置した製薬産業委員会（ハーティ委員会）が1975年に発表した報告書では，1973年改正外国為替規制法の特例について，インド製薬産業の発展段階を考慮すれば，製薬

産業では適用されるべきではなく，インドで操業する外資系企業に対して外国人持株比率を40％にまで引き下げるように指導し，段階的に26％まで引き下げるべきであると勧告した (Department of Industrial Development 1982: Sec.II-24)。

第2に，Ranbaxy & Co. と Lepetit の事例と同様の方法で，外資系企業が実質的に経営を掌握した事例が多かった。ハーティ委員会は報告書において，「外国人持株比率を減少させるうえで，多くのインド国民が株式を分散し保有する方法を採るべきではない。なぜなら，多くのインド人投資家が株式を保有することは，外国人持株比率の引き下げの有効な手段ではないからである」と勧告している (Ministry of Petroleum and Chemicals 1975: 104)。この勧告からも，仮に外資系企業が40％以下に外国人持株比率を引き下げたとしても，外資系企業が選任するインド人投資家に株式を保有させることで実質的に経営権を掌握した事例が多かったことが推察される。

ハーティ委員会の報告書をベースに作成された1978年医薬品政策において，外資系企業への規制が本格的に強化された。1978年医薬品政策は，インド初の包括的な医薬品政策であり，主目的に医薬品の自給自足の達成を掲げ，研究開発の促進を通じたインド製薬産業の技術力の向上を政策目標とした。医薬品の自給自足の達成という目標に合致するように，外資系企業に対する規制が強化された。ハーティ委員会の勧告に従い，①高度な技術を利用する原薬の生産用の医薬品中間体を原料（塩基性物質）の段階から製造する，②原料の段階から高度な技術を利用する原薬を生産し，その原薬をもとにした製剤の生産比率が1：5とする，と1973年改正外国為替規制法で認められる特例基準を厳格化した。また，特例条項に該当しない外資系企業については，①高い技術を必要とする原薬とそれに関連する製剤の生産に従事し，②生産した原薬の半分をその他の製剤企業に販売することが義務付けられ，原薬と製剤の生産比率は1（原薬）：5（製剤）とすることが生産ライセンス付与の条件とされた。そして，外国人持株比率を40％以下に引き下げるよう指導し，外資系企業が手放した株式の66％は政府系金融機関あるいは公的機関に，そして残りをインド人投資家，特に当該外資系企業のインド人従業員が優先的に取得できるよう指導することを決定した (Department of Industrial Development 1982: Sec.II-24)。

第1次5ヵ年計画期の緩やかな外資規制に続き，インド政府の輸入代替工業化政策，特に第2次5ヵ年計画の高関税とその他の輸入規制などの措置が外資系企業に保護市場を提供した。1973年改正外国為替規制法の効果も限定的であったことに加え，物質特許を認める1911年特許および意匠法のもと，当時のインドでは，特許保有者の外資系企業にロイヤルティを支払わない限り，インド企業は医薬品を製造することができなかったため，インド製薬企業の発展が限定的だった。こうして，1970年代初頭においても，外資系企業がインド市場の75％を支配するという状況が維持された。

Lepetitはインドに製造施設を移転しなかったため，Ranbaxy & Co.とLepetitの合弁事業は赤字となり，事実上破綻した。Ranbaxy & Co.はLepetitの契約不履行をインド政府に告発した。インド政府は，Lepetitに対して直ちにインドへの製造施設の移転と現地生産の開始を命令した。しかし，Lepetitがこの命令を拒否したため，インド政府はLepetitにインド撤退を命じた。Ranbaxy & Co.がLepetitの保有する株式を3ヵ月以内に買い取ることを条件に，Lepetitはインド撤退を了承した。

1970年特許法と製薬企業 Ranbaxy Laboratories の誕生

1961年，B.M.シンは，社名をRanbaxy Laboratoriesに変更し，再出発した（Bhandari 2005: 40-42）。Ranbaxyは原薬を輸入し製剤に加工する事業からスタートした。Ranbaxyは物質特許を認めていなかった共産主義国20ヵ国に抗うつ薬ジアゼパムの原薬の供給を依頼し，ハンガリーの国営企業がそれに合意した。1968年，Ranbaxyはジアゼパム原薬の輸入を開始し，オクラの製造施設で製剤に加工し，1969年にブランド名「カルムポーズ（Calmpose）」で市場に導入した（Bhandari 2005: 46）。

独立後，1948年のテクチャンド委員会と1957年のアイヤンガール委員会において，物質特許を認める1911年特許および意匠法の改正に向けた議論が展開された。両委員会は，1911年特許および意匠法の下では，①インドで取得された特許が外国籍であり，②取得された特許がインドでは製造コストが割高になるため製造されず，製品が輸入されており，③インド国民は安価に製品を購入す

る権利を奪われていることに加え，④特許が国内市場独占の手段となり，発明の奨励にも貢献してないと判断した（Ramannna 2002: 2065-2066）。また，Ciplaなどインド製薬企業もインド政府に1911年特許および意匠法改正を要求していた（Bhandari 2005: 53）。

1970年，インディラ・ガンディー政権は，1911年特許および意匠法を廃止し，1970年特許法を制定した。1970年特許法は物質特許を認めず製法特許のみを認め，特許期間を16年間から7年間に短縮し，また医薬品の製法特許期間は5～7年に短縮され，自動ライセンス制度となった。医薬品のイノヴェーションについては物質特許が付与されないため，他国で特許が付与されたイノヴェーションをインドで自由にコピーし，販売することが可能になった（Lanjow 1997: 3-4）。1970年特許法はリバースエンジニアリングと他国で特許保護されている医薬品の代替的製法の開発を促進した。

1970年特許法の制定を機に，Ranbaxyは輸入した原薬を製剤に加工するビジネスモデルから，独自の製法でジェネリック医薬品を製造するビジネスモデルへ転換した。医薬品価格の引き下げを目的とした1970年医薬品価格規制令の施行により，ジアゼパムの価格も引き下げられた。Ranbaxyは，原薬を輸入せず，原薬から医薬品を製造し製造コストを削減しなければ，収益の確保が困難になっていた。こうした1970年特許法と1970年医薬品価格規制令の導入が，Ranbaxyのビジネスモデルの転換の要因となった。

Ranbaxyは，原薬段階からのジアゼパムの製造を目指し，1971年に研究開発活動の開始を表明した。1972年，Ranbaxyはオクラに研究開発施設を併設する製剤用製造施設を建設し，本格的に研究開発に着手した。1973年には，Ranbaxyはパンジャーブ州モハリに原薬専用製造施設を建設し，研究開発など資金を調達するために，株式を公開し，700万ルピーの資金を調達した（Hansvavik 1973: 1751）。

1974年，Ranbaxyは科学・産業技術評議会（CSIR）の公的研究機関と提携し，CSIRの技術を応用した独自製法による原薬段階からのジアゼパムの製造に成功した（Bhandari 2005: 50）。当時のインド製薬企業はCSIRの研究機関が開発した基礎的な製法を商業的に応用し，医薬品を製品化していた（Chaudhuri

2005: 34-36)。

　Ranbaxyは，ジアゼパム原薬の輸入禁止措置をインド政府に要求し，インド政府もこれを認めた。インドにおいては，ジアゼパムの特許保有者のRocheでさえもRanbaxyからジアゼパム原薬を調達しなければならなくなった（Bhandari 2005: 57）。産業政策と1970年特許法の目的は技術の国産化を促進・奨励であったため，インドで開発された技術を使用した国産医薬品の保護を目的に，インド政府が輸入禁止措置を認めることは当然であった。CSIRの研究機関との提携は，Ranbaxyに技術の移転だけではなく，インドにおける独占販売期間を付与することにつながったといえる。

　その後，公企業IDPLがジアゼパムの生産を開始し，小規模企業もジアゼパムの中間体を輸入し，原薬と製剤の製造を開始したため，Ranbaxyの独占的販売期間は長く続かなかった。しかし，カルムポーズは大ヒットし，Ranbaxyに商業的成功をもたらした（Bhandari 2005: 57）。

　1970年特許法施行以降，インド医薬品市場はジェネリック医薬品市場であったが，製薬企業はジェネリック名（一般名）ではなくブランド名で医薬品を販売していた。インドでは，ブランド名は，品質を保証するものと認識されており，製品の差別化にも有効であった。最初に市場に製品を導入した企業のブランドがその医薬品の「代名詞」になる可能性が高く，独占販売期間に企業もその知名度を高めることができる。また，評判の高い企業のブランドは価格が他社より高くとも，信頼ある製品とみなされ，売上を伸ばすことが可能となる。その意味で，市場の独占期間は，Ranbaxyの販売戦略においても非常に重要であった。

新しい事業機会の開拓——抗生物質への参入と輸出の促進

　ジアゼパムは商業的に成功したものの，抗うつ薬市場は規模が小さく，大きな成長は見込めなかった。そこでRanbaxyは，市場規模の大きい抗生物質市場に参入をめざし，抗生物質アンピシリンの製造に着手した。

　Ranbaxyは輸入アンピシリンの販売をしていたが，アンピシリン事業から撤退していた。第2次5ヵ年計画以降の急速な重工業化による国際収支の悪化

と外貨準備の不足による慢性的な国収支危機に対応するために，インド政府は輸入制限を実施し，当時，国営貿易公社が輸入していたアンピシリンも輸入制限の対象となった。輸入制限により安定供給にリスクが伴うという判断から，Ranbaxyはアンピシリン事業から撤退していた。

　Ranbaxyは，1977年に，自社の研究開発を通じた原薬段階からのアンピシリンの製造に成功した。そして，Ranbaxyは，ブランド名「ロシリン（Rocylin）」でアンピシリンを市場に導入した（Bhandari 2005: 75-76）。

　ロシリンはインドの抗生物質のトップブランドとなり，1983年まで，Ranbaxyの総収入の約30％はロシリンの売上からもたらされた。1970医薬品価格規制令導入後，コストベースで医薬品価格の上限が設定され，アンピシリンの価格は国営貿易公社の輸入仕入れコストを基準に設定された。アンピシリンの輸入仕入れコスト1kg当たり2,100ルピーに対し，Ranbaxyの生産コストは1kg当たり1,475ルピーだった（Bhandari 2005: 77）。原薬段階から自社で製造することにより，Ranbaxyは収益性を高めることができた。

　1982年，タイやマレーシアでのアンピシリンの特許失効を機に，それら諸国へアンピシリン輸出を開始するために，Ranbaxyはアンピシリンの生産能力を5トンから24トン，そして1984年には100トンに拡張した（Bhandari 2005: 77）。アンピシリン輸出開始の背景には，輸出促進による収益の増大，規模の経済の享受に加え，当時インドでは輸出促進措置として，輸出業者に特別な輸入ライセンスが付与されていたことを指摘できる。Ranbaxyは，アンピシリンの主要原料の医薬品中間体6-アミノペニシラン酸（6-amino penicillic acid，以下6-APA）を，1985年にRanbaxyのグループ企業であるMax Indiaが国産化するまで輸入していた（Government of India 1991: xvii-xix）。アンピシリンを輸出することで，Ranbaxyは6-APAの特別輸入ライセンスを獲得できた。つまり，輸出をすることで，インド国内で入手できない原料や医薬品中間体の特別輸入ライセンスを獲得し，製品のポートフォリオの拡大と新陳代謝を図ることが可能となった。

　当時，先進国では，次々と新しい抗生物質が開発されていた。インドでは，1970年特許法のもと，他国で物質特許が取得されている抗生物質でも自由に模

倣製造することが可能であった。また，1978年医薬品政策以降，外資系企業の活動が抑制された一方で，インド企業が増加し，インド企業間の競争が激しくなっていた。そのため，新世代の抗生物質をいち早く導入することがインド製薬企業にとって経営戦略上重要となった。その意味でも，輸出促進を通じた製品のポートフォリオ拡大と新陳代謝は極めて重要であった。Ranbaxyは輸出することで，収益の増大と新しい事業機会（製品ポートフォリオの拡大）を同時に得ることができた。さらに，製薬企業の競争力の源泉である技術開発も促進され，1990年代以降のグローバル競争に耐えうる技術力を蓄積することができたといえる。Ranbaxyは，1980年代末には，インドの抗生物質のトップ企業に成長した。

インドにおいて，医薬品価格規制令は，製薬企業の収益性を圧迫するものであった。しかし，Ranbaxyは，独自製法による製造と原薬や中間体など原材料部門の供給を統合する垂直統合化を図ることによって，原薬と製剤の利幅のコントロールを可能にし，価格競争力を強化することで対応した。また，1979年の医薬品価格規制令改正で医薬品価格規制が強化され，インドの医薬品価格水準が引き下げられた。これに対しては，Ranbaxyは輸出を増強することで，収益を拡大していった。Ranbaxyはコスト競争力と製法技術開発能力を背景に，1990年代に入ると輸出志向を追求していった。

事業のグローバル化と外資との提携

1991年のインドの経済自由化以降，インド製薬企業の多国籍化と外資系企業との提携が拡大した。その背景として，1990年代においても，インドは依然として所得水準が低く，医薬品価格規制令による低価格規制で，インドの医薬品市場の規模が大きくなかったことを指摘できる。そこで，インド企業は，成長を促進するために，事業のグローバル化を推進したと考えらえる。

Ranbaxyは，インド製薬企業として最初に海外に製造拠点を持った企業である。1977年のナイジェリアでの合弁事業にはじまり，1983年に国際事業部門を新設し，1984年にタイ，1985年にマレーシア，そして1991年に中国，と海外事業を展開していった。1987年に新設したパンジャーブ州トアンサの製造施設

が，1988年に，米国食品医薬品局のGMPの認証を獲得し，米国市場への輸出も可能になった。

しかし，Ranbaxyのグローバル化において，最も重要な転機は，1992年，米国の大手製薬企業Eli Lillyとの販売提携である。RanbaxyはEli Lillyの抗生物質セファロスポリン，Eli Lillyのブランド名は「セファクロル（Cefaclor）」を，セファロスポリンの特許失効（1992年失効）目前の，1991年末，特許を侵害せず製造することに成功した。

医薬品特許には，中核技術を保護する「基本特許」と，周辺技術を対象とした「周辺特許」がある。医薬品の基本特許とは物質特許であり，一般的に，物質特許の有効期間は，ジェネリック医薬品企業は市場に参入することができない。一方，周辺特許は，基本特許が失効した後も有効である場合が多く，先発医薬品企業は，周辺特許を使って医薬品の独占期間を延長する。周辺特許の中には，特許侵害が回避できるものや特許訴訟を経て無効とされるものもあり，ジェネリック医薬品企業は，周辺特許の侵害回避および無効性立証を目指して，研究開発を行う。

Eli Lillyのセファロスポリンは32の製法特許で保護されていたが，Ranbaxyはそれらの特許を侵害せずにセファロスポリンの製造に成功した（Chaudhuri 2005: 52, 216-217）。さらに，Ranbaxyは，1991年，米国でセファロスポリンの製法特許を取得した。そして，パンジャーブ州モハリにセファロスポリン専用最先端製造施設を新設し，生産体制を整えた。しかしながら，当時のRanbaxyの規模はまだ小さく，単独でセファロスポリンを米国で販売することは困難だったと考えられる。そこで，RanbaxyはEli Lillyとの提携を選択し，1992年にEli Lillyのブランド医薬品をインドで生産販売するための合弁事業Eli Lilly-Ranbaxy Ltd.を開始した。そして，1995年に，両社は米国市場をはじめとする世界市場でのRanbaxyのジェネリック医薬品の販売提携を締結した。Eli Lillyとの提携によって，Ranbaxyは世界最大の市場である米国へのアクセスを獲得しただけでなく，米国においてRanbaxyブランドで医薬品を販売することが可能になった。1997年，Ranbaxyの売上高は100億ルピー，輸出額は50億ルピーに達し，2001年の米国市場での売り上げは1億ドルを突破した（図

第5章 インド製薬企業の発展

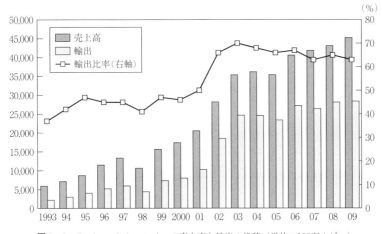

図5-1 Ranbaxy Laboratoriesの売上高と輸出の推移 (単位：100万ルピー)
(出所) Ranbaxy Laboratories, *Annual Report*, various years より作成。

5-1)。そして，2002年に米国はRanbaxyにとって最大の市場となり，Ranbaxyの総売上高の39％は米国市場によるものだった（Ranbaxy Laboratories Ltd. 2003:12）。2002年以降，Ranbaxyの総売上高のおよそ40％が米国市場からもたらされることになった。Eli Lillyとの提携を通じた米国での成功は，先進国市場におけるRanbaxyのプレゼンス拡大の契機となり，1995年以降，Ranbaxyの輸出と売上高は急速に伸長した。外資系企業との提携が，先進国市場における販売網や販売ノウハウといった補完的資産の獲得につながり，Ranbaxyの高いコスト競争力と結合することで，Ranbaxyのグローバル化を可能にしたといえる。また，Ranbaxyは技術力の高さをEli Lillyに証明したことで，Eli LillyにRanbaxyとの提携を決意させたといえる。

WTOのTRIPS協定と特許法改正とビジネスモデルの転換

WTOのTRIPS協定との整合性を図るべく，1970年特許法が改正され，インド製薬産業は大きな転換期を迎えた。物質特許を認めず製法特許のみを認める1970年特許法のもとで，インド製薬産業は他国で有効な特許が存在する医薬品をリバースエンジニアリングし，ジェネリック医薬品として生産し，物質特

許が有効ではない市場へ輸出することで、成長を遂げてきた。しかし、物質特許制度がインドを含めすべてのWTO加盟国に導入されることで、従来のビジネスモデルは十分に機能しなくなる。Ranbaxyは、ジェネリック医薬品事業のグローバル化を推進する一方で、研究開発（特に新薬開発）への投資を増大させ、漸進的に先発医薬品企業を目指すことを選択した。

1993年に、Ranbaxyは「研究開発型のインターナショナルな製薬企業への転換」を宣言し、研究開発を重視したビジネスモデルへの転換を図った。Ranbaxyをはじめインド企業の研究開発の中心は、製法特許を侵害せずジェネリック医薬品を製造するための研究開発が中心であったが、1990年代半ば以降、新しいドラッグ・デリバリー・システム（NDDS）の開発と新薬の研究開発という新しい研究開発領域への投資を増加させた。NDDSは、一般に、日欧米の先進国の先発医薬品企業が特許医薬品の特許失効を目前に、容易にジェネリック医薬品企業が追随できないように、高機能かつ有効性の高い医薬品へと製品の価値の最大化を図るために開発する技術である。NDDS分野で、Ranbaxyは、インド企業では最初に商業的に成功した。Ranbaxyは世界的にも画期的なシプロフロキサシン用NDDSを開発した。従来、シプロフロキサシンは1日2回の服用が必要だったが、RanbaxyのNDDSを使用したシプロフロキサシンは1日1回の服用で済む。シプロフロキサシンは安全性も高く効力も広範囲におよぶ抗生物質で、耐性菌に対する最終手段として利用される抗生物質である。シプロフロキサシンが、ニューキノロン系の抗生物質では世界トップクラスの売上高を誇る抗生物質の1つであることを考慮すると、Ranbaxyの開発したNDDSの商業的価値が大きいことがわかる。Ranbaxyは、1999年に、このNDDSをシプロフロキサシンの開発企業であるBayerにライセンスアウトし、大きな利益を得た。

Ranbaxyは、1994年にインドで最先端かつ最大の研究開発施設を建設し、1995年に新薬開発を開始した。Ranbaxyは年々研究開発支出を増大させ、平均で売上高の10％前後の支出を計上した（**表5-1**）。

新薬開発で、Ranbaxyは新薬候補物質を開発し、特許も取得するなど一定の成功をおさめた（**表5-2**）。しかしながら、インド企業は開発から商業化ま

第5章　インド製薬企業の発展

表5-1　Ranbaxy Laboratories の研究開発費の推移

	2000	2001	2002	2003	2004	2005	2006	2007	2008	2009
研究開発費 (単位：100万ルピー)	136.5	646.3	1,686.3	2,380.5	3,313.9	4,863.6	3,863.4	4,139.4	4,155.7	-
対売上高研究開発費比率（％）	3.1	3.3	5.7	6.3	8.9	13.6	9.7	10.0	9.3	-

（注）　2009年に Ranbaxy の研究開発部門は，第一三共ライフサイエンス研究センター（Daiichi Sankyo Life Science Research Centre in India）として第一三共（インド）に統合されたため，研究開発費の計上はされていない。
（出所）　Ranbaxy Laboratories, *Annual Report*, various years より作成。

でに必要な資金と技術力を保有していないのが現状である。DiMasi et al.（2003）によれば，新薬の商業化には，一般的に15〜20年の長い研究開発期間と1医薬品につき平均で約8億ドル程度といわれる巨額の研究開発費が必要であるうえ，成功確率は極めて低い。欧米の先発医薬品企業の1年間の研究開発費の平均が約40億ドル（対売上高研究開発費比

表5-2　Ranbaxy Laboratories の新薬候補物質（2010年）

新薬候補物質 （開発コード）	疾患領域	開発段階	外資提携
RBx7796	呼吸器	臨床試験第2相	GSK の共同開発
RBx6198	泌尿器	早期開発段階	
RBx9001	泌尿器	前臨床試験	
RBx9841	泌尿器	前臨床試験	
RBx8700	結核	前臨床試験	
RBx7644	細菌感染症	臨床試験第1相	
OZ222/ RBx1160	マラリア	臨床試験第3相	

（注）　新薬候補物質の特許取得 - 7件（すべて米国で取得）。
（出所）　Ranbaxy Laboratories, *Annual Report*, various years より作成。

率は平均で17％程度）である。これに対して，インド企業の中でも最大規模の研究開発投資を行ってきた Ranbaxy が最大の研究開発費を計上した2005年においても，約1億1,000万ドル（対売上高研究開発費比率は14％）で，新薬を1種類開発するために必要な研究開発費の8分の1程度であった（Ranbaxy Laboratories 2006）。しかも，研究開発費には，ジェネリック医薬品に関する研究やNDDSへの投資も含まれており，必ずしもその全てが創薬研究に向けられているわけではない。

　ジェネリック医薬品企業には新薬開発を行う十分な「体力」が備わっておらず，新薬の商業化のためには，外資との提携が必要であった。Ranbaxy は，

181

2003年, GlaxoSmithKline (以下, GSK) と, ロイヤリティを含むマイルストーンペイメントが1億ドルに上る新薬研究開発提携を締結した。しかし, Ranbaxy と GSK の提携は, 商業化には至っておらず, 期待したマイルストーンペイメントは得られなかった。

　新薬開発の研究開発期間とそのコストを考慮すれば, ジェネリック医薬品企業である Ranbaxy にとって, 新薬開発への投資は非常にチャレンジングでリスクの高い投資であった。Ranbaxy は, 新薬開発という新しい事業機会への投資を表明し, 製薬企業の競争力の源泉である研究開発基盤を強化した。新薬開発投資への背景には, TRIPS 協定のもとでの全世界的なプロ・パテント体制において, Ranbaxy が長期的に成長を持続するためには, 研究開発能力を強化し, 知的所有権を梃子にした事業競争力を確立することが必要不可欠であるとの判断があったと考えられる。

Ranbaxy Laboratories を支えた2人の経営者

　企業の能力は, 経営上の意思決定をおこなう経営者の能力でもある。以下では Ranbaxy の発展を支えた2人の経営者, B.M. シンとパルビンダー・シン (Parrinder Singh) の経営手法について整理したい。

　Ranbaxy の創業者の B.M. シンは, 「ライセンス・ラージ (許認可支配) 時代の優れた経営者」といえる。B.M. シンが Ranbaxy をジェネリック医薬品企業として発展させようとしていた時期はまさに, インディラ・ガンディー政権が急速に経済統制を強化し, 1969年独占および制限的取引慣行法 (MRTP 法) が制定され, 大規模企業によるライセンス取得基準が強化された時期である。B.M. シンは, 政権の中枢にある有力な政治家や官僚とも近しい関係にあったといわれている。Lepetit が Ranbaxy & Co. を提携相手に選んだ理由の1つは, B.M. シンの政権や官僚機構の中枢につながる人脈を高評価していたからといわれている (Bhandahri 2005: 38)。また, アンピシリンの製造ライセンスの申請の際, Ranbaxy は, 当時のインドのアンピシリン需要 (3トン) を超える生産量5トンを申請した。インド当局は MRTP 法に抵触すると判断したが, アンピシリンの製剤を製造する他社にアンピシリンの生産量の半分を供給すること

を条件に，Ranbaxyに5トンでの生産ライセンスを付与した（Bhandari 2005: 77）。この一件は，B.M. シンによるロビー活動の実績と解釈できる事例であろう。1974年に，B.M. シンは，インド行政職であったB.P. パテル（B.P.Patel）を取締役として迎えたが，B.P. パテルは，保健・家族福祉省の事務次官，医薬品輸入を統括していた国営貿易公社の総裁そしてステート・バンク・オブ・インディア（State Bank of India）の会長兼社長を歴任していた（Bhandari 2005: 140）。以上のような「天下り人事」もRanbaxyの躍進に貢献していたと思われる。B.M. シンは，その人脈を駆使することで産業政策や医薬品政策など環境の変化をいち早く察知することができたと同時にそれらを活用することにも長けていたといえる。

　一方，長男のパルビンダー・シンは，B.M. シンの経営手法を踏襲せず，経営の専門職化と研究開発を重視した企業への転換を目指した。パルビンダー・シンは，米国のミシガン大学で博士（薬理学）を取得したのち，1967年にRanbaxyの事業に参画した後，Ranbaxyの「専門職化」を進め，Ranbaxyの経営基盤と研究開発基盤を確立した。この背景には，製薬産業の先進国である米国での留学経験がパルビンダー・シンの経営理念に影響を与えたと考えられる。

　1980年代末には，経営と所有の一体化を主張するB.M. シンと経営のグローバル化には経営と所有の分離が必要と考えるパルビンダー・シンの経営方針をめぐる対立が決定的となった。1989年に，B.M. シンはRanbaxyの事業を，3人の息子に分割した。Ranbaxyの経営権を得た長男のパルビンダー・シンは，1992年に，B.M. シンを取締役から解任した（Bhandari 2011）。

　パルビンダー・シンには，二人の息子がいた。しかし，パルビンダー・シンは，「私の息子であるという理由でRanbaxyを率いることはない。その資格があることを自ら証明しなければならない」（Dubey 1998: 343），と明言しており，経営と所有の分離への強い意思を確認できる。

　1990年代半ば，Ranbaxyでは各事業部門のトップに戦略的決定を下す権限を付与するなど，経営の意思決定や経営組織を刷新し，経営の専門職化を進めた（Dubey 1998: 343）。そして，パルビンダー・シンの後継者にはD.S. ブラー（Devinder Singh Brar）が選ばれた。デリー大学でMBAを取得したD.S. ブラー

は1977年に入社した経営専門職で, 1993年には医薬品部門代表に就任するなど, パルビンダー・シンの右腕的存在だった。1999年にパルビンダー・シンがガンで他界した後, Ranbaxy のトップとなった D.S. ブラーは, パルビンダー・シンの Ranbaxy をグローバルな研究開発型企業にするというビジョンを, GSK との新薬研究開発提携など積極的な研究開発投資の実施と米国における事業拡大という形で実現していった。

パルビンダー・シンは, よりグローバルな環境の変化に敏感かつ挑戦的に対応した。野心的なビジョンのもと, インド企業として, 最初に新薬開発などの新規事業分野への投資を積極的に実施し, ジェネリックビジネスに関してはより収益性の高い米国市場への進出を外資系企業との提携を通じて実現した。

第一三共の買収

2008年に Ranbaxy は日本の製薬大手第一三共との買収契約に合意し, Ranbaxy の創業家は, 持株 (34.8%) すべてを第一三共に売却した。

売上が増加する一方, Ranbaxy の収益性は, 2003年をピークに急激な下落傾向にあった (**図 5-2**)。インド国内外での競争の激化に加え, 製造コスト・販売管理コストなど営業関連経費, 研究開発費の増大, 期待された新薬開発提携からのマイルストーンペイメントが入らないなどが収益性後退の要因と考えられる。

Ranbaxy は, 2006年に, ルーマニアと南アフリカで2件の M&A を実施した。Ranbaxy にとって最大の市場である米国の医療支出の削減やジェネリック市場の競争激化で市況が悪化しており, 2件の買収の目的は, 成長する新興医薬品市場への本格的な参入であったと考えられる。資金調達の手段として, Ranbaxy は, 外貨建て転換社債 (Foreign Currency Convertible Bond: FCCB) の発行を選択した。FCCB は外貨建てで額面価格が表示された転換社債であり, ロンドン市場やユーロ市場など海外市場で発行される。製薬産業に限らず, FCCB を発行しているインド企業も多く, 有力な外貨調達手段の一つとなっていた。Ranbaxy は2006年3月に, 当時の FCCB 発行額としては最大規模の総額4億4,000万ドルの FCCB を発行した。ルーマニア最大のジェネリック医薬

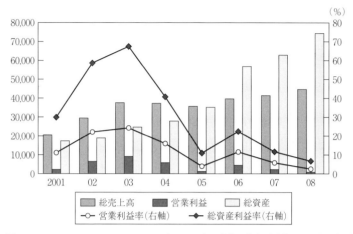

図5-2　Ranbaxy Laboratoriesの2001年～2008年の業績の推移（単位：100万ルピー）
（注）　営業利益率＝「営業利益」÷「総売上高」，総資産利益率＝「営業利益＋営業
　　　　外収益」÷((「期首総資産」＋「期末総資産」）÷2）
（出所）　Ranbaxy Laboratories *Annual Report*, various years より作成。

品企業 Terapia の買収総額は3億2,400万ドルに上り，インド企業による外資系企業の買収としては，過去最大規模となった。しかしながら，収益性は直ちに改善せず，負債比率の増大は Ranbaxy の財務状況を不安定にしたと考えられる。この時期，Ranbaxy は GSK との研究開発提携も拡大しており，第一三共の買収提案も「外資提携」の1つとして受け入れ，経営状況の打開を図ったのではないかと推察できる。

2008年，Ranbaxy は第一三共の完全子会社となった。2007年までの株式所有の基本的な構造は，創業家のシン一族が32～36％を保有していたが，2008年の買収で第一三共の株式保有比率が，約64％に上昇した（Ranbaxy Laboratories Ltd. various years）。また，創業家のマルビンダー・シンは，経営専門職としてRanbaxy の経営に参加することになったが，2009年5月に，マルビンダー・シンの代表取締役社長の辞任で，創業家は Ranbaxy の経営から完全に撤退し，Ranbaxy はファミリー・ビジネス企業から，経営者企業へと完全に転換した。

第一三共は，Ranbaxy を世界第10位のジェネリック医薬品企業としてだけではなく，その研究開発能力を高く評価し，ビジネスパートナーとして選択し

た。買収直後,米国でのGMP違反問題により,米国からRanbaxyはインド国内の2つの製造施設で製造する30品目の医薬品について輸入禁止措置を受けるなど,第一三共とのハイブリッドビジネスモデルの船出は順風満帆ではなかった。しかし,Ranbaxyのグローバル・リーチを活かしたビジネスが軌道に乗り,インド国内市場におけるプレゼンスも回復した(Ranbaxy Laboratories Ltd. 2010; 2011)。また,第一三共が評価したRanbaxyの研究開発能力も証明された。2012年4月25日,Ranbaxyは,インド企業として初めて,抗マラリア薬の新薬シンリアムをインド市場に導入し,新薬開発においても実績を上げた。

1990年代半ば以降,Ranbaxyはジェネリック医薬品事業のグローバル化の一方で,研究開発(特に新薬開発)への投資を増大させ,漸進的に先発医薬品企業への転身を図るビジネスモデルを追求したが,このビジネスモデルは,Ranbaxyの財務面では大きな負担になっていったと考えられる。そして,Ranbaxyは,最終的には日本の製薬企業の子会社になることを選択した。世界の製薬産業界において,国境を越えた合併と統合が戦略的になされている点を考慮するならば,今回の買収も企業の長期的成長と発展を目的とした戦略的提携の1つとして評価されるべきである。また,第一三共によるRanbaxyの買収は,Ranbaxyの国際競争力の高さを裏付けるものであったと考えられよう。

2014年,第一三共はRanbaxyをインド大手Sun Pharmaceuticalsに売却することを発表した。これによって,日印の製薬大手によるグローバル市場戦略としてのハイブリッドビジネスが終焉を迎えたと同時に,RanaxyはSunに吸収合併されることとなり,1970年代からインド製薬産業を牽引してきたRanbaxyが市場から消えることとなった。第一三共とRanaxyの6年間の軌跡については,第8章第3節で詳述する。

2　Dr. Reddy's Laboratories(ドクター・レッディーズ・ラボラトリーズ)

Dr. Reddy's Laboratoriesは,公企業の研究者が起業した代表的事例であり,

第5章 インド製薬企業の発展

インド製薬産業における研究開発をリードしてきた企業である。

IDPL の研究者

Dr. Reddy's Laboratories も創業したカラム・アンジ・レッディ（Kallam Anji Reddy，以下 K.A. レッディ）は，1941年4月10日にアーンドラ・プラデーシュ州クリシュナ県ヴィジャヤワーダから南へ10キロメートルに位置する，人口1万人ほどのタデパリという町で生まれた。彼の父親カラム・ヴェンカト・レッディ（Kallam Venkat Reddy）は，ターメリックの栽培に従事していた（Reddy 2015: 4-5）。K.A. レッディは，グントゥールのヒンドゥー・カレッジ（Hindu College）の大学準備過程へ進み，植物学，物理学，そして化学を専攻し，そこで英語力も磨いた。彼の父親は，農業大学への進学を望んでいたが，K.A. レッディにはその意思がなく，グントゥールのアーンドラ・クリスチャン・カレッジ（Andhra Christian College）の学士課程に進んだ（Reddy 2015: 6-7）。彼は，アーンドラ・クリスチャン・カレッジで学士（科学）を取得した（Dr. Reddy's Laboratories Ltd. 2010: 10）。両親の支援もあり，彼はさらに研究を進めるため，ボンベイ（現ムンバイ）の化学工学大学（University Department of Chemical Technology: UDCT，現在のインド化学工学研究所ムンバイ（Institute of Chemical Technology, Mumbai: ICT, Munbai）に進学し，国立化学研究所（National Chemical Laboratory: NCL）へと進んだ。UDCT に進学した当時は，繊維工学を専攻していたが，彼自身が製薬のほうにより関心を持っていることに気づき，製薬工学・精製化学工学課程に編入し，製薬工学を学ぶことになった（Reddy 2015: 8-9）。UDCT は製薬産業界とのつながりをもっていた。UCDT は，Pfizer 向けの結核治療薬を製造するパイロットプラント（中規模の実験工場）を有していた。そこで，K.A. レッディは，Pfizer のような工場を作ることを夢見た（Reddy 2015: 9）。

UDCT で学士号（工学）を取得したのち，K.A. レッディは，インド工科大学ボンベイ校（Indian Institute of Technology: IIT, Bombay）の化学科に下級テクニカル・アシスタントとしての職を得た。IIT にはかつて UDCT で教授を務めた N.R. カマト（N.R. Kamath）が教授として在籍していた。K.A. レッディはカ

マト教授に製薬産業で働きたい意思を伝えたところ、Glaxo のステロイド工場の工場長をしていた H.J.V. クリシュナ（H.J.V. Krishna）を紹介された。クリシュナ氏は、K.A. レッディに Glaxo での職を与えることはできないが、マハーラーシュトラ州プネーにある NCL の博士課程に進むことを進言し、紹介状も書いてくれた。1963年、K.A. レッディは NCL に入り、そこで化学工学を専攻し、博士（化学工学）を取得した（Reddy 2015: 10-12）。

そして、1969年、アーンドラ・プラデーシュ州（現テーランガーナー州）ハイダラーバードにある公企業 IDPL に入社した（Reddy 2015: 12）。当時、IDPL はソ連と技術提携をして医薬品を製造していた。

K.A. レッディは、IDPL においてスルファモキソールの開発に従事した。当時、インドはスルファモキソールを輸入に依存していた。IDPL が国産のスルファモキソールの開発に成功したことで、輸入依存を解消し、インドの外貨節約に貢献した。それと同時に、インドにおけるスルファモキソールの需要は大きく、収益性の高い製品であったため、IDPL はインドで最初に国産のスルファモキソールを開発したことで大きな収益を得た（Dr. Reddy's Laboratories Ltd 2010: 13）。K.A. レッディは、IDPL での経験から、輸入医薬品を国産品に代替することは、インドの利益になると同時に大きなビジネスチャンスであることを学んだ。

IDPL は、コストに敏感でなおかつ高品質の製品を生産することに注力し、利益を出すことにも熱心であった。当時、1970年医薬品価格規制令が施行され、医薬品の小売価格は原価＋利益率で算定されていた（詳細は第4章を参照のこと）。医薬品の製造原価が引き下げられれば、医薬品の小売価格も下がる仕組みになった。しかしながら、IDPL は原価表に、実際の製造原価の2倍の製造原価を記載し、インド政府に提出していた（Reddy 2015: 14）。つまり、IDPL は、製造原価を水増しして、利益を出していたのである。良質な医薬品を安価に供給する役割を果たすべき公企業が不正な方法で利益を得ていたのである。K.A. レッディは、40年後、わたしの息子であるサティシュ・レッディ（Satish Reddy）も医薬品価格規制令と格闘しているが、IDPL が採用していた方法に頼ることはしていないとしている。そのマネージャーは、やがて IDPL のトップに就任

し，このことがIDPLの没落であると，K.A.レッディは感じた。そして彼は多くの経験をし，原薬産業で起業するという自信を持たせてくれたIDPLを去ることを決意した。(Reddy 2015: 14-15)。K.A.レッディは，1973年にIDPLを退職し，起業家としての道を歩み始めた。

起業——原薬製造への挑戦

K.A.レッディがIDPLを退職した1973年頃，インド製薬産業をめぐる環境は大きく変化していた。上述の1970年医薬品価格規制令の施行により，医薬品の価格が引き下げられることになった。そして，1970年特許法の成立で，物質特許が廃止され，インドにおいてリバースエンジニアリングを通じた医薬品の模倣製造が可能になっただけでなく，特許保護によって独占的利益を得ていた外資系企業の活動が抑制された。さらに，1973年改正外国為替規制法が制定されたことで，外資出資比率は40％未満まで引き下げられることになった。これら３つの政策により，当時，圧倒的な市場シェアを有していた外資系企業の活動は制限され，インドにおける外資系企業のプレゼンスは後退することとなった。

そして，1975年に設置されたハーティ委員会の報告書をベースとして，1978年医薬品政策が発表された。1978年医薬品政策は，外資系企業の活動を抑制するだけでなく，原材料，原薬段階からの医薬品の国産化の推進を目標とした。1970年代中頃のインドにおいて，原薬製造を牽引していたのはIDPLをはじめとする公企業であった。一方，民間部門における原薬の製造は外資系企業部門のシェアが大きく，民間企業の製造能力は限定的で，Cipla, Ranbaxyそして Unichem といった企業がインド民間企業では原薬製造を牽引していた。しかしながら，インド民間企業の原薬製造は，原薬製造の最終段階の一歩手前の段階からの製造，つまりほぼ完成品（原薬）に近い中間体を原薬に加工するというものだった。そして，当時のインドにおける原薬の製造は，あくまでもCipla, Ranbaxy, Unichemらの自家消費のための製造が主であった。原材料段階から原薬を製造し，それらを製剤企業に提供するという熱意が，当時のインド民間製薬企業にはほとんどなかった（Reddy 2015: 19）。すなわち，1970年代

中頃のインドには原薬を専門に製造する原薬企業はほとんど存在していなかった(2)(Reddy 2015: 20)。

製剤は原薬に添加剤や賦形剤を配合し製造する，言わば「組立加工」である一方，原薬製造は，原材料である化学物質を化学的に変化させて製造するため，製剤の製造に比べ技術的に難しいとされる。製薬産業に参入する場合は，製剤分野に参入するほうが，技術的に参入障壁が低かったため，1970年特許法施行後の新規参入企業は製剤企業が多かった。

しかし，こうした状況を1978年医薬品政策が転換していくことになる。1978年医薬品政策における原薬生産の促進，すなわち原薬の輸入代替の促進は，原薬企業にとって追い風になった。当時，1969年独占および制限的取引慣行法（MRTP法）のもと，大規模企業の産業ライセンスの取得基準は強化されていたが，中小規模の企業の設立については，産業ライセンスの取得は比較的容易であった。この時期，インドでは数多くの製薬企業が誕生し，原薬分野への企業の参入も加速した。

IDPL退職後，K.A. レッディは，メトロニダゾールの製造ライセンスを申請し，年間10トンの製造ライセンスを獲得した。K.A. レッディは，新しい会社，Uniloidsをハイダラーバードで登記し，Uniloidsに投資してくれる3人の投資家（ビジネスパートナー）も見つけ，融資を得た。こうして，K.A. レッディの起業家としての道がスタートした。起業家として，最初に手掛けた製品がメトロニダゾールであった。

当時，メトロニダゾールは，開発企業のRhone-Poulencからライセンスを受けてMay & Bakerのフラジール（Flagyl）がインドで販売されていた。May & Bakerは，自家消費のために中間体を輸入してメトロニダゾール原薬を製造していた。May & Bakerは年間7～8トン生産していたが，ライセンス認められていたのは600キロに過ぎなかった。しかも，生産したメトロニダゾール原薬をほかの製剤業者に供給することはなかった。インドのメトロニダゾールの需要は輸入によって満たされていた。25トンのメトロニダゾールの原薬の輸入は国営貿易公社を通じて行われていた（Reddy 2015: 21）。

当時，メトロニダゾールを生産するのは容易ではなかった。IDPLはすでに

メトロニダゾールの製造についてフィージビリティスタディをある程度実施していたが，しかし製造における問題に直面し，結果的にメトロニダゾールの生産をあきらめた（Reddy 2015: 21）。ハーティ委員会もメトロニダゾールがインドで利用可能になることの重要性を認識しており，メトロニダゾールの製造に必要な外国の技術の獲得を勧告していた（Ministry of Petroleum and Chemicals 1975: 21）。

ハイダラーバードの RRL-H（現 IICT）の図書館で製法の開発をスタートさせ，最終段階において，製品に不純物が混在する問題に直面したが，ついに，K.A. レッディは，インドで初めてメトロニダゾールの原薬の製造に成功した。その日は，まさに研究所と製造施設の落成日でもあった（Reddy 2015: 22-23）。

Uniloids の発足当時，経営は非常に苦しかった。そうしたなか，K.A. レッディは，当時すでに大手インド製薬企業であった Cipla のユスフ・ハミッド（Yusuf Hamid）会長から 1 通の電報を受け取った。その電報には，「メトロニダゾールの製造成功おめでとう。われわれは，2 - メチル（2-Methyl）をいくらか持っている。これをメトロニダゾールに転換することに興味はありますか？」とあった。2 - メチル，すなわち 2 - メチル - 5 - ニトロイミダゾール（2-Methyl-5-Nitoimidazole）は，メトロニダゾールの最終中間体である。Uniloids にとって，最終中間体である 2 - メチルからメトロニダゾールを生成することはたやすいことだった（Reddy 2015: 24）。

Cipla は最終中間体を輸入し，それをメトロニダゾールに転換していたが，それは製剤企業のライセンスを保持するためにそうせざるを得なかったからであった（Reddy 2015: 25）。1978年医薬品政策は，製剤を製造する条件として，原薬を製造することを義務付けた。原薬と製剤の製造比率は，1（原薬）：5（製剤）であった。つまり，5,000万ルピー分の製剤を製造するためには，1,000万ルピー分の原薬を製造しなければならなかった。Cipla のような製剤企業は，製剤の生産量を担保するために，原薬を製造する必要があったのである。

電報を受け取った後，K.A. レッディは，Cipla の本社があるボンベイ（現ムンバイ）に赴き，ユスフ・ハミッドとの商談を成立させた。Uniloids は Cipla

という大きな顧客を獲得した（Reddy 2015: 25）。

　Cipla との取引によって，Uniloids からメトロニダゾール原薬を容易に入手できることがそのほかの製剤企業にも知れるところとなり，多くの製剤企業が独自のブランドでメトロニダゾールを導入するようになった（Reddy 2015: 25）。こうして，Uniloids は，インドでナンバーワンのメトロニダゾールの原薬企業となった。しかし，Uniloids の製品はメトロニダゾールのみであった。インドで国産化されていない原薬は，依然として多数存在していた。K.A. レッディは，生産規模の拡大を望むも，共同経営者はそれを望まなかった。K.A. レッディは，Uniloids を手放し，起業家として次の段階に進んだ（Reddy 2015: 26）。

　メトロニダゾールの成功はインドにおける原薬事業の成長可能性を示したといえる。1980年，K.A. レッディは Standard Organics を創設した。Stadard Organics は，スルファメトキサゾールを最初の製品として選んだ。スルファメトキサゾールは，1958年に日本の製薬企業シオノギ製薬（塩野義製薬）が開発した抗生物質で，Hoffman-La Roche（Roche）にライセンスされていた。Hoffman-La Roche は，スルファメトキサゾールとトリメトプリムの配合剤を開発し，1973年に米国で販売承認を得て，ブランド名バクトリム（Bactrim）で販売した。また，英国の製薬企業 Burroughs Wellcome（現 GlaxoSmithKline: GSK）も配合剤を開発した。Hoffman-La Roche と Burroughs Wellcome はそれぞれの配合剤を，スペトラ（Spetra），セプトリン（Septrin），そしてセプトラン（Septran）というブランドで共同で販売する提携を行ったため，スルファメトキサゾールとトリメトプリムの配合剤は両社にとっての世界的なヒット製品となった（Reddy 2015: 27-28）。

　インドでもスルファメトキサゾール・トリメトプリムの配合剤セプトランはヒットした。セプトランの商業的成功が，Standard Organics が手掛ける最初の製品としてスルファメトキソザールが選ばれた理由であった。IDPL はインドでスルファ剤を年間700トンほど生産していたが，スルファメトキソザールは製造していなかった。民間部門では，Cibutal，May & Baker，Ciba Geigy そして German Remedies など大規模企業が旧世代のスルファ剤を生産する能

力を有していた（Reddy 2015: 29）。1980年当時のインドは，スルファ剤の自給を達成しており，スルファ剤の輸入は劇的に減少していた。インドにおける旧世代のスルファ剤の売上がすでに減少の兆候をみせており，K.A. レッディは，インドで最初にスルファメトキサゾールを導入しなければならないと考えた。インドにおける企業間の激しい競争を生き残るうえでも，他の企業に先駆ける必要があった（Reddy 2015: 29）。

　Uniloids を手放す前から，K.A. レッディは研究室をハイダラーバードのドワラカプリ・コロニーに設立し，そこでインドで初めてスルファメトキサゾールを原料から合成することに成功した。K.A. レッディが取引相手に想定していたのは，当時インドでスルファメトキサゾール・トリメトプリムの配合剤を販売していた Burroughs Wellcome であった。Burroughs Wellcome は，国営貿易公社から Standard Organics の価格よりもかなり高い価格でスルファメトキサゾールを調達していた。Standard Organics は，Burroughs Wellcome に１キロあたり600ルピー，総量１トンでスルファメトキサゾールを供給する契約を勝ち取った。Burroughs Wellcome との取引により，スルファメトキサゾールが Standard Organics のブレークスルー製品となった（Reddy 2015: 29-30）。

　Standard Organics の２つ目の製品は，ピラジナミドである。ピラジナミドは結核の治療薬である。ピラジナミドを製造するために，K.A. レッディは，ジアミノマレオニトリル（DAMN）からのカルボン酸派生物を製造する合成スキームにたどり着いた。カルボン酸派生物は，ピラジナミドの製造に必要な中間体である。K.A. レッディは，DAMN の調達先を日本に見つけた。日本企業からの仕入コストは１キロあたり700ルピーであった。当時，ピラジナミドは１キロあたり1,300ルピーで販売されており，DAMN からピラジナミドを合成すれば利益が出ると考えた。そこで，製法開発のために，１キロを日本企業から調達し，世界で初めて工業規模で DAMN からピラジナミドを合成する製法を開発した（Reddy 2015: 33）。

　日本企業から DAMN を調達しようとしたが，突然のインドからの需要を不自然に感じた日本企業は Standard Organics を訪れ，Standard Organics の

DAMN の調達の目的を理解した。そして，その日本企業は，当時インドで結核薬の主要企業であった Lupin に DAMN を販売し始めた。最終的に，Standard Organics は DAMN から合成する製法はあきらめなければならなかった（Reddy 2015: 35-36）。

　Standard Organics は，スルファメトキサゾールとピラジナミドのほかに，トリメトプリム，アンピシリン，アモキシシリンそしてチニダゾールなどの原薬を製造し，多くの製剤企業へと販売し，インドでナンバーワンの原薬企業に成長した。Standard Organics は輸入原薬を国産原薬に代替し，その価格を大幅に引き下げることに貢献してきた。しかし，K.A. レッディは原薬価格の下落が製剤価格の下落に反映されず，消費者にまで原薬価格の下落の恩恵が届いていないことに違和感を覚えていた。また，医薬品価格が適正になれば，医薬品市場も成長するとも考えていた（Reddy 2015: 37）。

　K.A. レッディは，製剤事業へと参入することを決断したが，Standard Organics の製剤事業の規模は小さかった。外資系企業や Cipla や Ranbaxy のような大手インド企業のビジネスモデルを模倣することが成功の唯一の道であることを理解していたが，既存の製剤企業に対して優位に立てるような新しい方法を考えるようになった（Reddy 2015: 37）。

Dr. Reddy's Laboratories の誕生

　共同経営者との見解の相違により，K.A. レッディは，Standard Organics から離れ，1984年2月，Dr. Reddy's Laboratories を創業した（Reddy 2015: 38）。K.A. レッディは，M.P チャリー（M. Purushothama Chary），ムラリ・ディヴィ（Murali Divi）の2人を共同経営者として迎えた。チャリーは IDPL の同僚，ディヴィは Uniloids で共に働いており，いずれも優れた化学者であった。しかし，過去2度の起業の経験から，Dr. Reddy's Laboratories をチャリーと，そしてディヴィとは新しく創設した Cheminor を経営することにした（Reddy 2015: 42-46）。

　IDPL 出身のチャリーは，医薬品製造に関して膨大な知識を持っており，研究室で開発された製品を速やかにスケールアップすることができた（Dr.

Reddy's Laboratories Ltd. 2010: 27)。

　Dr. Reddy's は，創設当初から規制市場への進出を念頭にして製品を開発していた。Dr. Reddy's が手掛けた最初の製品はメチルドパであった。メチルドパは MSD が開発した高血圧治療薬（血圧降下剤）で，ブランド名はアルドメット（Aldomet）である。

　1985年に，Dr. Reddy's はメチルドパの原薬の商業生産を開始した。当時インドでは，メチルドパは入手できない高血圧治療薬であった（Dr. Reddy's Laboratories Ltd. 2010: 15）。メチルドパは製造が難しい医薬品の1つであった。インドではメチルドパの需要があったものの，インド政府が高価格を理由にメチルドパの輸入を認めていなかった（Reddy 2015: 43）。メチルドパを国産化するため，IDPL がメチルドパの製造に着手していたものの，6ヵ月ごとに，1つのグラスライン容器が爆発する事態が起きるなどの製造工程での問題を抱え，製造中止が決定された（Reddy 2015: 42-43）。K.A. レッディは，IDPL のメチルドパからの撤退を好機としてとらえた。つまり，IDPL からの供給がなくなれば，インドの MSD は民間企業からメチルドパ原薬を調達できることを歓迎すると考えたのだ。また，IDPL が苦労していたように，メチルドパを経済的かつ安全に製造することは容易なことではなかったため，インドにおける競争も激しくないと考えていた（Reddy 2015: 43）。Dr. Reddy's は IDPL が抱えた問題を克服し，1985年に商業生産を実現した（Reddy 2015: 46）。

　当時，医薬品の生産技術において，民間企業よりも公企業がまだ優位にあったことを考慮すると，IDPL が商業化を断念した製品を民間企業が商業化することはまず困難と考えられた。しかしながら，Dr. Reddy's はメチルドパの大量生産に成功し，製造が難しいメチルドパ原薬の商業生産が可能になり，独占的な利益を得ることが可能となったのである。

　Dr. Reddy's のメチルドパ原薬は幸運にも恵まれた。当時，血圧降下剤はメチルドパが主流であったが，プエルトリコ工場の爆発事故により，MSD は原薬を調達することができなくなった。結果的に，世界的なメチルドパの供給不足が生じることとなった。そこで，Dr. Reddy's は MSD にメチルドパ原薬のサンプルを送った。しかしながら，最初はインド企業が MSD の仕様書に沿っ

た原薬を製造することは不可能であると，Dr. Reddy's からのメチルドパ原薬の調達は，検討されもしなかった。しかし，Dr. Reddy's はメチルドパ原薬を改良し，再度 MSD にサンプルを送付したところ，MSD は Dr. Reddy's 製造の原薬が基準を満たしていると判断し，Dr. Reddy's から調達することを決定した (Dr. Reddy's Laboratories Ltd. 2010: 41)。Dr. Reddy's のメチルドパは，MSD に供給されることなり，原薬供給の不足によって瀕死状態にあった MSD のアルドメッドは，Dr. Reddy's の原薬供給により復活を遂げた。そして，Dr. Reddy's のメチルドパは，米国のほかに，西ドイツ，ソビエト連邦，その他欧州諸国へ輸出された (Reddy 2015: 85)。

　メチルドパの成功により，Dr. Reddy's の製品の国際的な信頼は高まり，Dr. Reddy's の名前も知られるようになったと考えられる。

　一方，Cheminor は，1986年にイブプロフェンの製法を独自に開発することに成功した。英国の製薬企業 Boots（現 Alliance Boots Plc.）がイブプロフェンを開発し，製造していた。Boots のイブプロフェンの製法を模倣することも可能であったが，Cheminor は，Boots の製法とは別の新しい製法の開発に成功した。Cheminor の新製法では，Boots のイブプロフェンよりも純度の高いイブプロフェンを製造することができた（Boots の純度99.3％，Cheminor の純度99.8％）(Reddy 2015: 35)。1987年，Cheminor は，初めてイブプロフェンの原薬で米国食品医薬品局の承認を獲得した (Reddy 2015: 113)。インドはイブプロフェンの輸出国として知られていたが，Cheminor（Dr. Reddy's グループ）がその先鞭をつけたといえよう。

　しかしながら，イブプロフェンン原薬の米国輸出は必ずしも順調には進まなかった。1991年，米国の Ethyl Corporation が Cheminor のイブプロフェン輸出に対してアンチ・ダンピング関税と報復関税をかけることを模索していた。Ethyl Corporation の子会社（Whitby Pharmaceuticals）が米国の有力なイブプロフェンメーカーの１つであったためである。米国国際貿易委員会は，インド政府から補助金を得ている Cheminor のイブプロフェン原薬の不当廉売（ダンピング）による米国市場への流入が米国市場に損害を与えていると判断した (Reddy 2015: 113)。米国商務省は，44％の報復関税と116％のダンピング・マージン

をCheminorのイブプロフェン原薬に課した（Reddy 2015: 113-114）。Cheminorは一時的に米国市場からイブプロフェンを引き上げた。しかしながら，Ethyl Corporationが，Cheminorのイブプロフェン輸出が同社に損失を与えていることを証明することができず，不服申し立てを引き下げた。しかし，米国での唯一の代理店であったFlavine Internationalがイブプロフェンの発注をキャンセルしたため，Dr. Reddy'sは米国に拠点を持つことを決め，Cheminorのイブプロフェンに関心を持っていたRussel Corporationの副社長であったキャメロン・リード（Cameron Reid）を迎え，1992年にReddy Cheminorを米国のニュージャージーに設立した。Cheminorは，米国向けの原薬を多数開発し，米国市場におけるDr. Reddy'sの成長が加速していった（Reddy 2015: 114）。

抗生物質市場と製剤分野への参入──低価格戦略の挑戦

インドで最も市場として大きいのは抗生物質市場である。インドでは，製薬企業が持続的に発展していくためには，抗生物質への参入は不可避である。Dr. Reddy'sも抗生物質市場への参入を開始した。1987年に，原薬企業のBenzex Laboratoriesを買収し，半合成ペニシリンのアンピシリンとセファレキシンの製造を開始した（Dr. Reddy's Laboratories 2010: 15）。

K.A. レッディは，フルオロキノロン系の新世代合成抗菌剤への参入を決め，ノルフロキサシンの開発に着手した。ノルフロキサシンは，日本のキョーリン（杏林）製薬が開発した合成抗菌剤である。[3] 外資系企業を除き，インドではCiplaがノルフロックス（Norflox），Ranbaxyがノルバクチン（Norbactin）というブランド名でノルフロキサシン製剤を製造・販売していた。両企業とも，製剤にする最終段階の状態のノルフロキサシンの中間体あるいは原薬を輸入し，製剤を製造していた。両企業とも製剤の導入は迅速だったが，中間体と原薬を輸入していたため，その製造費用は高くなった。CiplaとRanbaxyのノルフロキサシン（製剤）の価格は1錠あたり8ルピーで，当時としては法外な価格だった。中間層が10錠80ルピーを支払うことは当時としては容易ではなかった（Reddy 2015: 64）。

1984年に創業したばかりの新興企業であるDr. Reddy'sは，インドにおける

知名度が低く，医師にもほとんど認知されていなかった。Dr. Reddy's のノルフロキサシンの市場に浸透させ，競争相手である Ranbaxy や Cipla に勝ち，ノルフロキサシン市場でマーケットリーダーになるためには，独自の戦略が必要であった。Dr. Reddy's が採用した戦略は「低価格戦略」であった。K.A. レッディは，マーケティング部門の責任者であった T.R. ブーパティ（T.R. Boopathy）を呼び，Cipla や Ranbaxy の価格の半分でノルフロキサシン製剤を市場に導入した場合，Dr. Reddy's はどの程度市場シェアを獲得できるか尋ねた。ブーパティは，Cipla や Ranbaxy から市場を奪うことができ，インドでナンバーワンになれるが，低価格での販売になるため赤字を抱えることになると回答した。これに対して，K.A. レッディは，Dr. Reddy's は自社で原薬を製造し，製法の効率も良いためコストを抑えられ，大規模生産も可能になるため，収益を生み出せると考えていた（Reddy 2015: 64）。

　Dr. Reddy's は，10錠38ルピー（1錠あたり3.8ルピー）でノルフロキサシン製剤（ブランド名ノリレット（Norilet）をインド市場に投入した。医師たちの処方は，Dr. Reddy's のノルフロキサシンに切り替えられていった。Ranbaxy の医療情報担当者（MR）は，医師に Dr. Reddy's の安価な製品は品質も良くないと告げていたが，医師は Dr. Reddy's の輸出実績を知っており，そうした情報を信じることはなかった（Reddy 2015: 64）。Dr. Reddy's のノルフロキサシンの売上高が急増する一方，Cipla と Ranbaxy のノルフロキサシンの売上高は急落した。Dr. Reddy's のノルフロキサシンの登場により，Cipla も Ranbaxy もノルフロキサシンの価格を引き下げざるを得なくなった。しかしながら，Cipla も Ranbaxy も巨大な営業部門を有していた。Ranbaxy は，Dr. Reddy's の後塵を拝したものの，Cipla は依然として，ノルフロキサシンのマーケットリーダーを維持した。

　こうした事態に，Cipla のユスフ・ハミッドは数年間立腹していた（Reddy 2015: 65）。Dr. Reddy's は，Uniloids 時代より Cipla に原薬を販売していたが，その関係を維持することは経営上重要であった。K.A. レッディは，ユスフ・ハミッドに対し，原薬事業は Cipla のビジネスではないから，原薬は Dr. Reddy's から購入するように説得し，新しい原薬を Cipla へ販売することをは

じめ，Dr. Reddy's と Cipla の新しい関係がスタートした（Reddy 2015: 64）。

ノルフロキサシンは Dr. Reddy's にとって画期的な製品となった。しかし，Ranbaxy はすぐさま Dr. Reddy's を逆転した（Reddy 2015: 64）。Ranbaxy は，ドイツの Bayer が開発したシプロフロキサシンの開発に成功し，1989年にシフラン（Cifran）というブランド名で市場に導入した。その価格は10錠180ルピーであった（Reddy 2015: 65）。Dr. Reddy's はシプロフロキサシン原薬の生産に着手し，1993年の第一四半期ごろまでインドでは唯一シプロフロキサシン原薬を製造できる企業であった。Dr. Reddy's もシプロフロキサシン製剤をシプロレット（Ciprolet）のブランド名で市場に導入した。これによって，インドのシプロフロキサシンの価格は下落した。

Dr. Reddy's は，輸入原薬を国産に代替することで医薬品価格を引き下げることを経営理念の中心においてきた。原薬の価格が下落すれば，製剤の価格も下落する。それは，消費者（患者）の利益となる。そして，安価で良質な医薬品は，医師の信頼を得ることで処方が増大し，売上の増大につながる。Dr. Reddy's が製造する安価で良質な原薬は，Cipla のようなインドの製剤企業にとっても利益となった。そして Dr. Reddy's は原薬を自社製造できたため，製剤の価格を抑えることが可能となった。低価格戦略のもと，Dr. Reddy's は原薬，製剤の両事業で業績を伸ばしていった。

1994年まで，Dr. Reddy's はインドのキノロン系抗生物質市場においてマーケットリーダーの座を維持し，総収入の70％がキノロン系抗生物質によってもたらされた（Reddy 2015: 67）。1991／92年，Dr. Reddy's はシプロフロキサシンの輸出を開始し，同社の製剤輸出の成長を加速していった。1990年半ばには，原薬の輸出を製剤の輸出が上回るようになっていた（Reddy 2015: 84）。

ロシア市場への参入

ロシア市場は，基本的にブランドジェネリック市場であった。つまり，インド同様，ジェネリック医薬品でありながら，ブランド名のもとで販売されていた。ロシア政府は大量の医薬品をインドから入札を経て調達していたが，支払いはインドルピーで実施されていた。それは，大量の防衛調達によってかさん

でいたインドの対ソビエト貿易収支赤字を増やさないためのメカニズムであった（Reddy 2015: 85）。

K.A. レッディはモスクワでの展示会に参加した。そのとき，K.A. レッディは，ソビエト連邦（ロシア）市場に参入すべきだという考えをもった。1991年，ソビエト連邦が崩壊し，ほとんどの製薬企業がロシア市場からの撤退を開始するなか，Dr. Reddy's はロシア市場への参入を決めた（Dr. Reddy's Laboratories Ltd. 2010b: 83, Reddy 2015: 86）。そして，1992年，ロシア市場への挑戦がスタートした（Reddy 2015: 85）。

ロシアでの事業を開始し，発展させたのは，インド理科大学院バンガロール（現在のベンガルール）校の卒業生で機械工学者，海軍司令官を退官したP.V. ヴェヌゴパール（P.V. Venugopal）であった。K.A. レッディは，P.V. ヴェヌゴパールと先述のモスクワの展示会で出会い，1992年に Dr. Reddy's に彼を迎え入れ，ロシアに事務所を開いた（Dr. Reddy's Laboratories Ltd. 2010b: 83, Reddy 2015: 85-86）。

1991年，Dr. Reddy's は初めてロシアへ製剤の輸出を開始した。ロシアでは，シプロレット（シプロフロキサシン）をはじめとする Dr. Reddy's の主要ブランドを登録し，Dr. Reddy's のブランドはロシアにおいてナンバーワンブランドになっていった（Reddy 2015: 86）。

1998年，ロシアは通貨危機に見舞われ，当然 Dr. Reddy's もその影響を受け，損失を出した。危機に際して，ロシア事業を継続するかどうかが問題となった。K.A. レッディは，ロシアからの撤退は回避したかった。その最も大きな理由は，インド製薬産業の発展（特に初期段階）において，ロシア（旧ソ連）が大きな貢献を果たしたことにあった。ロシアが公企業 IDPL に対して技術を提供し，その技術によって，IDPL は原薬を製造できるようになった（Reddy 2015: 88）。

しかしながら，K.A. レッディはロシア撤退について，その判断を息子のサティシュ・レッディ（Satish Reddy）に任せた。ロシアに現地視察後のサティシュ・レッディの結論は，ロシアから撤退すべきではないというものだった。彼はロシア事業の再建に成功した。ロシア通貨危機から2年後の2000年には，ロシアおよびCIS諸国における売上高は1,200万ドルに到達し，その後の4年間

で売上高は3倍以上に増大した (Reddy 2015: 88)。2015／16年のロシアおよびCIS諸国の売上高は，133億ルピー（約266億円，1ルピー≒2円）に達しており，Dr. Reddy's にとって，北米，インドに次ぐ大きな市場を形成している（Dr. Reddy's Laboratories Ltd. 2016: 6)。

こうした Dr. Reddy's のロシア市場への参入は，インドの対ロシア医薬品輸出の拡大に貢献したと考える。表5-3は，1996年以降の製剤（HSコード3004）の主要輸出先である。1990代から2000年代初頭までロシアはインド製薬産業にとって最大の輸出先であり，現在も米国に次ぐ主要市場である。

模倣者（Copycat）から革新者（Innovator）へ

1990年代は，Dr. Reddy's にとって大きな転換期となった。TRIPS協定の義務履行による1970年特許法の改正，つまり物質特許の導入は，Dr. Reddy's の経営戦略にも影響を与えた。Dr. Reddy's は先発医薬品企業を目指し，インド企業として最初に創薬研究（新薬開発）に着手した。Dr. Reddy's は，新薬の研究開発領域として糖尿病を選択した。その理由の1つとして，2型糖尿病のインスリン耐性が問題となっており，欧州，日本そして米国でこの問題の解決に向けた取り組みが始まっていた。こうした努力がチアゾリジンジオンという新しい物質の発見につながり，三共（現第一三共）のトログリタゾンが臨床試験の第3相に進んでおり，チアゾリジンジオンの開発をリードしていた。Dr. Reddy's の当初の目標は，トログリタゾンより優れた物質を発見することだった (Reddy 2015: 154-158)。

1995年7月，Dr. Reddy's は，糖尿病分野の発明で米国で初めて特許を申請した。この特許申請は，インド製薬産業で初の快挙であった（Dr. Reddy's Laboratories Ltd. 2010: 107)。開発された新規化学物質はチアゾリジンジオン系物質で，のちに PPAR アゴニスト（インスリン抵抗性改善薬）の一部であることが明らかになった。Dr. Reddy's は，同物質をバラグリタゾン（Balaglitazon）と命名した (Dr. Reddy's Laboratories Ltd. 2015: 107)。

1997年3月，Dr. Reddy's はバラグリタゾン（DRF2593）をデンマークの Novo Nordisk へライセンスアウトした。Novo Nordisk は，糖尿病治療薬の領

表5-3　インドの主要輸出先（1996/97～2015/16年）　単位：100万ドル

	1996/97		1997/98		1998/99		1999/2000		2000/2001	
1	ロシア	80.0	ロシア	74.2	ナイジェリア	36.6	ロシア	81.2	ロシア	82.3
2	ドイツ	40.2	ドイツ	41.3	ロシア	36.5	ナイジェリア	44.3	ナイジェリア	61.2
3	香港	31.7	ナイジェリア	31.3	香港	34.2	香港	34.8	米国	44.3
4	米国	28.8	香港	28.1	米国	31.9	オランダ	27.7	ベトナム	29.7
5	ナイジェリア	27.4	米国	26.6	ドイツ	25.6	米国	27.3	香港	28.4
6	オランダ	19.9	オランダ	23.6	ベトナム	20.6	ベトナム	22.7	スリランカ	25.6
7	ベトナム	19.6	英国	21.9	スリランカ	20.5	スリランカ	20.8	ウクライナ	23.9
8	スリランカ	17.0	ベトナム	19.4	オランダ	20.2	ドイツ	19.7	ドイツ	23.4
9	ネパール	16.6	スリランカ	17.1	英国	14.4	ネパール	16.7	ネパール	20.3
10	英国	15.2	ネパール	16.2	ケニヤ	12.8	イラン	16.0	オランダ	18.8

	2001/2002		2002/2003		2003/2004		2004/2005		2005/2006	
1	ロシア	77.8	米国	150.0	米国	179.6	米国	202.9	米国	254.1
2	米国	76.5	ロシア	74.6	ロシア	94.8	ロシア	146.1	ロシア	203.0
3	ナイジェリア	62.6	ナイジェリア	58.6	ナイジェリア	70.5	英国	86.6	英国	113.0
4	ベトナム	29.2	英国	43.7	英国	63.4	ナイジェリア	83.6	ナイジェリア	90.2
5	香港	23.5	スリランカ	35.5	スリランカ	39.5	ウクライナ	56.1	ウクライナ	80.9
6	スリランカ	23.1	ベトナム	30.8	ウクライナ	36.2	スリランカ	48.5	ブラジル	61.5
7	ドイツ	22.7	ドイツ	30.2	ベトナム	32.4	ベトナム	38.8	スリランカ	56.1
8	ネパール	19.3	ブラジル	29.9	ブラジル	31.3	ブラジル	31.7	ベトナム	47.3
9	ウクライナ	19.1	ウクライナ	24.4	ドイツ	28.7	アイルランド	30.4	ドイツ	42.9
10	オランダ	16.9	オランダ	23.4	オランダ	27.4	ドイツ	28.5	アイルランド	29.6

	2006/2007		2007/2008		2008/2009		2009/2010		2010/2011	
1	米国	505.8	米国	836.0	米国	805.3	米国	1,112.2	米国	1,697.0
2	ロシア	253.1	ロシア	232.5	ロシア	275.1	ロシア	244.2	ロシア	415.9
3	英国	120.0	英国	172.7	オーストリア	269.9	英国	238.4	英国	260.1
4	ナイジェリア	97.4	ナイジェリア	119.0	南アフリカ	165.4	南アフリカ	174.5	南アフリカ	236.9
5	ウクライナ	96.2	南アフリカ	100.5	英国	163.5	ナイジェリア	138.2	ナイジェリア	160.0
6	スリランカ	73.2	ウクライナ	93.2	ナイジェリア	148.0	ウクライナ	105.7	ケニヤ	131.2
7	南アフリカ	72.5	ドイツ	87.2	ウクライナ	105.1	ドイツ	91.7	ドイツ	128.6
8	ブラジル	71.8	ブラジル	73.9	ブラジル	90.0	ベトナム	91.5	オランダ	123.3
9	ベトナム	59.1	ケニヤ	68.6	ケニヤ	81.2	スリランカ	89.1	ガーナ	108.2
10	ドイツ	52.6	ベトナム	64.8	スリランカ	79.1	ガーナ	87.4	オランダ	104.6

	2011/2012		2012/2013		2013/2014		2014/2015		2015/16	
1	米国	2,380.3	米国	2,922.5	米国	3,319.6	米国	3,613.7	米国	4,825.7
2	ロシア	386.6	ロシア	550.4	ロシア	525.6	南アフリカ	427.6	南アフリカ	516.2
3	英国	322.6	英国	362.6	南アフリカ	440.0	英国	423.0	英国	442.1
4	南アフリカ	267.4	南アフリカ	333.8	英国	381.2	ロシア	404.5	ロシア	347.5
5	ナイジェリア	231.5	ナイジェリア	249.8	ナイジェリア	268.0	ナイジェリア	303.5	ナイジェリア	292.5
6	ドイツ	175.8	ケニヤ	197.4	ケニヤ	186.3	ケニヤ	226.0	ケニヤ	247.4
7	ケニヤ	163.9	ドイツ	192.4	ドイツ	182.5	オーストラリア	169.1	オーストラリア	196.3
8	オランダ	138.4	オランダ	152.9	オランダ	164.2	タンザニア	158.1	タンザニア	159.7
9	スリランカ	121.7	ガーナ	151.7	ガーナ	126.7	オランダ	154.5	オランダ	147.2
10	ガーナ	111.3	ウクライナ	146.5	ウクライナ	106.7	ミャンマー	149.0	ミャンマー	139.3

（出所）　Department of Commerce, Export Import Data Bank Version 7.1-TRADESTAT, http://www.commerce.nic.in/eidb/Default.asp より作成。

域における世界のリーディング企業である。契約の総額は1,500万ドルで、前払金として300万ドルが支払われた。バラグリタゾンが製品化・商業化された場合は、5％のロイヤルティをDr. Reddy'sが受け取ることになった。もっとも重要だったのは、製品化された場合、Dr. Reddy'sが単独でバラグリタゾンを製造し、売上高の8％を製造コストとして得ることとなった（Reddy 2015: 162-163）。バラグリタゾン（DRF2593）は、インドで初めて開発された新薬候補物質であり、初めて多国籍製薬企業に開発のためにラインセンスアウトされた物質であった（Reddy 2015: 163）。それは、インド製薬産業における歴史的快挙であった。第2の糖尿病治療薬候補物質ラガグリタザル（Ragaglitazar）（DRF2725）を開発し、1998年にNovo Nordiskにライセンスアウトした（Reddy 2015: 166）。2001年には第3の糖尿病治療薬候補物質（DRF4158）をNovartisへライセンスアウトした（Reddy 2015: 169）。

　しかしながら、Dr. Reddy'sの創薬の道程は厳しいものとなった。ラガグリタザル（DRF2725）は、臨床試験第1相を順調に進み、第2相に入ったが、投与により腫瘍が発生することが判明し、2002年7月、Novo Nordiskは直ちにラガグリタザル（DRF2725）の臨床試験を断念した（Reddy 2015: 172, Dr. Reddy's Laboratories Ltd. 2003: 38）。さらに、2000年8月に臨床試験第2相に入ったバラグリタゾンも、2004年10月、Novo Nordiskが開発を断念した（Reddy 2015: 174）。Novo Nordiskのバラグリタゾン開発中止の決定には、2003年にNovartisがDRF4158の開発を断念したことが影響している。米国食品医薬品局や欧州医薬品庁も、新しいグリタゾンの物質的な不確実な側面（深刻な副作用の可能性を孕んでいること）を憂慮し、承認しない可能性が高いことが明らかになっていた（Reddy 2015: 174）。

　2005年、デンマーク企業Rheoscienceとバラグリタゾンの共同開発を締結することになった（Dr. Reddy's Laboratories Ltd. 2006: 9, Reddy 2015: 176）[4]。Dr. Reddy'sは、すでに開発投資資金が枯渇しており、これ以上の投資が困難な状況であったが、Rheoscienceが開発資金を負担する条件で、共同開発契約が合意された。Rheoscienceは、開発資金をすべて負担する代わりに、欧州と中国における権利を得ることとなった。Dr. Reddy'sには、バラグリタゾンが米国

で承認された場合には,マイルストーン・ペイメントが保証された(Reddy 2015: 176)。バラグリタゾンは,2007年に臨床試験第3相に入り(Dr. Reddy's Laboratories Ltd. 2012: 6)。そして,2010年には臨床試験第3相の結果が報告され,(バラグリタゾン10mgについて)有効性と安全性が証明された[5]。しかしながら,Dr. Reddy's の新薬開発の挑戦はまだ商業的に成功していない。

　Dr. Reddy's は,よりプラグマティックな研究開発にシフトし,「リスクの小さいイノヴェーション」(Innovation with a lower risk)を掲げた。現在は,皮膚疾患領域と神経疾患領域の2つの領域に創薬の的を絞って研究開発を行っている。2013／14年時点において,15以上の物質がパイプライン(臨床試験などの開発段階)にあり,これらの製品の予想売上高は3,000万ドル〜3億ドルとされている。15の物質のうち,2つの物質が臨床試験第2相と第3相の段階に入っており,Dr. Reddy's 初の米国での新医薬品承認申請(New Drug Application: NDA)の申請を目指している(Dr. Reddy's Laboratories Ltd. 2014: 14)。

　創薬開発の一方,Dr. Reddy's はバイオシミラーの開発に着手した。K.A. レッディは,1990年代末には,バイオテクノロジーへの挑戦を決意していた(Reddy 2015: 124)。1990年代末に,インドでバイオテクノロジー部門に参入した企業はわずか数社で,Shanta Biotechnics(2006年に Sanofi Pasteur に買収された),Bharat Biotech などのワクチン開発企業がハイダラーバードを拠点とした(Reddy 2015: 125)。

　Dr. Reddy's は,これらの企業とは異なり,ワクチンではなく,バイオ医薬品の後発品にあたるバイオシミラーの開発に挑戦した。バイオシミラーは,ジェネリック医薬品と比較して,技術的に開発が難しく,臨床試験を実施しなければならず研究開発コストがかかる。新薬開発よりは,資金的,技術的そして何よりも開発に伴うリスクが小さい。

　Dr. Reddy's は組換え遺伝子技術を使用するバイオ医薬品の開発に着手した。当時のインドには,組換え遺伝子技術を使用したバイオ医薬品は全く製造されていなかった。2001年に,Wockhardt が,組換え遺伝子技術を使用したエリスロポエチンをインドで初めて開発し,市場に導入したが,数ヵ月後,Dr. Reddy's も Amgen が開発した顆粒球コロニー刺激因子製剤(G-CSF 製剤)[6]の

ニューポジェン（Neupogen）のバイオシミラー，フィルグラスチムを導入した。インドにおいては，Amgen からライセンスを受けた Hoffman-La-Roche が製造し，インド企業 Nicholas Piramal（現 Piramal Enterprises）が販売していた。2001年に，Dr. Reddy's は，ブランド名グラスチム（Grastim）でフィルグラスチムの販売承認をインド医薬品管理局から取得し（Dr. Reddy's Laboratories Ltd. 2002: 18），ニューポジェンの半額の価格でインドに導入した（Reddy 2015: 125）。しかし，2001年9月，Nicholas Piramal は独占および制限的取引慣行委員会（Monopolies and Restrictive Trade Practice Commission）に対して，Dr. Reddy's のグラスチムという命名は正しくなく，紛らわしいもので不当な取引慣行であると不服を申し立てた。フィルグラスチムの一部である「グラスチム」をブランド名に使用することで，グラスチムという製品が有効性を証明する様々な臨床試験を経ていると消費者に信じさせるものであるということが不服の主たる内容であった（Reddy 2015: 126）。

この一件は，メディアも含め，全インドを巻き込んだ議論に発展した。メディアは，ニューポジェンとグラスチムは同一ではないと報道するなど，Dr. Reddy's への批判も大きかった（Reddy 2015: 126-127）。こうした議論は，2003年1月に終結する。インド医薬品管理局は，この問題を検証するための専門家グループを設置し，その検証によって，ニューポジェンとグラスチムの間には違いは見つからなかったとの結論が下された。そして専門家グループは，医薬品の一般名に非常に近いブランド名は望ましくないとして，Dr. Reddy's に対してブランド名の変更を勧告した。インドではジェネリック医薬品のブランド名には，一般名の一部を取り入れることが一般的であった。なぜなら，医師が覚えやすいためであった。最終的に，Dr. Reddy's はグラスチムのブランド名をグラフィール（Grafeel）に変更した（Reddy 2015: 127）。

Dr. Reddy's のフィルグラスチム（ブランド名グラフィール）は，ニューポジェンを販売量で上回ったが，わずか2年でその販売量は減少した。新聞の取材に対し，ムンバイの1人の医師は，グラフィールを処方することに医師が躊躇している，つまりグラフィールとニューポジェンが同等かどうか判断できない，あるいはグラフィールを処方することでリスクを負いたくないと考えていると

話した。こうした現象が広がり，Dr. Reddy's の売上は伸び悩んだ。2005年には，ニューポジェンの価格がグラフィールと同等まで引き下げられていたが，グラフィールの売上は，再びニューポジェンを上回った（Reddy 2015: 128）。

　2007年に，Dr. Reddy's は，世界で初めてリツキシマブのバイオシミラーを，ブランド名レディタックス（Reditux）で市場に導入した。モノクローナル抗体リツキシマブは，分子標的治療薬の1つで，非ホジキンリンパ腫に使用される抗がん剤である。2007／08年のリツキシマブの売上高は，1億5,400万ルピーに達した（Dr. Reddy's Laboratories Ltd. 2008: 21）。2010／11年には，前年比で75％成長し，リツキシマブはインドの上位5ブランドにランクインしている（Dr. Reddy's Laboratories Ltd. 2011: 35）。Dr. Reddy's は，2010年7月には，世界で最初にダルベポエチンアルファのバイオシミラーをブランド名クレスプ（Cresp）で市場に導入した（Dr. Reddy's Laboratories Ltd. 2011: 35）。ダルベポエチンアルファは，慢性腎不全による貧血を改善する造血剤である。2011年3月には，G-CSF 製剤のペグフィルグラスチムをブランド名ペグ・グラフィール（Peg-grafeel）として市場に導入した（Dr. Reddy's Laboratories Ltd. 2011: 35-36）。Dr. Reddy's のバイオシミラー4ブランドの売上高（2013／14年）は21億5,900万ルピーに達しており，2002年の3,900万ルピーから55倍に達している（Dr. Reddy's Laboratories Ltd. 2014: 15）。フィルグラスチムは2013年時点で，インドを含め5ヵ国（ウクライナ，スリランカ，ミャンマー，ベトナム），リツキシマブは2015年時点で，インドを含め8ヵ国（ペルー，スリランカ，イラン，ジャマイカ，ミャンマー，ベトナム，ウクライナ）で導入されている（Dr. Reddy's Laboratories Ltd. 2014: 15; Dr. Reddy's Laboratories 2016: 48）。

　2012年には，ドイツの E.Merck の子会社 Merck Serono と抗がん剤分野，特にモノクローナル抗体のバイオシミラーの共同開発契約を締結した。この共同開発契約は，共同開発，製造，そして商業化までカバーする。主として，規制市場向けの製品を開発する（Dr. Reddy's Laboratories Ltd. 2013: 38）。

　Dr. Reddy's のバイオシミラーは商業的に成功を収めているが，依然として米国，欧州，そして日本で承認を取得できていない。2020年に，多数のバイオ医薬品の特許失効が集中する。Merck serono との提携の成否がバイオシミ

ラーにおける成功のカギとなるであろう。また，モノクローナル抗体をはじめバイオ医薬品は，現在，創薬研究の主流にあり，Dr. Reddy'sのバイオシミラーへの研究開発は，将来的にはバイオ医薬品分野での創薬研究への布石となるだろう。

ジェネリックビジネスの拡大

　ジェネリック医薬品事業は，現在もDr. Reddy'sの中核事業である。2015／16年の総収入の83％がグローバルジェネリック医薬品事業からもたらされており，1,281億ルピー（約2,562億円，1ルピー≒2円）に達している。グローバルジェネリック医薬品事業から得る収入の53％が北米地域（米国およびカナダ）によるものであり，754億ルピー（約151億円）に達している（Dr. Reddy's Laboratories Ltd. 2016: 6）。Dr. Reddy'sの最大の市場は，北米，特に米国である。

　1990年代，Dr. Reddy'sは米国市場においてジェネリック事業を拡大していった。Dr. Reddy'sの米国市場への参入は，原薬の輸出（メチルドパとイブプロフェン）から始まったことは先述の通りである。米国における原薬事業は順調であったが，米国でのバリューチェーンを上昇する意味でも，製剤への輸出に挑戦することが重要であった。米国における製剤ビジネスの基盤を構築したのが，G.V. プラサド（G.V. Prasad, K.A. レッディの義理の息子）であった。G.V. プラサドは，ハイダラーバード郊外に米国市場向けの製品を製造するための専用製造施設を設立することを決定し，1996年にそれは完成した。1997年12月，Cheminorはラニチジン製剤が米国で承認された（Reddy 2015）。

　Cheminorは米国において，2社の米国企業（Par PharmaceuticalsとSchein Pharmaceuticals）[7]と提携した。Cheminorはこの2社を通じて，2000年にラニチジンを米国市場に導入した（Reddy 2015: 115-116）。

　1998年，米国でのジェネリック医薬品事業は画期を迎えた。1998年，Cheminorは，Eli Lillyの抗うつ薬フルオキセチンに対してパテント・チャレンジ（patent challenge）による医薬品簡略承認申請（Abbreviated New Drug Application: ANDA）に挑戦したのである。すなわち，「薬価競争および特許期間回復法（the Drug Price Competition and Patent Term Restoration Act of 1984）」（通称

ハッチ・ワックスマン〔Hatch-Waxman〕法）第506条もとでのパラグラフⅣ証明に挑戦したのである。パラグラフⅣ証明とは，ハッチ・ワックスマン法第505条において，ジェネリック医薬品（製剤）の承認申請であるANDAを申請するにあたって4つの書類（パラグラフⅠ～Ⅳ）のいずれかを添付することを求めている。パラグラフⅣ証明は，「対象のジェネリック医薬品が新薬の特許を侵害しない」ことを主張証明する書類であり，ジェネリック医薬品企業は新薬の特許失効前にジェネリック医薬品を発売するために提出する。パラグラフⅣ証明を提出したANDA申請者は，新薬の特許保有者および新医薬品承認申請（NDA）の権利者に，同証明書を提出した旨を通知しなければならない。パラグラフⅣ証明を提出した最初のジェネリック医薬品企業は，180日間の独占的販売権の資格を得る。ほとんどすべてのパラグラフⅣ申請において，ジェネリック医薬品企業は特許保有者である先発企業に特許侵害訴訟を起こされるが，この特許訴訟に勝訴するあるいは先発医薬品企業と和解すれば，ANDA承認を得ることができる。ANDAを獲得することが出来れば，180日間の独占販売期間を得ることができ，大きな収益の機会になるが，逆に敗訴すれば，莫大な訴訟費用負担などのリスクも大きい。

　そして，CheminorはフルオキセチンのパラグラフⅣ証明に成功し，2001年，180日間の独占的販売期間を得た。インド企業として初であった。180日間の独占的販売期間は，米国市場における売上高を急増させた。前年比で58％の成長で，2000／01年の98億4,100万ルピーから2001／02年には155億7,800万ルピーに増大した。フルオキセチンの売上高は，32億8,600万ルピー（6,700万ドル）であり，総売上高の21％に上った。フルオキセチンを除いた成長率は25％にとどまった（Dr. Reddy's Laboratories Ltd. 2002: 2）。180日間の独占販売期間の業績に対する影響力の大きさがうかがえる。

　表5-4はDr. Reddy'sのANDA申請の件数とパラグラフⅣ証明の件数を示している。2000／01年から2003／04年までは，ANDA申請のほとんどがパラグラフⅣ証明によるものである。非常にチャレンジングに米国市場への参入を目指していることがうかがえる。また，パラグラフⅣ証明の累積件数も多い。

　1999年にAstraZenecaのプリロセック（Prilosec），一般名オメプラゾール，

表5-4 Dr. Reddy's Laboratories の ANDA 申請とパラグラフⅣ証明の推移（2001／02〜2015／16年）

	2001／02	2002／03	2003／04	2004／05	2005／06	2006／07	2007／08	2008／09	2009／10	2010／11	2011／12	2012／13	2013／14	2014／15	2015／16
ANDA 申請	11	14	13	13	11	33	19	23	12	21	17	18	13	〈68〉	〈79〉
パラグラフⅣ証明	8	10	8	6	1	7	10	7	6	〈38〉	〈41〉	〈38〉	〈39〉	〈43〉	〈52〉

（注）〈　〉内の数字は累積件数。
（出所）Dr. Reddy's Laboratories Ltd. *Annual Report*, various issues.

Bayer のシプロ（Cipro），一般名シプロフロキサシン，2001年には Eli Lilly のジプレキサ（Zyprexa），一般名オランザピンに対してパラグラフⅣ証明を起こした（Reddy 2015: 116）。プリロセック（オメプラゾール）とシプロ（シプロフロキサシン）のパラグラフⅣ証明には失敗している。このほかに，Pfizer のノルバスク（Norvasc），一般名アムロジンに対して起こしたパラグラフⅣ証明も2004年に敗訴が決定している（Reddy 2015: 118）。

オランザピンは，2011年に180日間の独占的販売権を獲得し，2011／12年の売上高は約1億ドルに達した（Dr. Reddy's Laboratories Ltd. 2012: 3）。2007年に Novartis のゾフラン（Zofran），一般名オンダンセトロンをはじめ4つの製品で180日間の独占販売期間を獲得している（Dr. Reddy's Laboratories Ltd. 2012: 3），2008年に GSK のイミグラン（Imigran），一般名スマトリプタン，2012年，MSD のプロペシア（Propecia），一般名フィナステリドの製品において180日間の独占的販売期間を獲得している（Dr. Reddy's Laboratories Ltd. 2009: 12, 2013: 37）。

表5-4が示しているように，2015／16年の ANDA 申請総数（累積）が79件であるが，そのうちパラグラフⅣ証明は52件に上る。このように，ANDA 申請のなかでも最も難しいパラグラフⅣ申請に注力することで，米国市場での基盤を確立すると同時に，業績の拡大も図ってきた。

2006年6月，Dr. Reddy's は MSD とオーソライズド・ジェネリック（authorised generics）の契約を締結し，プロスカー（Proscar），一般名フィナステリドとゾコール（Zocor），一般名シンバスタチンのオーソライズド・ジェネリックを米国市場に導入した（Dr. Reddy's Laboratories Ltd. 2007: 22）。オーソライズ

ド・ジェネリックとは，先発医薬品企業がジェネリック医薬品企業に特許の使用権を付与し，先発医薬品と完全に同じ成分（有効成分，添加物），同じ製法，製剤技術で製造される。つまり，オーソライズド・ジェネリックは先発医薬品企業公認のジェネリック医薬品である。先発医薬品企業にとって，オーソライズド・ジェネリックは特許失効対策の1つである。米国では，オーソライズド・ジェネリックは，先発医薬品の特許が失効する6ヵ月前から独占販売が認められており，他のジェネリック医薬品企業に先駆けて発売することが可能である。また，先発医薬品と同一であるため，ジェネリック医薬品の販売承認を取得するために義務付けられている生物学的同等試験を省略することができる。オーソライズド・ジェネリックは，他のジェネリック医薬品に先駆けて発売できるため，先発医薬品企業は，他のジェネリック医薬品企業にマーケットシェアを奪われることを防ぐことができる。米国では，ジェネリック医薬品の市場に導入されると，一気に先発医薬品からジェネリック医薬品への切り替えが進むため，先発医薬品企業は，特許切れ対策として，戦略的にオーソライズド・ジェネリックを活用してきた。ブロックバスターと呼ばれる1医薬品で年商10億ドル（約1,000億円）を超える大型医薬品の特許失効が2010年前後に集中したが，これらブロックバスター製品のオーソライズド・ジェネリックは，利益の減少を食い止めるために活用された。子会社にジェネリック医薬品企業を持っている先発医薬品企業は，その子会社にオーソライズド・ジェネリックを販売させ，子会社にジェネリック医薬品企業を持たない企業は，他のジェネリック医薬品企業に特許権を付与してオーソライズド・ジェネリックを市場に投入する。この提携で，MSDは，他の医薬品企業にわたるであろう収益の一部を得ることができたし，Dr. Reddy'sは，オリジナルを一般名で販売するだけであるため，米国食品医薬品局の許可を得るための努力をせずに収益を得ることができる。また，Dr. Reddy'sは，先発医薬品企業に選ばれたジェネリック医薬品企業であり，その世界的な信頼は高いと考えてよいだろう。

第5章　インド製薬企業の発展

3　企業の能力とは

　企業の能力とは，技術の受け入れ（学習・模倣）や技術吸収能力の向上などの技術的能力，既存の経営資源の革新的結合，そして企業家精神などイノヴェーションを起こす能力であり，また，外的な環境や条件の変化が企業の能力の形成に関係すると考えることができる。本章では，インド製薬企業の企業経営史を辿りながら，インドにおける産業政策と企業の能力の形成の関係を具体的に整理し検証してきた。

　インドにおける産業政策や医薬品政策などの変化が，インド製薬企業の能力の形成を促した。1970年特許法は，インド製薬企業に医薬品製造の道を開き，医薬品製造技術の獲得を促した。また，製薬企業の収益性を圧迫する医薬品価格規制令がコスト削減のインセンティブとなり，インド企業は，低コストで医薬品を製造するための製法開発などの技術革新や垂直統合などの企業組織の再編を促進し，競争力を強化していった。

　インド企業は，産業政策や医薬品政策，特許法の改正など外的条件の変化に対応して，新しい製法や新製品の開発，新規事業分野への参入，戦略的提携によって，成長を持続してきた。つまり，インド企業の多くは，環境変化に受動的に対応するだけではなく，環境変化の中に新しい事業機会を見いだし，組織を革新することによって，新しい価値を創造し提供することで成長を遂げてきた。そして，新しい製品の開発や事業機会の開拓には，研究開発能力が決定的に重要であった。つまり，環境変化の中に新しい事業機会を見いだし，組織を革新し，新しい価値を創造する経営革新と研究開発能力を支える技術革新がインド製薬企業の能力の中核であったと考える。

　Ranbaxyの創業者は，医薬品販売会社であるRanbaxy & Co.に出資したことをきっかけに，医薬品事業に参画し，1970年特許法の成立を契機に，本格的に医薬品製造に着手し，製薬企業となった。他方，Dr. Reddy'sは，創業者が公企業IDPLのエンジニアからの転身し，製薬企業を起業した。Ranbaxyは製剤企業としてスタートし，のちに原薬の製造にも着手するようになった。他

方，Dr. Reddy's は原薬企業としてスタートし，のちに製剤企業へと発展していった。創設当時の状況は異なるものの，以上の2つの企業は研究開発を積極的に行い，次々と新しいジェネリック医薬品を開発し，インドに導入することで成長を遂げてきた。両社とも，技術の受け入れ（学習・模倣）や技術吸収能力の向上などの技術的能力，既存の経営資源の革新的結合，そして企業家精神などイノヴェーションを起こす能力（＝企業の能力）を発揮することで成長を遂げてきた。

　本章でとりあげた2つの企業は，産業政策や医薬品政策，特許法の改正など外的条件の変化に対応して，新しい製法や新製品の開発，新規事業分野への参入，戦略的提携によって，成長を持続してきた。つまり，環境変化に対応するだけではなく，環境変化の中に新しい事業機会を見いだし，新しい価値を創造し提供することで成長を遂げてきたといえる。新しい製品の開発や事業機会の開拓には，研究開発能力が決定的に重要であった。両社とも他のインド企業に先駆けて，新薬の研究開発に着手した企業であり，インド企業のイノヴェーションを牽引してきた。そして両社とも，その高い技術力を背景に，多国籍製薬企業との提携を実現し，それを梃子に急速にグローバル化を進めてきた。

　しかしながら，2008年，Ranbaxyは第一三共に買収され完全子会社となったが，Ranbaxyの米国における医薬品の品質管理問題の解決が長引いたことで，第一三共は，2014年，RanbaxyをSun Pharmaceuticalsに売却した。これによって，Ranbaxyというインド製薬産業を牽引してきた企業はインドから消滅した。インドの製薬企業の双璧をなしてきた2社の分岐点とは何だったのだろうか。Ranbaxyは，インドを代表する研究開発型企業ではあったが，2000年代半ば以降，海外でのM&Aによる事業拡大，金融取引による収益の増大を図るようになっていったが，結果的に債務負担の増大を招き，結果的に第一三共に買収されることにつながった。一方，Dr. Reddy'sも新薬開発は停滞したが，ジェネリック医薬品事業を拡大することでそれをカバーしていった。オーソライズド・ジェネリックへの参入やバイオシミラーへの投資など，モノづくりにこだわったビジネスを展開してきた。Dr. Reddy'sの経営者は，創業者のK.A.レッディをはじめ，G.V.プラサド，K.S.レッディともにエンジニア

出身であり,モノづくり,医薬品の研究開発,イノヴェーションを重視している。筆者は,Ranbaxy が起こした米国での品質問題の根本的原因には,経営者のものづくりへのこだわりが欠如していたことがあると考えている。製薬産業においては,M&A による拡大も一般的であり,それも一つの重要な経営戦略である。しかし,それはあくまでも補完的なものであり,製薬企業の競争力の源泉は,イノヴェーションである。イノヴェーションを追求し続けることができる企業が長期にわたって発展と成長を続けるのだと考える。本章では,インドの研究開発指向の製薬企業の双璧をなしてきた Ranbaxy と Dr. Reddy's の企業発展を振り返ってきたが,いずれも成長の原動力となったのは,イノヴェーションを追求する戦略であった。

注

(1) UDCT は,Reliance Industries のムケシュ・アンバニ(Mukesh Ambani),Cadila Pharmaceuticals の創業者であるインドラヴァダン・モディ(Indravadan Modi),Hindustan Lever の前会長の V.G. ラジャダヤクシャ(V.G. Rajadhyaksha)らの起業家や,科学・産業技術評議会(Council of Scientific & Industrial Research: CSIR)の前事務局長の R.A. マシェルカー(R.A. Mashelkar)ら,製薬産業を含む化学産業界をリードする起業家や官僚を輩出している(Reddy 2015: 10)。

(2) 唯一,Alembic が原材料段階から原薬を製造する企業であった(Reddy 2015: 19)。Alembic は,Cipla と並びインドで最も歴史ある製薬企業であり,現在もインド有数の原薬(API)企業である。

(3) K.A. レッディは,キョーリン製薬を訪問し,その研究開発能力を目の当たりにしたとき,今は小さな企業である Dr. Reddy's でも新薬を開発できる日が来ると思ったという(Dr. Reddy 2015: 63-64)。欧米の製薬企業のような大企業ではないキョーリン製薬が世界的に画期的な製品を生み出した事実に,K.A. レッディは希望を持つことができたのだろう。

(4) 2005年には,Rheoscience との共同開発契約のほかに,インドの Perlecan Pharma,英国の Argenta Discovery,Clintec International と共同開発契約を締結した。Clintec International とは,Dr. Reddy's の抗がん剤の新薬候補物質(DRF1042)の共同開発を行うとのことだった(Dr. Reddy's Laboratories Ltd. 2007: 4)。

(5) Dr. Reddy's Laboratories Ltd., "Dr. Reddy's and Rheoscience announce headline

results from First Phase III clinical trial of Balaglitazone (DRF 2593)," Press Release January 04 2010, http://www.drreddys.com/media/press-releases/jan4_2010.html

(6) ガンの化学療法による副作用で，体内の白血球が減少し，免疫力が低下することが起こる。その際，白血球を増やすために，G-CSF 製剤が使用される。フィルグラスチムとは，ガン化学療法による発熱性好中球減少症の発症を抑制する。

(7) Schein Pharmaceuticals との提携は，同社が Watson Pharmaceuticals に買収されたことで解消された（Reddy 2015: 115）。

(8) *Drug Price Competition and Patent Term Restoration Act of 1984 (Hatch-Waxman Amendments)*, https://www.fda.gov/newsevents/testimony/ucm115033.htm

(9) *Ibid.*

第6章

インドと米国
──米国市場におけるインドの躍進と課題──

インド製薬産業にとって，米国は非常に重要な市場である。第1章で概観した通り，総輸出額の30％超が米国市場に向けであるように，米国は，インド製薬産業にとって最大の市場である。インド製薬企業の世界市場における成功は，米国における成功によるところが大きい。世界で最も品質基準が厳格で，参入が難しいとされる米国市場での成功は，インド製薬産業の信頼を高めることにつながり，インド企業のグローバル化の推進に大きく貢献した。

1　印米貿易の推移

まず，米国とインドの関係を医薬品貿易の推移と貿易品目の構造から確認したい。米国は，インドにとって最大の医薬品輸出先であり，医薬品総輸出の32％が米国に向けられている。

米国からの医薬品輸入は微増している一方で，2005年以降，インドから米国への医薬品輸出は急増している（図6-1）。以下では，輸出を牽引している品目は何か，どのような医薬品を輸入しているのか，HSコードの詳細な分類を利用して輸出入の状況を確認したい。

図6-2を見ると，米国への輸出を牽引しているものは，小売用医薬品（製剤）である3004であることがわかる。3004のインドの輸出総額の34％が米国市場向けである。

一方，輸入を見ると，3001，3002が輸入の大半を構成していることが確認できる（図6-3）。3001は「臓器療法用の腺その他の器官（乾燥したものに限るものとし，粉状にしてあるかないかは問わない）およびその他の器官またはその分泌

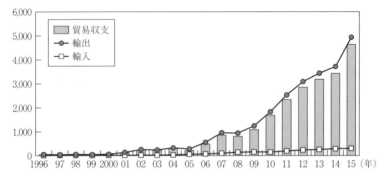

図6-1 インドと米国の医薬品貿易の推移：1996～2015年（単位：100万ドル）
(注) HSコード第30類「医療用品」のうち、医療機器に分類される3005, 3006を除いた貿易額を使用している（統計年度は4月～3月期）。
(出所) Department of Commerce, Ministry of Commerce and Industry, *Export Import Data Bank*（http://www.commerce.nic.in/eidb/）より作成。

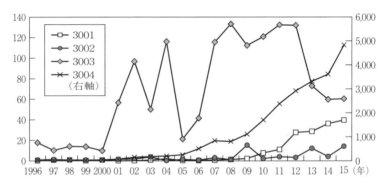

図6-2 米国への医薬品輸出：HSコード4桁分類（単位：100万ドル）
(注) HSコード第30類「医療用品」のうち、3001, 3002, 3003, 3004が医薬品に該当する。各コードの定義は第1章を参照されたい（統計年度は4月～3月期）。
(出所) Department of Commerce, Ministry of Commerce and Industry, Export Import Data Bank（http://www.commerce.nic.in/eidb/）より作成。

物の抽出物で臓器療法用のもの並びにヘパリンおよびその塩並びに治療用または予防用に調整したその他の人または動物の物質（他の項に該当するものを除く）」と定義されており、臓器療法に使用する動物の臓器や臓器製剤である。2013年、2014年では、30019099「ヘパリンの塩、治療用や予防用に調製した人や動物の物質」が最も多く輸入されている。ヘパリンの原料は、牛や豚の腸粘

第❻章　インドと米国

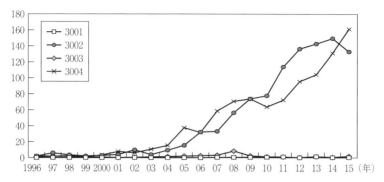

図 6-3　米国からの医薬品輸入：HS コード 4 桁分類（単位：100万ドル）
（注）　HS コード第30類「医療用品」のうち，3001，3002，3003，3004が医薬品に該当する。各コードの定義は第 1 章を参照されたい。統計年度は 4 月～ 3 月期である。
（出所）　Department of Commerce, Ministry of Commerce and Industry, Export Import Data Bank（http://www.commerce.nic.in/eidb）より作成。

膜から採取される。ヘパリンは人工透析に使用される抗凝固剤の 1 つであるため，非常に重要な医薬品である。ヘパリンを製造できる技術水準にインド企業は十分に達していると考えられるが，インドのほとんどの州において，牛保護法を制定し，殺生が禁じられているため，インドでヘパリンを原料から製造することは難しいと考えられる。HS コードの第30類医療用品のなかで，3001のみが貿易収支の赤字を計上しており，その要因がヘパリンの輸入にある（主たるヘパリンの輸入先は中国）。3002は「人血，治療用，予防用または診断用に調整した動物の血，免疫血清その他の血液分画物および変性免疫産品（生物工学的方法によりえたものであるかないかは問わない）並びにワクチン，毒素，培養微生物（酵母を除く），その他これらに類する物品」で，血清，ワクチンなどのバイオ医薬品である。インドは，世界的なワクチン輸出国として知られているが，依然として細胞培養法など高度なバイオテクノロジーを使用したワクチンなどを輸入している可能性が高い。

2　米国市場におけるインド企業の躍進

　米国はインドにとって最大の輸出市場であり，現在のインド製薬産業の躍進

は米国におけるシェア拡大がその主たる要因であるといって過言ではない。1980年代末以降，インド企業は米国市場への参入を開始した。その先駆者となったのが，Dr. Reddy's Laboratories である。インドは，まず，原薬のサプライヤーとして，1990年代中頃以降，米国で頭角を現し始めた。図6-4 は，米国においてインド企業が承認を取得した原薬等登録原簿（Drug Master File: DMF）の推移を示したものである。

1990年代末以降，インド企業は着実にDMF取得をするようになり，2000年代以降，急速にその取得件数を伸ばしている。2006年以降，総DMF件数に占めるインドのシェアは40％を超得ている。以上のように原薬のサプライヤーとしての地位を確立したインドであるが，インドの米国での成功を確かなものにしたのは，製剤での承認取得である。1990年代半ば以降，インド企業は，ジェネリック医薬品（製剤）の承認申請である医薬品簡略承認申請（ANDA）の取得を増大させてきた（図6-5）。DMF取得と呼応するようにANDA取得件数も増大し，2004年以降，取得件数が急増していく。総ANDA取得件数におけるインドのシェアは，2011年に最大となり，56％に達した。

インド企業の米国での躍進の背景には，米国の「薬価競争および特許期間回復法」（通称ハッチ・ワックスマン法）もとでの，米国におけるジェネリック医薬品の使用推進がある。ハッチ・ワックスマン法は，1984年にジェネリック医薬品の市場への早期導入を促進するために制定され，1990年代半ば以降，ジェネリック医薬品企業の米国市場への参入を加速させた。インド企業は，米国のジェネリック医薬品促進政策のもと，高品質と価格競争力を武器に，米国市場におけるシェアを確実に伸ばしていったのである。加えて，最近の急速な米国市場での拡大には，2010年前後に1剤で10億ドル（約1,000億円）を超える年商を生み出す大型医薬品（ブロックバスター）の特許が一斉に失効する「2010年問題」を指摘できる。特許の一斉失効が始まり，ジェネリック医薬品時代が到来したこともインド企業の追い風となった。実際，インド企業のANDA取得件数は，2010年前後に爆発的に上昇している。

しかしながら，こうした要因は，全世界のジェネリック医薬品企業が享受できるものであった。インドが米国において圧倒的シェアを獲得するその要因は

第6章　インドと米国

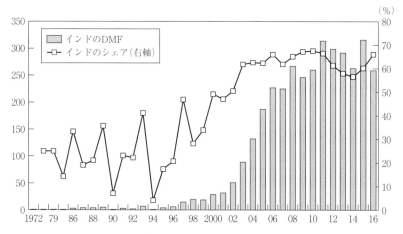

図6-4　インド企業によるDMF取得件数の推移（1972〜2015年）
（注）　インド企業が買収によって獲得したポートフォリオも含まれている。
（出所）　U.S. Food and Drug Administration（U.S.FDA），*DMF LIST*, http://www.fda.gov/drugs/developmentapprovalprocess/formssubmissionrequirements/drugmasterfiles dmfs/default.htm より作成。

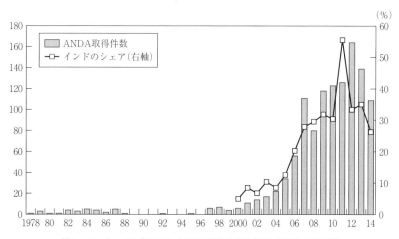

図6-5　インド企業によるANDA取得件数の推移（1978〜2015年）
（注）　ANDA件数には，インド企業が買収によって獲得したポートフォリオも含まれている。
（出所）　U.S. Food and Drug Administration（U.S.FDA），*ANDA (Generic) Drug Approvals Reports*, http://www.fda.gov/Drugs/DevelopmentApprovalProcess/HowDrugsare DevelopedandApproved/DrugandBiologicApprovalReports/ANDAGenericDrug Approvals/default.htm より作成。

何か。それは，インド企業が，ハッチ・ワックスマン法第506条の規定で定められているパラグラフⅣ申請を積極的に行い，180日間の独占販売期間を取得したことにある。

　ジェネリック医薬品は基本特許である物質特許は失効しているが，周辺特許が有効である場合が多い。第1章で解説したように，医薬品を保護する特許には，中核技術を保護する「基本特許」と，周辺技術を対象とした「周辺特許」がある。医薬品の基本特許となるのが，物質そのものを保護する特許である「物質特許」であり，医薬品関連特許で最も重要かつ権利範囲が広い特許である。一般的に，物質特許の有効期間は，当該物質を使用した医薬品を独占的に製造・販売することができ，ジェネリック医薬品企業は市場に参入することができない。一方，周辺特許とは，基本特許が失効した後も，医薬品の製造・販売の独占期間を延長するために取得される特許である。周辺特許には，医薬品の有効成分の製造方法および製造過程に関する製法特許，有効成分がどのような疾患の治療に有効であるか（効果・効能），その適応を保護する，または同じ有効成分で新たな効能効果が発見された場合に取得される用途特許，第4章で詳述したNDDSのように，有効性の吸収や安全性を向上させるような製剤上の安定化や工夫に関する技術を保護する製剤特許がある。先発医薬品企業は利益を守るために，周辺特許を何段階にも分けて取得し，新薬の独占販売期間を延ばす戦略をとる場合も少なくない。ジェネリック医薬品企業は，物質特許の失効後でなければジェネリック医薬品を市場に投入することができないのは当然であるが，物質特許が失効したからといって必ずしも直ちにジェネリック医薬品を市場に導入できるとは限らない。上述の通り，基本特許である物質特許が失効しても，製法・製剤・用途などの周辺特許が有効である場合には，ジェネリック医薬品企業は，異なる製法・製剤・用途で製造販売する，つまりこれらの周辺特許を侵害していないことを証明するか，あるいは周辺特許が無効であることを証明しなければ，ジェネリック医薬品を市場に投入することができない。周辺特許の中には，特許侵害が回避できるものや特許訴訟を経て無効とされるものもあり，ジェネリック医薬品企業は，周辺特許の侵害回避および無効性立証を目指して，研究開発を行うことも少なくない。

米国では，ハッチ・ワックスマン法第506条で，ジェネリック医薬品（製剤）の承認申請であるANDAを申請するにあたって，以下の4つの書類のいずれかを添付することを求められている。

パラグラフⅠ：新薬に関する特許情報は食品医薬品局に提出されていない
パラグラフⅡ：新薬の特許はすでに有効期限が切れている
パラグラフⅢ：今後特定の日付に新薬の特許が失効する
パラグラフⅣ：新薬の特許が，無効，法的強制力がない，または後発医薬品の製造，使用，もしくは販売によって侵害されることはない

パラグラフⅠ，Ⅱが提出された場合，米国食品医薬品局は直ちに販売承認を認める。また，パラグラフⅢの場合は，特許失効日に販売承認が有効になる。ただし，いずれのケースも，ジェネリック医薬品が先発品と生物学的に同等であること（生物学的同等性証明）が証明されている必要がある。そして，パラグラフⅣ証明は，「対象のジェネリック医薬品が新薬の特許を侵害しない」ことを主張証明する書類であり，ジェネリック医薬品企業は，新薬の特許失効前にジェネリック医薬品を発売するために提出する。パラグラフⅣ証明を提出したANDA申請者は，新薬の特許保有者およびNDA（新医薬品承認申請）の権利者に，同証明書を提出した旨を通知しなければならない。パラグラフⅣ証明を提出した最初のジェネリック医薬品企業は，180日間の独占的販売権の資格を得る。

インド企業は，ANDA申請のなかでも最も難しいパラグラフⅣ申請に注力している。ほとんどすべてのパラグラフⅣ申請において，ジェネリック医薬品企業は特許保有者である先発医薬品企業に特許侵害を申し立てた訴訟を起こされる。とりわけ，ブロックバスターと呼ばれる大型医薬品に関してはそうである。ジェネリック医薬品企業は，特許係争に勝訴するあるいは先発医薬品企業と和解しなければ，ANDA承認を得ることはできない。ANDA承認を獲得することが出来れば，180日間の独占販売期間を得ることができ，大きな収益の機会になるが，逆に特許訴訟に敗訴すれば，莫大な訴訟費用負担などのリスク

も大きい。それでは、なぜインド企業はパラグラフⅣ証明に挑戦するのか。それはパラグラフⅣ申請に関する特許訴訟での勝利を梃子に、インド企業は世界市場での存在感を高めてきたからである。Dr. Reddy's について、第5章第3節で詳述したように、パラグラフⅣ証明へのチャレンジはリスクも大きいが、リターンはそれ以上に大きい。パラグラフⅣ証明で米国におけるシェア拡大を図ってきた代表的企業は、Dr. Reddy's と Ranbaxy である。**表6-1**はその代表的案件である。

　Dr. Reddy's、Ranbaxy がパラグラフⅣ申請をした医薬品にはブロックバスター医薬品と呼ばれる大型医薬品が含まれる。例えば、Ranbaxy と Pfizer の特許訴訟では、リピトール（アトルバスタチン）は、ブロックバスター医薬品のなかでも年間1兆3,000億円をたたき出す史上最大の大型医薬品であった。[1]そのほか、プラバコール（プラバスタチン）、Dr. Reddy's ではノルバスク（アムロジピン）、ジプレキサ（オランザピン）、プラビックス（クロピドグレル）、アレグラ（フェキソフェナジン）がブロックバスター医薬品である。Ranbaxy は世界中でリピトールをめぐる訴訟を起こしてきたが、2008年6月、Pfizer と和解し、リピトール特許の無効性を訴えジェネリック医薬品を申請した初のジェネリック医薬品企業として米国で180日間排他販売権を獲得した。[2]パラグラフⅣ申請訴訟での勝利は、インド企業の実力を世界に示すことにつながり、インド企業の製品の信頼も高めることで、世界市場、特に米国でのシェア拡大につながっていった。

　パラグラフⅣ関連の特許訴訟を経て、インド企業が獲得した米国において180日間の独占販売期間を有するジェネリック医薬品である FTF 製品（First to File）も増大しており、FTF 製品全体に占めるインド企業のシェアも平均で30％を超えており、非常に高い（**図6-6**）。

　パラグラフⅣ申請で示すインド企業の技術力の高さは、米国企業との戦略的提携へもつながっている。米国企業とのジェネリック医薬品の供給に関する戦略的提携（**表6-2**）が、米国市場における急速はシェア拡大にも寄与しているものと考えられる。先発医薬品の特許が失効し始めたことに加え、医療費抑制を目的としたジェネリック医薬品促進政策により、先進国におけるジェネリッ

第6章　インドと米国

表6-1　Dr. Reddy's Laboratories と Ranbaxy Laboratories のパラグラフⅣ証明特許訴訟

	一般名（ブランド名）	治療学領域	先発医薬品企業
Dr. Reddy's Laboratories	アムロジピン（ノルバスク） オランザピン（ジプレキサ） オンダンセトロン（ゾフラン） テルビナフィン（ラミシル） クロピドグレル（プラビックス） フェキソフェナジン（アレグラ）	高血圧治療薬 Pfizer 抗精神病薬 5-HT3受容体拮抗薬 抗真菌剤 抗血小板薬 アレルギー性疾患治療薬	Eli Lilly Glaxo Smith Kline Novartis Sanofi/Synthelabo SanofiAventis
Ranbaxy Laboratories	アトルバスタチン（リピトール） ガバペンチン（ニューロンティン） モダフィニル（プロビジル） フェノフィブラート（トリコロール） プラバスタチン（プラバコール）	高コレステロール血症治療薬 抗てんかん薬 ナルコレプシー治療薬 高脂血症治療薬 高コレステロール血症治療薬	Pfizer Pfizer Cephalon Abbott Bristol-Myers Squibb

（出所）　両社の報道資料，プレスリリース，年次報告書（Auual Report）各年版より作成。

ク医薬品の市場が拡大する一方，次世代の新薬候補（パイプライン）も枯渇しつつあり，ブロックバスターと呼ばれる大型医薬品が生まれにくくなっている状況において，先発医薬品企業もジェネリック医薬品事業に参入するようになった。ジェネリック事業に参入することにより，先発医薬品企業は，特許が失効したことで薬価が下がることにより，売上高が減少したとしても，それまでの市場シェアを維持する，あるいはシェアの減少を最小限にすることが可能になる。先発医薬品企業のジェネリック事業への参入方法として，ジェネリック医薬品企業を子会社として保有する（Novartis の Sandoz，Pfizer の Watson など），先発医薬品企業がジェネリック医薬品を製造するケースも見られるが，ジェネリック医薬品企業と提携するケースも増えている。

　ジェネリック医薬品供給に関する戦略的提携の1つとして，近年増加しているオーソライズド・ジェネリック提携である。オーソライズド・ジェネリックとは，先発医薬品企業がジェネリック医薬品企業と契約し，ジェネリック医薬品企業に特許の使用権を与え，先発医薬品と「完全に同一」のジェネリック医薬品として発売することを認めた医薬品である。つまり先発医薬品企業の公認のもと，ジェネリック医薬品企業は先発医薬品と完全に同一のジェネリック医

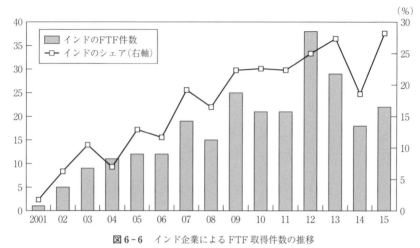

図 6-6 インド企業による FTF 取得件数の推移
(出所) U.S. Food and Drug Administration (U.S.FDA), *ANDA (Generic) Drug Approvals Reports,* http://www.fda.gov/Drugs/DevelopmentApprovalProcess/HowDrugsareDevelopedandApproved/DrugandBiologicApprovalReports/ANDAGenericDrugApprovals/default.htm より作成。

薬品を販売することができるのである。米国ではオーソライズド・ジェネリックの場合，先発医薬品企業から許可を得ることによって特許失効前の半年（180日間）の独占販売期間が認められる。先発医薬品企業は，先発医薬品と全く同じジェネリック医薬品を先行販売することで，シェアの減少を食い止めることができる。事前に，ジェネリック医薬品企業1社とオーソライズド・ジェネリックの契約をすることにより，他のジェネリック医薬品企業にシェアを奪われることを防ぐことができる。一方，ジェネリック医薬品企業側は，オーソライズド・ジェネリックとして，他のジェネリック医薬品に先んじて発売でき，特許侵害に関する研究開発を行う必要がない点がメリットである。一般に，オーソライズド・ジェネリックは，製造を先発医薬品企業が行い，販売をジェネリック医薬品企業が行う。2006年には，Dr. Reddy's が MSD とオーソライズド・ジェネリックの契約をし，プロスカー（Proscar，一般名フィナステリド）とゾコール（Zocor，一般名シンバスタチン）のオーソライズド・ジェネリックを米国市場に導入している（Dr. Reddy's Laboratories Ltd. 2007: 22）。また，Ranbaxy は，Pfizer とのアトルバスタチンをめぐるパラグラフⅣ証明訴訟における

合意の見返りとして，Pfizerと特許係争をしていた「カデュエット（Caduet）」（一般名：ベシル酸アムロジピン／アトルバスタチンカルシウムの合剤）のジェネリック医薬品を販売する権利を得た。パラグラフⅣ申請後の特許訴訟を経て，訴訟相手の

表6-2 米国企業との戦略的提携

インド企業	米国企業	提携内容	提携年月
Aurobindo	Pfizer	供給提携	2009年3月
Claris Lifesciences	Pfizer	供給提携	2009年5月
Zydus Cadila	Abbott	ライセンス・供給提携	2010年5月
Strides Arcolab	Pfizer	ライセンス提携	2010年5月
Biocon	Pfizer	販売提携	2010年10月
Sun Pharmaceuticals	MSD	製造・販売合弁事業	2011年4月
Lupin	Eli Lilly	販売・販促・流通提携	2011年4月

（出所）　各社報道資料より作成。

先発医薬品企業から公認（オーソライズされること）を得て，180日間の独占的販売期間を得ることもある。インド企業は，以上のように，その技術力を梃子に米国市場で存在感を確固たるものにし，原薬サプライヤーから製剤サプライヤー，そして戦略的パートナーへと成長を遂げている。

3　インド企業の製造管理・品質管理体制の揺らぎ

華々しい成功の一方で，近年，米国においてインド製品の品質に対する信頼が揺らいでいる。その契機となったのが，2008年9月，米国食品医薬品局の査察でRanbaxyのGMP違反および製造管理上の問題が発覚し，マディヤ・プラデーシュ州デーワース，ヒマーチャル・プラデーシュ州パオンタ・サヒブの2工場が輸入禁止措置を受けたことである。Ranbaxyの品質管理の問題は，2013年5月に5億ドルの罰金の支払うことで米国食品医薬品局と合意・和解したことで完全解決したと考えられたが，2013年にはパンジャーブ州モハリの製造施設，2014年には原薬工場であるヒマーチャル・プラデーシュ州トアンサの製造施設が，米国食品医薬品局から品質管理上の問題を指摘され，輸入禁止措置を受けたことで再燃した。この問題が原因となって，2014年4月，第一三共はインド大手のSun PharmaceuticalsにRanbaxyを売却することを決定し，買収から6年で第一三共のRanbaxyとのハイブリッドビジネスは終焉を迎え

た（第一三共と Ranbaxy については第 7 章で詳述する）。

　こうした米国食品医薬品局の輸入禁止措置は，Ranbaxy にとどまらず，他のインド企業の品質問題としても浮上した。インドには，米国食品医薬品局の承認製造施設数は約135施設に上り，米国国外では最大数を誇る。図 6 - 7 は，2009年以降の米国食品医薬品局によるインド企業に対する警告書および輸入禁止措置の推移である。2013年に，輸入禁止措置の件数が急増しているが，これは，同年に米国食品医薬品局が，インドにおいて一斉抜き打ち査察を行ったことが背景にある。この査察で，インド大手の Sun, Lupin, Wockhardt の工場が輸入禁止措置の処分を受けた。

　米国の動向は EU やカナダの医薬品当局にも影響を与えた。EU やカナダの当局も，米国におけるインド製品の品質問題を憂慮し，インド企業の製造施設に対し査察を実施し，相次いで輸入禁止措置をとった。現在も，米国食品医薬品局の抜き打ち査察は頻繁に実施され，警告書（Warning Letter），輸入禁止措置などの処分がインド企業に下されている。例えば，2015年 1 月22日，米国食品医薬品局は Ipca Laboratories のマディヤ・プラデーシュ州工場で製造された製品に対し輸入禁止措置を発令し，同社は米国市場への API（原薬）輸出を停止に追い込まれた。さらに，2015年の 3 月には同社の 2 つの製剤工場（ダドラ・ナガル・ハーヴェリーおよびマディヤ・プラデーシュ州）で製造されている製品に対して輸入禁止措置が発令された。近年，米国でのシェアを拡大していた Ipca にとって，これらの措置は大きな痛手となった。

　インド企業は米国のジェネリック医薬品推進政策の最大の受益者である。つまり，インド企業は，Pfizer やその他の欧米企業の利益に切り崩してきているとも言える。こうした警告書や輸入禁止措置は，輸出に影響を与え，企業の対米輸出依存度が大きければ大きいほど，減収減益が深刻となる。実際に，輸入禁止措置を受けた企業の売上の40％近くは米国市場によるものである。ANDA や DMF の承認申請をしている製品が，警告書や輸入禁止措置を受けた製造施設で製造することが予定されている場合，製造施設の品質管理上の問題が解決されるまで，販売承認が下りない。つまり，すでに輸出している製品のみならず，将来の輸出製品にも計り知れない影響を与える可能性がある。

第６章　インドと米国

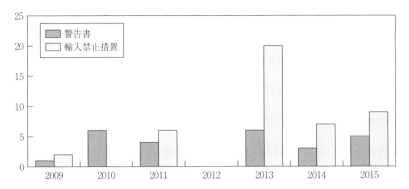

図6-7　米国食品医薬品局による品質管理に対する警告書および輸入禁止措置
(注)　輸入警告は施設数(同一施設で製造されるすべての品目毎に発令される)
(出所)　U.S. Food and Drug Administration (U.S.FDA), http://www.fda.gov/default.htm より作成。

　インド企業側は，米国食品医薬品局と協議しながら，品質管理上の問題を解決する一方で，自社で製造施設や製品の問題を見つけ，米国食品医薬品局の査察で発覚する前に，自ら対処する傾向が増えてきた。インド企業による品質問題を理由とした製品の自主回収の増加である。2014年，Wockhardtはメトプロロールコハク酸塩の徐放錠剤，8,712瓶の自主回収を決定した（PTI 2014a）。2015年，Zydus Cadilaは，ベンゾナテートのカプセル19,536瓶を自主回収した（PTI2015）。以上の自主回収も収益に影響を与えるが，輸入禁止措置の影響に比べれば小さいものと考えられる。米国食品医薬品局に品質問題を指摘される前に自主回収することで，マイナスの影響を最小限に食い止めようとするインド企業の意図がみえる。
　こうしたインド製品の品質の揺らぎは，インド企業の製造管理よび品質管理体制が完全でなかったことを示している。成長を優先させるため，コスト競争力を維持する目的で品質管理コストが十分でなかった企業の体質に問題があったと考えられる。
　また，米国市場におけるインド製品のシェア拡大が米国品医薬品局の査察の強化につながったことにより，従来見過ごされてきた問題が指摘されるようになったともいえる。実際に，2014年2月，米国食品医薬品局のマーガレット・

ハンブルグ局長の初訪印の際に，米国のジェネリック医薬品市場の40％以上をインド製品が占めており，米国国民の安心と安全を担保するためにはインドに所在する製造施設を厳格に審査することは必要不可欠であると発言している（Mint 2014）。

米国市場におけるインド製品の品質問題は，インド企業の製造管理および品質管理体制の見直しによって改善されてきた。こうしたなか，インド政府は，製薬産業全体の製造管理および品質管理体制を底上げするために，「医薬品査察協定および医薬品査察協同スキーム（Pharmaceutical Inspection Convention: PIC, Pharmaceutical Inspection Co-operation Scheme: PICS）」（通称 PIC/S）への加盟の検討を開始した。PIC/S とは，各国政府や査察機関の間の GMP における協力機関で，その目的は，品質システムおよび GMP 基準の世界調和とその開発，展開および維持である。1970年に，欧州自由貿易連合（European Free Trade Association: EFTA）の10ヵ国（オーストリア，デンマーク，フィンランド，アイスランド，リヒテンシュタイン，ノルウェー，スウェーデン，スイス，ポルトガル，英国）で，PIC が開始された。1995年に PIC から，PIC/S が結成された（前田 2010）。

インドの PIC/S 加盟は，商工省が推進しているが，その目的は，インドの医薬品の製造管理・品質管理水準を世界水準に引き上げる，あるいは調和させることにより，より多くの規制市場への参入を促進することであると考えられる（Kesireddy 2015）。

2008年以降，インド企業の米国の GMP 違反が表面化し，米国がインド企業に対し医薬品の輸入禁止措置を科したことが，欧州医薬品庁のインドへの査察の強化につながり，欧州医薬品庁による輸入禁止措置の増加にもつながった。インドの製造管理・品質管理体制に対する信頼が揺らぐと同時に，米国および欧州への輸出が禁止されたため，企業の業績にもマイナスの影響が出ることとなった。2016年，インド政府は，インドの製造管理・品質管理を徹底化させるため，保健家族福祉省の中央医薬品基準管理機構（CDSCO）に製造施設の抜き打ち査察を実施させることを計画した（Raghavan 2016）。インド政府は，こうした監視体制の強化の目的を国内市場から品質基準を満たさない医薬品を締め

出すこととしているが，米国食品医薬品局の査察方法に従って実施されることからも，CDSCO による査察を徹底化させることで，インド政府主導で米国食品医薬品局に警告書や輸入禁止措置を発布されない製造管理・品質管理体制を作ることにあると考えられる。

　大手企業の品質管理問題は改善の兆しを見せている。Sun のパンジャーブ州モハリの製造施設（Ranaxy が保有していたインドでも先端かつ最大の製造施設で，SEZ の指定を受けている）に対する輸入禁止措置が2017年3月に解除された（Mukerjee 2017）。しかしながら，2017年においても，米国によるインド企業に対する輸入禁止措置や警告書の発布は続いている。それは，対米医薬品輸出を行うインド企業が数多くあることを示してもいる。

4　知的所有権制度をめぐる問題

　インド企業は欧米の先発医薬品企業との特許係争での勝利を梃子に，世界市場，特に米国市場での存在感を高めてきた。Ranbaxy や Dr. Reddy's はその代表格で，米国での180日間の独占的販売権から利益を得てきた。一方，インドでは，Pfizer の抗悪性腫瘍剤「スーテント」の特許に対し，インド大手の Cipla が異議申し立てを起こし，2013年にインド特許意匠商標総局によって特許が無効化された（Krishnan 2013）。2008年には，インドの Natco Pharma が，「スーテント」のネパール輸出を目的として，強制実施権許諾の申請をした（ネパール政府が積極的ではなく，インド政府は強制実施権を実施しなかった）（Unnikrishnan 2008）。このように，インドは，Pfizer をはじめ欧米の先発医薬品企業の利益に切り込んでいる。

　こうした状況において，米国のインドに対する知的所有権に関する圧力は高まっていった。2014年4月末，米国通商代表部はスペシャル301条報告書を公表した。インドの優先国指定は見送られたが，インドに対しては，知的所有権の保護や執行が不十分であると深刻な懸念が表明されている（USTR 2014）。

　その後も，米国通商代表部は，スペシャル301条報告書で，インドでは知的所有権の保護や執行が不十分であると深刻な懸念を表明してきた（USTR 2015;

2106)。米国食品医薬品局のインド企業に対する厳しい措置の背景には、米国市場でシェアを高めるインド企業に対して強い脅威を感じている先発医薬品企業による圧力があることは否定できないように思われる。米国研究製薬工業協会（PhRMA）は、スペシャル301条報告書に対する意見書において、現在、優先監視国のカテゴリーに分類されているインドを、優先国に指定し、インドの調査とインド政府との協議に入るべきであると勧告している（PhRMA 2013: 24-29）。

インドでは、特許医薬品については、供給量が不十分で、現地製造されておらず、価格が適切な水準ではないと判断されれば強制実施権の対象となりうるとされているが、インドは特許が付与された3年後にインドで現地製造されていない製品は、強制実施権の候補になりうると考えている。インドでは特許医薬品の約90％が輸入されており、これらの特許医薬品が強制実施権の対象となりうる。こうした特許法の運用面における不安から、外資系企業は、新薬のインドへの導入を見合わせる、あるいはインドから撤退している。たとえば、インドが最も導入を期待している大塚製薬の抗結核薬の新薬デラマニドは未だインドに導入されていないし、Novartis は、慢性閉塞性肺疾患（COPD）の治療薬オンブレスを、Bristol Myers Squib は、分子標的治療薬ダサチニブをインド市場から撤退させることを決めている（Mukherjee 2014）。

米国がインドへの圧力を強めるなか、インドにおける特許訴訟の動向に変化がみられるようになった。インド企業による特許侵害が認定されるようになってきたのである。この背景には、インドと米国の関係の変化がある。2014年4月末、米国通商代表部はスペシャル301条報告書を公表した。インドの優先国指定は見送られたが、インドに対しては、知的所有権の保護や執行が不十分であるとして深刻な懸念が表明され（USTR 2014）、インドと米国との間の知的所有権分野の紛争について評価するための作業部会（IPR Working Group）の立ち上げが決まった。2014年12月に、インドにおいて、国家知的所有権政策草案（National IPR Policy first draft）が発表された（DIPP 2014）。これを受けて、2015年のスペシャル301条報告書においては、インドは引き続き優先監視国ではあるものの、モディ政権が知的所有権制度の問題に取り組み、改革に対する認識

第6章　インドと米国

が生まれていることを評価している（USTR 2015）。そして，2016年には，国家知的所有権政策（National Intellectual Property Right Policy）が発表された（DIPP 2016）。

　こうした米国からの知的所有権制度に対する圧力に配慮したのか，インド企業による特許侵害を認定するあるいはジェネリック医薬品の製造販売の停止を命令する事案がでてきた。2013年に始まった MSD と Glenmark の 2 型糖尿病薬「シタグリプチン（ブランド名ジャヌビア，ジャヌメット）」をめぐる特許侵害訴訟において，2015年 3 月，デリー高裁が Glenmark の 2 製品の製造・販売停止命令を下した（Mint 2015）。また，Cipla と Roche の抗がん剤「タルセバ」をめぐる特許訴訟においても，2015年11月，デリー高裁が Cipla の特許侵害を認定した。これらの訴訟において，当初は，インド企業の特許侵害は認定されず，インドにおいてジェネリック医薬品を製造販売することが認められていたが，一転して，多国籍製薬企業に対して有利な裁定が下された。

　また，2015年 1 月，インド特許意匠商標総局は2013年に承認された Gilead の C 型肝炎治療薬のソバルディ（一般名ソホスブビル）の特許出願を拒絶査定した。拒絶査定の理由は，既存の薬品に対して著しい治療効果を付加するものではないと，2005年改正特許法第 3 条(d)項に基づく判断だった。また，ソバルディの特許付与に対しては，インドの製薬企業 Natco Pharma とニューヨークの NPO 法人 I-MAK（Initiative for Medicines, Access & Knowledge）が特許付与に対して異議申立訴訟を起こしていた（Silverman 2015）。一方，Gilead はインド企業11社（Cipla, Hetero, Aurobindo など）にライセンス供与し，インドを含む101の途上国で，ソホスブビルのジェネリック医薬品を販売することを認めていた（Kalra and Zeba 2014）。そのため，インドのソホスブビルの価格は，Gilead のソバルディよりも引き下げられていた。Gilead は，間接的ではあるがソホスブビルをインドで現地生産し，適正な価格でなおかつ十分な供給量を確保する努力を行っているし，ライセンス提携によるインドへの技術移転も実施されていた。

　2016年 5 月，インド特許意匠商標総局は，一転して，ソホスブビルに特許付与することを決定した（Beasley 2016）。1 ヵ月前の2016年 4 月12日に，米国通

商代表部は2016年スペシャル301条報告書を公表したが，インドは依然として優先監視国にとどめおかれた。スペシャル301条報告では，インドが知的所有権保護の改善努力をしており，インドの裁判所も公正な判断をし，インド企業と外資系企業の双方に思慮ある待遇をしていると評価し，そしてインドの強制実施権の実施に関する透明性の高いプロセスを歓迎しながらも，知的所有権制度の長年の系統的な不備を解決する機会を逸しているとしている（USTR 2016: 38）。米国政府とインド政府が作業部会を設置し，インドの知的所有権制度の運用について議論を重ねており，おそらく，2016年5月に国家知的所有権政策が発表されることを米国は事前に知っていたためであると考えられる。2016年，スペシャル301条報告では，特に，製薬産業は知的所有権保護をめぐる問題に直面しており，2005年改正特許法第3条(d)項の適用の不規則性，強制実施権に関する2005年改正特許法第85条および92条，そして公共の利益のためにする特許の取り消しについて定めた第66条の透明性の欠如を改善すべき問題として指摘している（USTR 2016: 39; 41-43）。今回のGileadへの特許付与には，2016年スペシャル301条報告の内容が影響を与えた可能性もある。スペシャル301条報告では，知的所有権制度のほかに，インドで開発された技術を使用し現地生産された医薬品が医薬品価格規制の免除の対象とし，医薬品を含む革新的な製品の輸入関税を引き上げることによって，現地生産を促そうとしていることに対しても否定的な立場を表明している。

5　今後の展望

インドと米国の関係は複雑である。国民皆保険制度がなく，医療費が莫大な米国において，ジェネリック医薬品は必要不可欠である。インドは，米国に対し，安価で良質のジェネリック医薬品を供給し，米国の医薬品アクセスの向上に貢献してきたことは疑いようがない。その一方で，インド製のジェネリック医薬品が米国ジェネリック医薬品市場の40％以上を占める状況が続いており，米国製薬産業の利益に食い込んできたことも間違いない。また，米国製薬企業はインドにおける特許訴訟でことごとく敗訴している状況が続いている。こう

第6章　インドと米国

した状況は，米国側から見れば，インドの独り勝ちであり，米国とインドの間にウィン-ウィン（Win-Win）の関係が成立しているとは言えない。インドの独り勝ちへの苛立ちが，スペシャル301条報告にもにじんでいる。インドは，現在のところスペシャル301条のもとでの優先国入りは免れており，経済制裁の対象とはなっていないが，インドは依然として優先監視国であり，引き続きインドにおける市場アクセスや知的所有権制度の改善を求めた要求をしてくるものと考えられる。米国の大統領のトランプ氏は，保護主義を掲げている。インドのモディ政権が，Make in India（インドで作ろう）を掲げているが，トランプ政権も米国国内で製造することを企業に求めている，つまり Make in US である。インド企業は今後，米国の Make in US とインドの Make in India の選択を迫られる可能性がある。

注

(1) リピトールは，もともとは，ワーナー・ランバートが開発した医薬品であるが，Pfizer が同社を買収したことで，Pfizer の製品となった。リピトールに関しては，製薬企業1社を買収するコストよりもはるかに巨大な利益を生み出す製品となった。

(2) Pfizer Inc., "Pfizer and Ranbaxy Settle Lipitor Patent Litigation Worldwide," *Press Release*, June 18 2008, http://press.pfizer.com/press-release/pfizer-and-ranbaxy-settle-lipitor-patent-litigation-worldwide

(3) Ranbaxy Laboratories Ltd., "Ranbaxy LAUNCHES AUTHORIZED GENERIC VERSION OF CADUET® IN THE U.S.," December 6, 2011, http://www.ranbaxy.com/ranbaxy-launches-authorized-generic-version-of-caduet-in-the-u-s/

(4) U.S. Food and Drug Administration, "FDA Issues Warning Letters to Ranbaxy Laboratories Ltd., and an Import Alert for Drugs from Two Ranbaxy Plants in India

　Actions affect over 30 different generic drugs; cites serious manufacturing deficiencies," *FDA News Release*, September 16, 2008, http://www.fda.gov/NewsEvents/Newsroom/PressAnnouncements/2008/ucm116949.htm

(5) U.S. Food and Drug Administration, "FDA prohibits manufacture of FDA-regulated drugs from Ranbaxy's Mohali, India, plant and issues import alert," *FDA News Release*, September 16, 2013, http://www.fda.gov/newsevents/newsroom/

pressannouncements/ucm368445.htm; U.S. Food and Drug Administration, "FDA prohibits Ranbaxy's Toansa, India facility from producing and distributing drugs for the U.S. market," *FDA News Release*, January 23, 2014, http://www.fda.gov/newsevents/newsroom/pressannouncements/ucm382736.htm

第7章

インドと日本
――投資の拡大と課題――

　日本の製薬産業は，世界市場で高い競争力を持ち，躍進しているインド製薬産業（との提携）への関心を高めると同時に，経済成長著しいインドを新しい市場として見るようになった。一方，インド製薬産業は，医療費抑制を目的としたジェネリック薬品促進政策を推進する日本への参入を加速させている。近年，製薬産業部門における日本企業とインド企業の提携が増加している。

1　日印の医薬品貿易の推移

　1980年代末から最近までの日本とインドの医薬品貿易の推移から，日印関係を確認したい。

　2000年代までの貿易額は横ばいで，3億円前後を推移している。1997年までは，1992年，1993年を除き，日本はインドに対して貿易収支黒字を計上している。1997年以降は，一貫して貿易収支赤字を計上しており，その赤字幅な年々増大している（**図7-1**）。インドからの輸入は，2003年以降急増しており，2013年には倍増している。インドに対する輸出も2003年以降徐々に増大している。2013年において，インドからの医薬品輸入は，医薬品総輸入額の約8％である。インドへの輸出は，医薬品総輸出の約0.4％に相当しており，日本におけるインドのプレゼンスは大きくない。2012年，インドの医薬品総輸入に占める日本の割合は約1％であり，医薬品総輸出にしめる日本への輸出の割合は，約0.7％であり，インドの医薬品総貿易に占める日本のシェアもかなり小さい。(1)

　2011年，インドからの医薬品輸入が急増しており，品目としては，HSコード3004の小売り用の医薬品の輸入が増加しており，300490029（その他のもの），

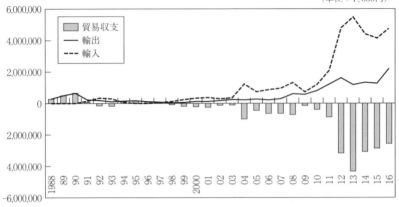

図7-1　日本とインドの医薬品貿易の推移——1988〜2016年

（注）　HSコード第30類「医療用品」のうち，医療機器に分類される3005，3006を除いた貿易額を使用している。統計年度は1月〜12月期である。
（出所）　財務省，『貿易統計』より作成。Ministry of Finance, Government of Japan, Trade Statistics of Japan, various issues（http://www.customs.go.jp/toukei/info/index_e.htm）

300490024（その他のもの），300420000（その他の抗生物質を含有するもの）などが多い。インドからの輸入の90％以上が小売り用医薬品である。一方，インドへの輸出品目で多いものは，300420000（その他の抗生物質を含有するもの）300220000（人用のワクチン），300490900（その他のもの），300450000（その他の医薬品でビタミンその他の物質を含有するもの），300290000（その他のもの）である。

2　日本市場における動向

日本市場におけるインド製薬産業

第1節で概観した通り，インドからの医薬品輸入は急速に増大している。インドからの医薬品輸入の背景には，①薬事法改正によって製造工程の外部への委受託が可能になったこと，②2007年に日本政府がジェネリック医薬品の使用促進の方針を明確したことを指摘できる。

①については，2005年の薬事法改正により，医薬品の承認制度が改正され，厚生労働省に承認申請する際の要件が「製造承認」から「販売承認」に変更さ

れた。これによって，製薬企業は，製造設備の保有義務を負わずに済み，自社で製造を行わずに医薬品事業を展開することが可能になった。従来は，国内で医薬品販売承認を受ける場合は，品質と安全性を確保する目的から，製造工程（原料から中間体，原薬から製剤）のうち最低1つの工程については，製造設備を保有し，自社で製造することが義務付けられていた。こうした義務は，国内の製薬企業の製造における合理化を妨げていた。薬事法の改正により，製造コストの低減を目的とした外部製造委託が活発化していくことになった。先発医薬品企業は，新薬の研究開発に経営資源を集中させるために，制度改正を機に，生産体制の合理化を加速するために，製造部門の外部委託を進めることが予想された。

②については，2007年，「経済財政改革の基本方針2007」において，2012年度までにジェネリック医薬品のシェア（数量ベース）を30％以上にするという数値目標が設定された（内閣府 2007: 25）。また，同年，厚生労働省はジェネリック医薬品に関する安定供給・品質確保・情報提供などの充実・向上と使用促進を図るための「後発医薬品の安心使用促進アクションプログラム」を策定した（厚生労働省 2007）。ジェネリック医薬品の処方を促進するために，2008年，2010年，そして2012年に診療報酬および調剤報酬を改定した。そして，2013年には「後発医薬品のさらなる使用促進のためのロードマップ」が策定され，ジェネリック医薬品のシェアを2018年度までに60％以上にすることを目標とした（厚生労働省 2013: 3）。

海外企業への製造委託が可能になったことにより，日本企業のインドへの製造委託も進展していったと同時に，世界第2位の医薬品市場である日本のジェネリック医薬品市場への成長を見込んだインド企業の日本進出が促進されたといえる。

インドからの医薬品輸入の増大は，原薬等登録原簿（Master File: MF）の登録件数や外国製造業者の認定（Accreditation of Foreign Manufacturer: AFM）の取得数に表れている。

原薬等登録原簿（MF）制度とは，医薬品（製剤）の製造に使用している原薬等の品質・製造方法等に係るデータを，原薬等の国内又は外国の製造業者が，

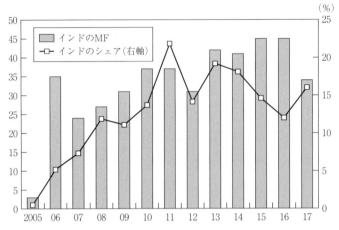

図 7-2 インド企業の原薬等登録原簿 (Master File: MF) の登録件数
(出所) 独立行政法人医薬品医療機器総合機構 (PMDA), 医薬品医療機器法第八十条の六第 3 項の規定に基づく原薬等登録原簿の公示より作成。

審査当局に任意で登録を行う制度である。**図 7-2** はインド企業が登録したMF件数およびインドのシェアの推移である。インドは2005年の3件から2006年に35件に増大し，それ以降コンスタントに登録件数を伸ばしている。

インド企業（インドで操業する外資系企業も含む）が日本で承認をえたMF件数は，2016年12月31日時点で，372件であった。総MF承認件数にしめるインドのシェアは12％である。

日本においてMFの登録申請するためには，外国製造業者は，AFMの認定を取得することが義務付けられている。MF件数の増加に比例して，インドのAFMの登録件数も増加している（**図 7-3**）。

2017年12月31日時点で，インドのAFM取得施設数は266施設に上る。**表 7-1** は，国別のAFM取得件数を示している。AFM取得件数が最も多いのが中国で511施設，次いで米国，そしてインドは第3位につけている。

インドは，MF，AFMの登録件数を着実に拡大しており，日本のインドからの医薬品輸入も増加している。しかしながら，インド企業の日本におけるプレゼンスは，米国市場とは異なり，依然として小さいと言わざるを得ない。

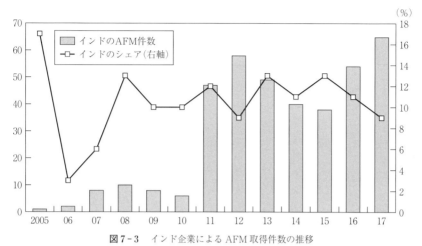

図7-3 インド企業によるAFM取得件数の推移
（出所）独立行政法人医薬品医療機器総合機構（PMDA），認定・登録外国製造業者リストより作成．

Lupin ——日本参入の成功事例

次に，日本に進出したインド企業の成功事例として評価されているLupinの事例について，検討したい。

Lupinは，2007年に日本のジェネリック医薬品企業共和薬品工業を買収した。Lupinの共和薬品の戦略的買収によって，Lupinは，日本におけるトップ10に入るジェネリック医薬品企業となることを期待した。Lupinは，共和薬品の豊富な製品ポートフォリオ，世界クラスの研究開発施設と製造能力を評価した（Lupin Limited 2008: 10; 34）。Lupinが医薬品の製造開発を行い，共和薬品は日本で承認を取得するための，試験や承認申請などを行う。共和薬品

表7-1 国別外国製造業者認定施設数（AFM）上位15ヵ国

	所在国	AFM取得施設数
1	中　国	511
2	米　国	401
3	インド	266
4	ドイツ	215
5	イタリア	165
6	韓　国	161
7	フランス	141
8	スイス	97
9	英　国	96
10	スペイン	73
11	台　湾	69
11	アイルランド	69
13	オランダ	49
13	ベルギー	49
15	デンマーク	48

（出所）独立行政法人医薬品医療機器総合機構（PMDA），認定・登録外国製造業者リストより作成．

は，Lupin から原薬（API）を調達し，日本で製剤を製造し，販売している。買収後の5年間で，共和薬品の売上高は，2007年の78億1,500万円から2011年には141億9,400万円へと約1.8倍に増大した。Lupin は，2010／2011年に39％の成長率を記録し，連結総収入の12％が共和薬品からもたらされた（Lupin Limited 2012: 23）。

共和薬品は，着実に製品のポートフォリオを拡張しており，2012年には，4つの中枢神経系製品を含む11製品を市場に導入した。2012年時点で，共和薬品の製品は350製品を超えている（Lupin Limited 2012: 27）。

2011年には共和薬品が注射剤専門企業のアイロム製薬株式会社を買収した。[2]診断群分類（Diagnosis Procedure Combination: DPC）包括評価を用いた入院医療費の定額支払い制度が，2003年4月より全国82の特定機能病院等において開始され，2006年から DPC に基づき定額支払い制度を導入している病院の名称が DPC 対象病院とされた。DPC 対象病院では，注射剤の使用率が高く，今後においてジェネリック注射剤のシェアが大きく伸びることが予想されている。全国にある DPC 対象病院の数は約1,400施設（病床数は全病院の35％超）もあり，その市場規模は9,000億円相当とされている。アイロム製薬は，全国にある DPC 対象病院の大半と取引をしており，アイロム製薬の買収により，Lupin の日本での売上高および市場シェアはさらに拡大することが見込まれた。[3]

また，共和薬品は，アイロムホールディングスの治験施設支援機関（SMO）事業子会社である株式会社アイロムとの間で，共和薬品が実施予定の臨床試験におけるアイロムによる包括的な業務支援の提供に関する戦略的提携を結ぶことに合意した。アイロムは SMO 事業における日本の先駆的存在として知られ，本提携を通じ，共和薬品は，アイロムが有するノウハウを活用することが可能となる。[4]

日本を重要な成長市場と位置付けている Lupin は，アイロム製薬の注射剤ポートフォリオを獲得することで，経口剤事業を展開する共和薬品との補完関係を築き，なおかつ臨床試験に関する業務提携の拡大により，日本でより強力な事業基盤を確立したといえるだろう。Lupin，共和薬品，アイロム製薬が有するそれぞれの強みを活かし，シナジー効果を発揮することが可能となった。

2015年,アイロム製薬は,共和クリティケアと名称を変更した。

2014年,Lupin は富山県のジェネリック医薬品企業,陽進堂と合弁企業「YL バイオロジクス」を設立した。YL バイオロジクスは,関節リウマチ治療剤「エンブレル（エタネルセプト）」のバイオシミラー（バイオ後続品）を,Lupin から導入し,日本での臨床開発と承認取得,発売を目指すこととなった（陽進堂 2014）。

2007 年の Lupin への全株式売却によって,共和薬品は Lupin グループの一員となり,その売上高は,共和クリティケアと連結ベースで,約3.4倍の250億円に増大し,従業員数も243人から3.2倍の788人（連結ベース）へと飛躍的な成長を遂げた（角田 2015: 3）。

共和薬品の角田社長によれば,共和薬品にとって Lupin との出会いはまさに「運命的出会い」であったという（角田 2015）。Lupin のマネジメント手法は,「共和薬品の経営陣を信じ任せる」ものであり,共和薬品のマネジメント,社員に「やる気」をもたらし,それが好業績につながり,Lupin との相互信頼関係が益々強くなるといった好循環を生んだとしている（角田 2015: 3）。Lupin の日本での成功は,インド流あるいは Lupin 流を共和薬品に浸透させるのではなく,日本の市場をよく知る共和薬品に経営を任せることによって得られたと考えられる。

苦戦するインド企業

Lupin を除き,インド企業は日本市場でのプレゼンスを獲得できなかた。日本進出を果たした主要インド企業のほとんどが日本市場から撤退している。2008年の Torrent の撤退,2009年の Ranbaxy Laboratories の日本ケミファとの提携解消,2013年の Dr. Reddy's Laboratories と富士フィルムの合弁事業合意の解消,そして2014年 Zydus Cadila の撤退である。こうしたインド企業の撤退の背景には,複合的要因があると考えられる。

まず,日本のジェネリック市場は成長をとげているものの,依然として規模が小さい点があるだろう。日本政府は,ジェネリック医薬品使用促進を積極的に行っており,2013年3月末までには,医薬品市場に占めるジェネリック医薬

品の比率を，使用量で30％に引き上げることを目標としていた。こうした政策は，日本のジェネリック市場の成長を加速するものと期待されたが，実際には目標に到達できなかった。ジェネリック医薬品の使用量のシェアは，2013年3月末で25.6％にとどまった。インド企業が日本市場に苦戦する一方で，日医工，東和薬品などの日本のジェネリック医薬品企業は急成長を遂げている。日本のジェネリック医薬品市場の拡大は日本のジェネリック医薬品企業の成長によるものであり，インド企業が張り込む余地は大きくないということだろう。日本のジェネリック市場の拡大のペースは遅く，拡大部分のほとんどを日本のジェネリック医薬品企業が占めているのだ。他の先進国（米国，カナダ，英国，そしてドイツ）では，ジェネリック医薬品の使用量のシェアは50％を超えている。インド企業が主戦場とするこれらの市場と比較すると，日本の使用量のシェアはまだまだ低いと言わざるを得ない。これは，他の先進国市場と異なり，日本の医薬品市場の大部分は特許医薬品市場から構成されているためである。

　第2に，日本の医薬品の品質基準にインド企業が十分に適応しきれていないことがあるだろう。実際，日本の医薬品の仕様は独特であるし，日本と他の先進国とではジェネリック医薬品の定義が異なる。日本では，ジェネリック医薬品は先発医薬品と完全に同等でなければならず，不純物や異物混入のガイドラインも厳格である。日本の品質基準に合致する製品を製造するために，日本市場向けの研究開発も必要になるし，製造能力も日本専用にする必要がある。つまり，日本独自の規制に対応するための追加の投資が必要となる。上述のとおり日本市場は規模が小さい一方で，日本市場への参入コストは大きく，日本市場はインド企業にとって割に合わない市場といえる。例えば，Zydus Cadilaは2006年に完全子会社のZydus Pharmaを日本に開設し，2007年に日本ユニバーサルを買収した。日本ユニバーサルの買収によって，Zydus Cadilaは日本に製造基盤と販売・流通ネットワークを獲得した。日本ユニバーサルを2010年にザイダス・ファーマ（Zydus Pharma）と改称し，Zydus Cadilaは，日本において「ザイダスブランド」の浸透と定着を目指した。2010年にアムロジピンを日本市場に導入し，インド企業として初めて，インドで製造した製品の販売承認を取得した。そのほか3製品（ロサルタン，ドネペジル塩酸塩など）を日本市

場に導入した。2010／11年の日本における売上高は，4億2,200万ルピー（約10億円）に到達し，前年比で34％の成長を記録するなど，一定の成功を収めていた（Cadila Healthcare Limited 2011: 13）。しかしながら，2014年，Zydus Cadilaは，グローバル戦略の見直しにより，日本における事業から撤退することを決定した。Zydus Cadila は，成長ペースが緩やかな日本のジェネリック医薬品市場と承認申請にかかるコストを考慮し，グローバル戦略を再検討するなか，日本の市場としての価値とその成長可能性が小さいと判断し，撤退を決断した可能性がある。

　最後は，日本企業との提携関係成否である。Torrent は，2006年，日本に完全子会社 Torrent Pharma Japan を設立し，日本市場に参入した（Torrent Pharmaceuticals Limited 2007: 52）。しかし，他のインド企業とは異なり，日本企業との提携関係をもたなかった。Torrent が戦略的に提携を選択しなかったのか，あるいは提携相手が見つからなかったのかは不明であるが，2008年には日本市場から撤退した。Ranbaxy と日本ケミファとの合弁事業も実質的な成果を上げることなく，解消した。2013年には，Dr. Reddy's Laboratories が，富士フイルムとの合弁事業を解消した。こうした日本における日本企業とインド企業の戦略的提携が不調に終わっている原因が，日本企業側にあるのか，インド企業側にあるのか，双方の思惑が一致しなかったのか，はっきりしない。Lupin のケースを考えると，インド企業が日本市場でビジネスを行っていく上では，日本企業との提携が必要であることは間違い何であろう。インド企業単独で日本でビジネスを展開することは難しいと考えられる。提携相手である日本企業との信頼関係をいかに構築するかが重要であるだろう。

　しかしながら，インド製薬企業にとって，日本は依然として魅力的な市場である。日本のジェネリック市場の規模は，使用量で見た場合，欧米に比べて小さいが，ジェネリック医薬品の価格は欧米に比べかなり高い。さらに，厚生労働省の「後発医薬品のさらなる使用促進のためのロードマップ」では，2018年3月末までにジェネリック医薬品の使用量のシェアを60％まで引き上げることを目標として掲げた（厚生労働省 2013: 3）。日本のジェネリック医薬品企業は，安定的でかつ信頼できる原薬サプライヤーを探しており，今後も日本はインド

にとって巨大な輸出機会を提供する。こうした状況の中，Cipla, Sun, Dr. Reddy'sなどのインド大手企業は，日本への参入を真剣に検討し，成功的な参入方法を模索している。これら大手企業に共通することは，Lupin同様，日本市場において自社ブランドにこだわらないという点，日本企業との提携を通じた参入を模索している点だ。また，こうしたインド大手企業は，日本の先発医薬品企業の製品（新薬・特許医薬品）のインド市場での導入に関する提携も模索している。

日本企業との提携のほか，インド企業が日本市場で成功するためには，日本の品質基準に合致した製品を安定的に供給することに尽きる。自社もしくは輸入業者を介して粗製品または最終品を輸入し国内精製または加工したものについて調達国別，購入金額ベースでみた場合，最もシェアが高いのがインド（30.0%）である（三菱UFJリサーチ＆コンサルティング 2013: 41）。一方，自社もしくは輸入業者を介して調達した輸入原薬をそのまま使用する場合について，調達国別，購入金額ベースでみた場合，最もシェアが高いのが韓国（31%）で，インド7.2%であった（三菱UFJリサーチ＆コンサルティング 2013: 42-43）。すなわち，インドから原薬を調達した場合，日本国内で再度精製・加工して使用していることが多いということである。インド製原薬が高価であり，原薬の一反応前の粗製品の状態で調達することで費用を抑える目的もあると考えられるが，日本企業のインド製原薬の品質への信頼が高くないことを反映しているとも考えられる。インド企業には，日本の品質管理基準の適応と確実な履行が求められている。

3　日本企業のインド進出

インド進出の背景

日本の製薬産業のビジネス環境は，医療費の圧縮を目的とした価格圧力とグローバル競争の激化と年々厳しくなっている。さらに，研究開発費が増大の一途をたどる一方で，新薬が誕生する確率が低下するという研究開発効率の悪化，莫大な研究開発費の原資を生み出してきた大型医薬品の特許失効，そして日本

政府が医療費抑制のためジェネリック医薬品の使用促進政策を実施していることなどが，日本の先発医薬品企業の収益性にマイナスの影響を与えている。一方，政府のジェネリック医薬品使用促進政策や大型医薬品の特許失効によるジェネリック医薬品市場の拡大によって，日本のジェネリック医薬品産業は成長している。ジェネリック医薬品企業の2013年度の業績（売上高）を見ると，日医工1,036億2,200万円（前年比10％増）（日医工株式会社 2014)，沢井製薬898億2,300万円（前年比12％増）（沢井薬品株式会社 2014)，そして東和薬品613億5,100万円（前年比11％増）（東和薬品工業株式会社 2014）で，2桁成長を記録し，日医工は1,000億円の壁を突破している。先発医薬品企業が国内市場での売り上げを減少させているのとは対照的である。

　日本の先発医薬品企業は新興市場に対する戦略的アプローチを模索している。インドを含む新興市場は将来の成長にとって重要と考えられている。インドは，経済成長に伴う所得水準の上昇（可処分所得の増大）が医療関連支出の増大をもたらし，民間の健康保険の拡充も後押しして，インド市場は毎年約15％の成長率で成長している。インド医薬品市場は，依然としてジェネリック医薬品が支配的であるものの，特許医薬品が市場の10％を構成しており，今後の成長が期待されている。

　一方，日本政府によるジェネリック医薬品使用促進政策によりジェネリック医薬品部門は急速成長しているが，日本のジェネリック医薬品企業は，依然として規模が小さく，生産能力が十分ではないため，日本の需要を完全に満たすことが難しいことが指摘されている。こうした状況の中，2005年に改正薬事法が施行され，全面的な製造委託が可能となり，日本の製薬企業は，研究開発に資源を集中させるため，製造部門をアウトソースする動きが急速に加速した。厚生労働省の調査によれば，日本のジェネリック医薬品企業の約半数が原薬を海外から調達しており，インドも有望な原薬の調達として期待されている。インド企業との提携への期待が大きくなっている。インドが中長期的に大きなビジネス機会を提供すると期待した日本企業のインド進出が相次いでいる。日本からインドへの外国直接投資の流入において，最大の産業部門が自動車産業であったが，近年では流入額，承認件数ともに製薬産業部門が自動車部門を抜

表7-2 日本の産業別外国直接投資(2000年4月〜2014年12月累計,単位：億米ドル)

	部　門	外国直接投資流入額	シェア (%)
1	医薬品・製薬	44.0238	24.77
2	自動車	31.1512	17.53
3	サービス	24.6527	13.87
4	冶金産業	14.5522	8.19
5	電気機器	9.9802	5.61

(出所) DIPP, *FDI SYNOPSIS ON COUNTRY JAPAN* (as on 31.12.2014), http://dipp.nic.in/English/Publications/SIA_NewsLetter/AnnualReport2014/Chapter6.1.A.iv.pdf

表7-3 インド進出の日本企業一覧

日本企業		進出年	進出形態
エーザイ		2004	独資
第一三共		2007	独資+M&A
アステラス製薬		2008	独資
大塚ホールディングス	大塚化学	2006	独資
	大塚製薬工場	2012	JV
武田薬品工業		2011	独資+JV
Meiji Seika ファルマ		2014	M&A
ロート製薬		2013	独資+JV
参天製薬		2011	独資
三井物産		2011	独資
協和発酵バイオ		2010	資本参加+JV

(注) JV=ジョイント・ベンチャー,合弁事業
(出所) 各社報道資料より作成。

き,最大となっている(表7-2)。

表7-3は,日本企業の進出一覧である。インドに進出した企業はすべて,先発医薬品企業およびそのグループ会社で,ジェネリック医薬品企業はインドに進出していない。インドの医薬品市場は,ジェネリック医薬品が市場のおよそ90%を占め,特許医薬品は10%程度である。そういう意味で,先発医薬品企業よりもジェネリック医薬品企業のほうが進出しやすいとも考えられる。しかしながら,日本のジェネリック医薬品企業は国際競争力(特に価格競争力)が十分でなく,規模も小さいため,インド市場でインド企業と競争できる能力は持っていない。インドに進出している外資系企業も大半が先発医薬品企業である。インドにおいては,「先発医薬品(ブランド品)」に対する需要は小さくない。物質特許が失効していても,その他の周辺特許の関係からジェネリック医薬品を製造することが難しい製品もあり,競合製品が存在しないこともあるし,先発医薬品の「品質」,「効能」そして「安全性」への評価も高いことがその理由である。第1章でみたとおり,外資系企業は慢性疾患(特に糖尿病)やガンの分野で強さを発揮し

ているように，高付加価値製品群において，先発医薬品企業の成長の余地は十分にある。インドは貧困国であるものの，富裕層の人口は大きく，今後も高い経済成長が持続すれば，市場は更に大きくなる。

　近年の日本企業のインド進出形態としては，独資での現地法人の設立，買収，合弁事業の形態がある。独資形態での進出が目立つ。この背景には，2011年には廃止となったものの，2005年，外資側の一方的提携解消を規制する「通達（Press Note1）」が施行されたことが背景にあるかもしれない。あるいは，技術や資金が不足するインド企業との提携に不安があった可能性もある。

　インドへの進出の目的には，インド市場への参入およびインドを製造拠点として，新興市場を含めグローバル市場への展開がある。インド医薬品市場では，日本企業は，圧倒的に優位性を持つインド企業と長くインドで操業している外資系企業と競争しなければならないし，労務管理の問題や広大な国土をカバーするような販売網を確保できるかどうかなどの問題が大きい。こうした問題をインド企業との提携によって解決することが可能となる。また，日本企業の多くは，中東やアフリカなどの新興市場におけるネットワークを持っていないため，新興市場に強みを持つインド企業との提携は非常に重要となってくる。2012年にClaris Lifesciencesとの合弁事業の設立を発表した大塚製薬工場，2013年にShroff Group（インドにおける眼科用薬の製造販売事業を手がけており，販売会社であるSunways（India）および，製造会社であるDeepcare Healthを経営）との合弁事業の設立を発表したロート製薬は，インドを製造拠点として，インドに加え中東・アフリカ諸国などに対して輸出することを視野に入れている。[8]

　以下では，インドに進出した日本企業の事例として，エーザイと第一三共について検討する。

エーザイ

　エーザイは，日本の製薬大手として初めて，独資（100％出資）でインドに進出した。2004年に非公開会社の販売子会社Eisai Pharmaceuticals India Private Limitedをマハーラーシュトラ州ムンバイ市に設立した。2005年より，アルツハイマー型認知症治療薬「アリセプト」（インドでのブランド名「Aricep」），

プロトンポンプ阻害剤「パリエット」（同「Parit」）を，供給している。2005年にエーザイが販売を開始した当時から，すでに7つの競合製品がインドで展開されていたが，厳しい競合環境でも，「Aricep」はNo.1ブランドの地位を獲得している（エーザイ株式会社 2012: 9）。一方，「Parit」については，すでに54の競合製品が展開されているなか，売上高で4位を記録した[9]。

こうした成功の背景には，まず，エーザイのインドの社会経済に適応した価格戦略がある。エーザイは，日本における販売価格の10分の1程度の価格で「Aricept」を発売しているし，抗悪性腫瘍剤「ハラヴェン」は，患者の所得水準に応じたきめ細やかな価格設定を行なう「段階的価格設定（tiered pricing）」を実施している。次に，現地企業との提携関係を指摘できる。インド国内で多くの病院とつながりを持つGlaxo Smith Kline（GSK）のインド法人との販売促進提携があった。また，インド製薬大手のWockhardtとは，委託生産と委託物流で提携した[10]。

エーザイは，インドを日本，米州，欧州に続く第4の製造・知識創造拠点として考えている。2007年3月には，Eisai Pharmatechnology & Manufacturing Private Limitedを設立し，約50億円を投資して，アーンドラ・プラデーシュ州ヴィシャカパトナムにある経済特区（SEZ）に，2009年12月に，医薬品の原薬・製剤の生産および原薬のプロセス研究機能を一ヵ所に集約した製造施設と研究開発施設（「エーザイ・ナレッジセンター・インド」）を建設した。同施設は，年間約30トンの原薬，年間約20億錠の製剤の生産能力を有しており，新興国・途上国への製品供給基地として既存主力製品の原薬・製剤の生産を行っているほか，次期グローバル製品の原薬プロセス研究や原薬・製剤の生産を行っており，日本市場への輸出も開始されている。（エーザイ株式会社 2012: 9）。

薬事工業動態調査（表7-4）によれば，2013年以降，その他の中枢神経系用薬の主要輸入国上位5ヵ国にインドが登場している。ドイツに次ぐ第2位に位置するようになっている。エーザイがインドで製造しているアルツハイマー治療薬アリセプトの輸入が増加していることを反映している可能性がある。

2013年，インド・パシフィック医薬品事業（インド・南アジア・ASEAN・オセアニア）の総売上高に占めるシェアは1.3％と少ないが，売上高は，8.1％増の

表7-4 その他の中枢神経系用薬の主要輸入相手先5ヵ国

(単位：1,000円)

順位	2013年			順位	2014年			順位	2015年		
	国名	輸入額	シェア		国名	輸入額	シェア		国名	輸入額	シェア
1	ドイツ	61,465,416	77%	1	ドイツ	68,918,609	80%	1	ドイツ	84,292,296	80%
2	インド	9,303,681	12%	2	フランス	6,614,042	8%	2	インド	7,211,504	7%
3	フランス	5,489,643	7%	3	イタリア	4,276,168	5%	3	フランス	5,216,984	5%
4	イタリア	3,037,560	4%	4	インド	3,199,490	4%	4	イタリア	4,580,431	4%
5	スイス	519,165	1%	5	米国	2,771,972	3%	5	米国	4,413,985	4%
	総輸入額	79,816,622			総輸入額	86,403,679			総輸入額	105,890,580	

(出所) 厚生労働省『薬事工業動態調査』各年版より作成。

73億円（アリセプト18億円，パリエット17億円，ハラヴェン1億円），利益は8.1％増の19億円となった（エーザイ株式会社 2013: 34）。

　エーザイは，インド企業との提携を活用することで，インドにおいて不足する経営資源を補い，自社の製造施設で現地生産し，インドに研究開発センターを保有することで，企業内の研究開発競争を促進し，研究開発効率を高めることを想定している。エーザイは，インドの比較優位・競争優位を活用し，新興国へのビジネスを拡大する一方で，医薬品アクセスの向上に向けた取り組みも行っている。インドにおいては，アルツハイマー型認知症に対する認知度向上のための取り組み（無料パンフレットの配布患メモリークリニック〔ものわすれ外来〕の開設や医療スタッフの教育訓練などの支援）も行っている（エーザイ株式会社 2012: 9）。世界的に供給不足となっているリンパ系フィラリア症治療薬「ジエチルカルバマジン錠」をインド・ヴィシャカパトナムの工場で製造し，2013年から7年間に渡って，22億錠を世界保健機関（WHO）に無償提供も行う（エーザイ株式会社 2012: 10；2011: 17）。

　エーザイは，現地生産することによって，インドの社会経済状況に即した価格戦略を実現することに成功した。独資で参入したため，製造管理・品質管理面で「エーザイの品質」を担保することにも成功している。また，現地生産を開始する以前は，提携を通じて，現地企業の経営資源を活用し，参入初期のリスクやコストを軽減することにも成功したといえる。

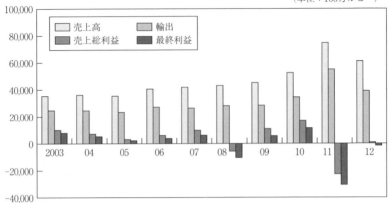

図7-4　Ranbaxy Laboratoriesの売上高と利益の推移：2003年〜2012年
（出所）　Ranbaxy Laboratories Ltd, *Annual Report*, various issues より作成。

第一三共

　第一三共によるRanbaxy Laboratoriesの買収は，当時，インド企業の買収としては，最大規模の買収であり，インド・日本の両国で注目を集めた。第一三共は，Ranbaxyとの対等な提携関係のもとでの，ハイブリッドビジネスの推進を掲げた。

　図7-4は，2003年以降10年間のRanbaxyの売上高と利益の推移を示している。売上高・輸出ともに，順調に増加している。ロシア，ルーマニア，欧州，そしてアフリカでのビジネスが順調であったことに加え，第一三共とのハイブリッドビジネスがルーマニア，ドイツ，ベネズエラ，そしてタイで進展していることが指摘できよう（Ranbaxy Laboratories Ltd 2013: 10）。

　しかしながら，買収直後の2008年9月，米国食品医薬品局の査察でRanbaxyのGMP違反および製造管理上の問題が発覚し，インド国内のデーワース，パオンタ・サヒブの2工場が輸入禁止措置を受けた。[11]2009年2月には，パオンタ・サヒブ工場が，データおよび試験結果を改ざんしていたとして，同工場で製造される医薬品の承認申請が凍結された。[12]Ranbaxyは，医薬品の安全性に関して重大な違反があったことを認め，2011年米国食品医薬品局と同意協定書を締結し，データの信頼性を確実にするための手段や方針を更に強化し，現行

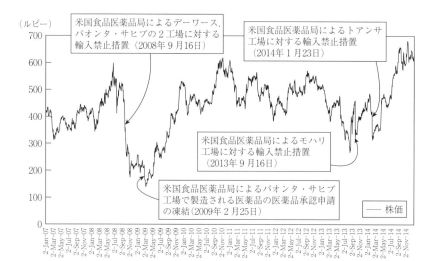

図7-5 Ranbaxy Laboratoriesの株価の推移（2007年1月1日～2014年12月31日）
（出所）　BSE Ltd.（Bombay Stock Exchange），http://www.bseindia.com/ より作成。

の適正製造基準を遵守することを確約し，2013年5月，5億ドルの罰金の支払うことで米国食品医薬品局と合意し，和解した。ジェネリック医薬品企業の安全性関連の罰金としては過去最高額となった。この間，第一三共は問題解決のためのサポートを行い，米国食品医薬品局との和解が成立し，問題は収束したかにみえた。しかし，2013年にはモハリの製造施設，2014年には原薬工場であるトアンサの製造施設が，米国食品医薬品局から品質管理上の問題を指摘され，輸入禁止措置を受けた。

2008年の輸入禁止措置後，Ranbaxyの株価は暴落した（図7-5）。Ranbaxyは，2002年に，Pfizerの「リピトール（一般名：アトルバスタチン）」の特許無効を主張して提訴し，その主張が認められたため，米国でパラグラフⅣ申請として，医薬品簡略承認申請（ANDA）を米国食品医薬品局に最初に提出したジェネリック医薬品企業として，180日間の排他的販売権を獲得した。しかし，アトルバスタチン事業にも輸入禁止措置の影響が重くのしかかっていた。Ranbaxyは，Teva Pharmaceutical Industries（Teva）と共同でアトルバスタチンの販売を行うことにし，180日間の独占販売期間の売上高に応じて，一定の対

251

価を Teva に支払うこととなった。2011年12月1日に米国で発売された「アトルバスタチン」は，発売4週目で先発医薬品企業（Pfizer）に許諾されたオーソライズド・ジェネリックを抜き，6週目には先発医薬品（リピトール）も抜き，米国市場シェア1位となった（第一三共株式会社 2012: 10）。こうして，Ranbaxy の売上高は前年に比べ増大したが，Teva への売上高に応じた利益の供与のため，支出も大幅に増加することになった。また，50億ドルの罰金の引当金の計上も影響して，2011年には過去最大規模の赤字を計上するにいたった。特に，2012年3月から，モハリ工場から米国に向けてアトルバスタチンの輸出を開始していたため，モハリ工場の輸入禁止措置は Ranbaxy の業績にとって大打撃となることが予想された。

　第一三共が標榜したハイブリッドビジネスは順調に進展したものの，品質管理問題を終息することができず，品質管理問題に関するコストが Ranbaxy の業績に悪影響を与え続け，2011年には過去最高の赤字を計上することにつながったと考えられる。Ranbaxy の業績悪化は，第一三共の連結財務にも影響を及ぼした。

　2014年4月7日，第一三共は，インド製薬大手 Sun Pharmaceuticals Industries（Sun）と，Sun が Ranbaxy を吸収合併することについて合意した。第一三共は Ranbaxy の株式約63.41％を Sun の株式9％と株式交換し，合併後，第一三共は Sun に取締役を1名派遣し，Sun を新たな提携相手とし，ハイブリッドビジネスを推進することとなった。2015年3月25日，Ranbaxy と Sun は合併を完了した。両社合併後，Sun は，世界第5位のジェネリック医薬品企業となり，インド最大の製薬企業となった。

　2012年11月，第一三共が，2008年の買収契約時に Ranbaxy の元創業家が米国司法省および米国食品医薬品局の調査に関する重要情報を隠蔽したものとして，国際商業会議所国際仲裁裁判所に仲裁を申し立て，シンガポールにおいて仲裁が行われていた。2016年4月末，第一三共は，元創業家が損害賠償金および仲裁費用など約562億円を第一三共に支払うとする判断を受け取った。仲裁を受け，2016年5月，第一三共はデリー高等裁判所に元創業家の資産の凍結（保全）を申し立てていたが，これに対して，Ranbaxy の元創業家は，シンガ

ポールでの仲裁はインドの法律上適用できないとデリー高等裁判所に異議を申し立てた（Goshal 2016）。現在においても，損害賠償金の支払い時期については依然不透明であり，最終決着までにはまだ時間がかかりそうである。2017年1月10日，第一三共はグローバル研究開発体制の見直しを発表し，その一環として，主として感染症および炎症を標的疾患とした創薬研究を行っていたインドの研究子会社 Daiichi Sankyo India Pharma Private Limited（DSIN）を閉鎖することを発表した。閉鎖後は，DSIN が保有する研究開発品目（グローバルヘルス技術振興基金（GHIT Fund）の採択品を含む）は，第一三共の研究開発本部に移管される。[18] これらによって，第一三共はインドから完全に撤退したことになった。

　買収のメリットとしては，まず，時間の短縮があげられる。新規市場に参入するあるいは新しい事業分野に参入する場合，人材確保・ノウハウの蓄積・販売網の確保など，事業を最初から立ち上げるのには多くの時間を要するが，M&A を活用することで，大幅に時間を短縮することができる。第一三共は，Ranbaxy を買収することにより，世界のジェネリック医薬品市場に参入することが可能となり，事業の多角化により収益源が増え，2010年以降のジェネリック医薬品時代のリスク分散が可能となった。また，M&A によるシナジー効果（相乗効果）も期待できた。Ranbaxy のグローバル・リーチが，第一三共の新興市場参入を容易化する補完効果があった。その一方で，企業文化のすり合わせなどの経営統合の難しさが M&A には伴う。第一三共の場合，国境を超えた買収であるうえ，先発医薬品企業とジェネリック医薬品企業の企業文化のすり合わせ，インド企業の多くがそうであるように上場企業であってもファミリー・ビジネスが支配的な Ranbaxy との連携は難しい面もあったと考えられる。しかしながら，第一三共と Ranbaxy の関係破たんの根本的原因は，買収時に重要情報を秘匿した元創業家にあることはいうまでもない。

4　今後の展望

　日本企業がインドで，インド企業が日本で成功するうえで重要なことは，現

地企業との提携関係を持つことであろう。進出先の制度やビジネス慣習などを一から習得するのは非常に時間とコストがかかる。提携や買収によって，こうした問題をクリアすることが可能となる。Lupin のケースは，共和薬品が有する日本でのネットワークや知識を活用している。2008年に日本市場から撤退した Torrent は日本企業との提携関係を持たなかった。わずか2年での撤退は，単独で（日本企業との提携なしで），インド企業が日本でビジネスを展開することは難しいことを示しているのではないだろうか。

　こうした大型提携のほか，ライセンス契約やアウトソーシング提携など様々な形態・レベルでの日印間の提携も増加している。日本への参入の足がかりとして，インド企業は日本の原薬商社を活用している企業も少なくない。原薬商社は，AFM の申請サポートや MF の登録申請，AFM の適合性確認業務などの薬事サービスを提供している。また，原薬商社を通すことによって，複数の企業との取引も可能になる。一方，Ranbaxy を買収した第一三共，合弁事業を選択した大塚製薬工場とロート製薬はもちろんのこと，エーザイは，GSK インド法人との販売促進での提携，Wockhardt との製造・販売提携をうまく活用した。

　現在の提携の多くは，日本市場をターゲットとしたもの，インド市場と新興市場をターゲットにしたものに限られているが，1つの提携で，日本とインド両方をカバーするような提携，あるいはグローバル市場をカバーする提携が増えることが期待される。たとえば，日本の先発医薬品企業がインド企業と提携することによって，インドで先発医薬品企業の特許医薬品を製造販売する一方で，日本の先発医薬品企業がインド企業のジェネリック医薬品を日本で販売するという形態である。また，インド企業のグローバル・リーチを活かし，日本企業の製品をグローバルに展開することも視野に入れるべきであろう。

　主要インド企業は，新薬の研究開発に従事している。Ranbaxy は2011年に抗マラリア薬の新薬「シンリアム」を，Zydus Cadila は，2013年に糖尿病治療薬の新薬「リパグリン」を導入している。また，Glenmark は，新薬候補物質を多国籍企業にライセンスアウトすることで実績を挙げている。また，Piramal Healthcare は，欧米の先発医薬品企業から，有望な新薬候補物質をラ

インセンスインすることで,製品のポートフォリオの拡充を図っている。新薬開発に従事している主要インド企業は,ライセンス契約や共同研究開発を通じて,パイプラインの価値上昇を模索している。

　日本企業でもインド企業と新薬候補物質に関する研究開発において提携をしている企業がある。武田薬品工業は,2012年に,Advinus Therapeutics との研究開発提携に調印した。[19] 炎症性・中枢神経系・代謝性疾患を中心とした疾患領域における新規創薬標的を対象とした3年間の共同研究を行う。Advinus Therapeutics は,効率的な創薬研究で実績があり,新薬候補化合物を迅速かつ継続的に創出する高い能力が評価化され,共同研究においては,この実績に基づき,既存および新規の創薬標的に対する新薬候補化合物の創出を目指す。一方,武田薬品は,共同研究を通じて創出された新薬候補化合物に対する全世界を対象とした販売権を保有し,共同研究期間中は,Advinus Therapeutics に研究費として,3,600万ドルを支払うとともに,新薬候補化合物の選定に対して,900万ドル支払う。さらに,将来,開発の進捗に応じて1製品当たり最大で4,500万ドルのマイルストーンならびに全世界での販売額に応じたロイヤルティを支払うことになっている。武田にとって Advinus Therapeutics との提携は,研究活動の生産性の向上を目的とした取組みであり,創薬研究力およびパイプラインの更なる強化につなげる。

　さらに,武田薬品工業は,2016年9月21日,Zydus Cadila との提携を発表した。両社は,アフリカ,アジア,インド亜大陸における新興感染症であるチクングニア熱のワクチンの共同開発を行うことで合意した。[20] チクングニア熱は,デング熱やジカ熱と同様に,ネッタイシマカやヒトスジシマカによって媒介される感染症で,発熱と関節痛は必発,発疹は8割程度に認められ,重症例では,神経症状(脳症),劇症肝炎などが報告されている。チクングニア熱は,2006年にインドでも流行が確認されており,これまで日本国内での感染・流行はないが,2006年12月に海外からの輸入症例2例が報告された。[21] 現時点でチングニアウィルス感染の予防ワクチンおよび治療薬は存在していない。

　武田薬品工業は,ワクチンにおける世界シェアの拡大を目指しており,2012年1月にワクチンビジネス部門を設立し,「2012-14中期計画」において,ワク

チンを重点領域として，グローバルでの事業展開を推進することを発表している。また，2014年10月には，同社のグローバルで展開するワクチン事業に関する研究開発から製造販売までの活動を統合し，Global Vaccine Business Unit を発足させている。こうした武田薬品工業のワクチンのグローバルビジネスのパートナーとして，Zydus Cadila が選ばれたことは注目に値する。

　Zydus Cadila は，インド企業として初めて新型インフルエンザ（H1N1インフルエンザ）のワクチン（Vaxiflu-S）を独自に開発・製造に成功した企業であり，インフルエンザのほかに，ジフテリア，百日咳，破傷風，B型肝炎，麻疹などのワクチンの開発を行う，インドのワクチン開発のフロンティア企業でありリーディング企業である。Zydus Cadila との提携の経緯についての詳細は明らかにされていないが，両社は，合弁会社 Zydus Takeda Healthcare をインドで経営しており，合弁事業における関係が研究開発における提携につながった可能性もあるかもしれない。研究開発領域におけるインド企業との提携の可能性として，武田薬品工業の挑戦は注目に値するものである。

　インドと日本の提携は，単なる製造・販売の委受託にとどまらず，多様な可能性を秘めている。日印間には，制度や企業文化の隔たりも小さくないなど，障害も多いが，両国の強みを活かす提携が実現すれば，グローバル市場での両国のプレゼンスを高めることが可能になるだろう。日本のジェネリック医薬品市場は，日本政府のジェネリック促進政策によって成長が見込まれているものの，日本のジェネリック医薬品企業の製造能力だけでは需要を満たすことが難しいといわれている。また，日本は先発医薬品企業，ジェネリック医薬品企業ともに原薬を輸入している企業が多い。インドは世界的原薬サプライヤーとして知られているように，日本企業は，インドを，中国に次ぐ原薬供給地として考えている。今後の医薬品貿易の動向は，日印の製薬企業の提携や交流が促進されることにより，増大する可能性がある。また，三井物産のような医薬品を扱う商社や医薬品商社の存在が，インド企業の日本進出や日本企業のインド進出において重要な役割を果たす余地が大きいと考える。商社が介在することで，大企業ではない，中小規模の企業の提携や交流が促進される可能性がある。

注

(1) Department of Commerce, *Export Import Data Bank version7.1 Trade Stat*, http://commerce.nic.in/eidb/default.asp

(2) 共和薬品工業株式会社, プレスリリース, http://kyowayakuhin.sakura.ne.jp/news/index.cgi?c=zoom&pk=39&year=2011

(3) 同上。

(4) 同上。

(5) ザイダスファーマ株式会社, http://www.zydus.co.jp/index.php

(6) 日本ケミファ株式会社,「包括的資本業務提携関係解消に伴う子会社の異動に関するお知らせ」, https://www.chemiphar.co.jp/ir/release/doc/2009/20091208.pdf

(7) 富士フィルム株式会社, "Fujifilm and Dr. Reddy's call-off joint venture for generic drugs in Japan," http://www.fujifilm.com/news/n130603.html

(8) 株式会社大塚製薬工場,「大塚製薬工場と三井物産がインドで輸液製造・販売事業に参画」, http://www.otsukakj.jp/pdf/pdf-13548571960.pdf, ロート製薬株式会社,「インドにおける眼科領域の合弁製造会社を設立」, プレスリリース（2013年11月23日）, http://www.rohto.co.jp/comp/news/?n=r131122

(9) 2007年8月20日, エーザイ・インディアでのヒアリング調査による。

(10) 2007年9月7日, エーザイ・インディアの三浦氏からの聞き取り調査による。

(11) U.S. Food and Drug Administration, "FDA Issues Warning Letters to Ranbaxy Laboratories Ltd., and an Import Alert for Drugs from Two Ranbaxy Plants in India

Actions affect over 30 different generic drugs; cites serious manufacturing deficiencies," *FDA News Release,* September 16, 2008, http://www.fda.gov/NewsEvents/Newsroom/PressAnnouncements/2008/ucm116949.htm

(12) U.S. Food and Drug Administration, "FDA Takes New Regulatory Action Against Ranbaxy's Paonta Sahib Plant in India Agency halts review of drug applications from plant due to evidence of falsified data; invokes Application Integrity Policy," *FDA News Release,* February 25, 2009, http://www.fda.gov/NewsEvents/Newsroom/PressAnnouncements/2009/ucm149532.htm

(13) 第一三共株式会社,「ランバクシーの米国食品医薬品局との同意協定書締結について」, ニュースリリース, 2011年12月11日, http://www.daiichisankyo.co.jp/news/detail/005407.html ; Department of Justice, "Generic Drug Manufacturer Ranbaxy Pleads Guilty and Agrees to Pay $500 Million to Resolve False Claims

Allegations, cGMP Violations and False Statements to the FDA," *Justice News*, May 13 2013, http://www.justice.gov/opa/pr/2013/May/13-civ-542.html

(14) U.S. Food and Drug Administration, "FDA prohibits manufacture of FDA-regulated drugs from Ranbaxy's Mohali, India, plant and issues import alert," *FDA News Release*, September 16, 2013, http://www.fda.gov/newsevents/newsroom/pressannouncements/ucm368445.htm; U.S. Food and Drug Administration, "FDA prohibits Ranbaxy's Toansa, India facility from producing and distributing drugs for the U.S. market," *FDA News Release*, January 23, 2014, http://www.fda.gov/newsevents/newsroom/pressannouncements/ucm382736.htm

(15) Ranbaxy Laboratories Ltd., "Ranbaxy ANNOUNCES LAUNCH OF ATORVASTATIN, GENERIC LIPITOR®, IN THE U.S.," http://www.ranbaxy.com/us/ranbaxy-announces-launch-of-atorvastatin-generic-lipitor-in-the-u-s-2/; Teva Pharmaceutical Industries Ltd., "Teva Announces Agreement with Ranbaxy Regarding Generic Lipitor (R)," http://www.tevapharm.com/media/news/pages/2011/1634994.aspx?year=2011

(16) 第一三共株式会社、「サン・ファーマと当社子会社ランバクシーの合併およびこれに伴う子会社の異動について」、ニュースリリース（2014年4月11日）、http://www.daiichisankyo.co.jp/news/detail/006110.html

(17) 第一三共株式会社、「ランバクシーの元株主との仲裁手続の結果について」、ニュースリリース（2015年5月6日）、http://www.daiichisankyo.co.jp/news/detail/006437.html

(18) 第一三共株式会社、「研究開発体制の再編について」、ニュースリリース（2017年1月10日）、http://www.daiichisankyo.co.jp/news/detail/006563.html

(19) 武田薬品工業株式会社、「武田薬品とAdvinus社との共同研究契約について」、ニュースリリース、2012年10月3日、http://www.takeda.co.jp/news/2012/20121003_4938.html

(20) 武田薬品工業株式会社、「世界的な脅威であるチクングニア熱の撲滅に向けた武田薬品とZydus Cadila社による提携について」（2016年9月21日）、http://www.takeda.co.jp/news/2016/20160921_7568.html

(21) 国立感染症研究所、「チクングニア熱とは」、http://www.nih.go.jp/niid/ja/kansennohanashi/437-chikungunya-intro.html

第8章
医薬品アクセスと産業発展
――知的所有権制度と外資規制――

　独立以来，インドにおいて医薬品アクセスの向上は重要な政治課題である。製薬産業の育成の主目的は，インドの医薬品アクセスを向上させることにあった。独立以降，インドは，①製薬産業の成長と，②安価な医薬品の供給という２つを政策目標として掲げてきた。1980年代ごろまで，製薬産業の成長を促進することが安価な医薬品を供給することにつながり，製薬産業の発展がインドの医薬品アクセスの改善を促進するうえで重要であった。しかしながら，製薬産業が成長するにつれて，産業発展と安価な医薬品の供給という２つの目標を同時に追求することが困難になってきた。1990年代後半以降，インドは，イノヴェーションを梃子に製薬産業の発展を促進することを目標に掲げた。そこで，企業の研究開発資金を確保することを目的として，医薬品価格規制の緩和が実施された。そして，物質特許の導入によって特許権保護が強化された。また，先端技術の技術移転を目的として，外資規制が緩和されたことにより，インド市場への外資系企業の参入が加速した。こうした産業発展を促進するための政策の実施が，今度はインドにおける医薬品価格の上昇を招き，医薬品アクセスが後退することが懸念された。

　そして，医薬品アクセスと産業発展の両立の問題が議論されるようになった。以下では，インドにおける医薬品アクセスと産業発展の両立の難しさについて，特許・知的所有権制度の問題と外資規制の強化について検討する。

1　インドの特許・知的所有権制度に関する課題

　インドは，TRIPS協定に特許制度を準拠させるため，2005年４月，2005年

改正特許法を公布した(改正特許法は,2005年1月1日に遡及して施行された)。2005年改正特許法の目玉は,物質特許制度を導入であり,特許保護期間は最低で20年間に延長された。インドの特許制度は,制度上TRIPS協定に整合的となった。しかしながら,その運用面や権利行使については問題が指摘されている。第7章でみたように,米国は,インドにおける知的所有権保護が十分でなく,TRIPS協定違反の状態にあると懸念を表明している。つまり,医薬品アクセスを保証するために,特許保護が十分に担保されていないと考えられている。

特許法第3条(d)「不特許事由」

　インドにおいて,欧米の製薬企業が出願した特許が,2005年改正特許法第3条(d)項「不特許事由」に基づいて,「特許性なし」として拒絶査定を受ける,あるいは特許付与後に無効化されるケースが多い。第3条(d)項では,既知の物質の新たな形態も「効能を高めること」がない限り,発明でないとし,また,新たな用途は発明ではない,既知の物質に関する新たな用途はすべからく特許を認めない,と規定している。そして塩,エステル,エーテル,多形体,そしてその他既知の物質の派生物はすべて同じ物質とみなされ,既知の効能が増大することが実証されない限り,特許の対象とはならない。

　第3条(d)項の目的は,先発医薬品企業による医薬品ライフサイクルマネージメントの戦略である,既存の医薬品の化学構造を変えただけで新薬の特許を取るいわゆる「エバーグリーニング(エバーグリーン特許)」を阻止することによって医薬品アクセスの確保することにある。それと同時に,第3条(d)項が,インドのジェネリック医薬品企業の保護にもつながっていることは言うまでもない。

　第3条(d)項では「効能を高めること」について,明確に定義しておらず,特許訴訟を引き起こす要因となっている(**表9-1**)。Novartisのグリベック訴訟は,第3条(d)項に関する代表的な事例として知られる(The Economic Times 2007)。この事案では,知的財産上訴委員会(IPAB)も最高裁も,グリベック(イマチニブ)について,新規性と進歩性を有する発明であることを認定しながらも,第3条(d)項に基づき,効能に関して,イマチニブ誘導体の結晶が既知の物質と実質的に異ならないとして,特許拒絶の判断を下している(The Eco-

第8章 医薬品アクセスと産業発展

表8-1 第3条(d)関連特許訴訟一覧

対象医薬品 （　）内は一般名	原　告	裁　定	異議申立
グリベック （イマチニブ）	Novartis	特許法第3条(d)項による特許拒絶査定	特許付与前異議申立，有り
レイアタッツ （アタザナビル）	Novartis/BMS	特許出願取り下げ	特許付与前異議申立，有り
バルサイト （バルガンシクロビル）	Roche	特許法第3条(d)項による特許無効化	特許付与後異議申立，有り
イレッサ （ゲフィチニブ）	AstraZeneca	特許法第3条(d)項による特許拒絶査定	特許付与前異議申立，有り
ペガシス （ペグインターフェロンα2a）	Roche	特許法第3条(d)項による特許無効化	特許付与後異議申立，有り
タルセバ （エルロチニブ）	Roche	特許法第3条(d)項の適用について判断下さず。デリー高裁はCiplaの特許侵害を認めず，ジェネリック品販売を承認	特許付与前異議申立，有り
カレトラ （リトナビル／ロピナビル合剤）	Abbott	進歩性なしとして特許拒絶査定。特許法第3条(d)項は特許拒絶の理由にならず	特許付与前異議申立，有り
ロセック・プリロセック （オメプラゾール）	AstraZeneca	特許法第3条(d)項による拒絶査定	特許付与前異議申立，有り

（注）　BMS＝Bristol Myers Squib.
（出所）　インド新聞各紙より作成。

nomic Times 2009）。他方，Abbottのカレトラについては，第3条(d)項は特許拒絶の理由に該当せず，進歩性なしとして拒絶査定を受けている。また，**表8-1**のとおり，どの事案においても，インド企業による異議申立が行われている。この異議申立制度（特許付与前異議申立は，2005年改正特許法第25条(1)項，特許付与後異議申立は，第25条(1)項に規定）が訴訟にも大きな影響を与えていると考えられる。

　インド特許制度はTRIPS協定と整合的であるが，インドで特許を取得するのは容易ではないといえる。また，特許訴訟に発展した場合では，インドの裁判所がどのような判断を下すのか，仮に特許侵害が認められた場合でも，先発医薬品企業は逸失利益を回収できるのかなど不安材料が多い。

　しかしながら，最近では，Ciplaの特許侵害が認定された一方，多数のインド企業にライセンス供与を行い，医薬品の安価な供給に向けた努力を行ってい

る Gilead に特許が認められたように，多国籍製薬企業に有利な裁定が下されている。こうした状況の背景には米国による圧力もあるが，多国籍製薬企業は，特許医薬品のライセンスをインド企業に供与する，またはインドの所得階層に合わせた段階的価格設定を導入し，貧困層に対して相対的に低い価格で医薬品を提供するなどの努力を行っていることがインド政府に評価されている可能性もある。

強制実施権

2012年3月，インドで初めて強制実施権が実施された。インド特許意匠商標総局は，Bayer が特許を保有するネクサバール（ソラフェニブ）のジェネリック医薬品の国内販売に関して，Natco Pharma に強制実施権を付与した。強制実施権の実施の判定理由として，インド特許意匠商標総局は，「Bayer 社が適正水準の薬価を設定せず，インド国内で十分な量の薬を供給していない（2005年改正特許法第84条1項）。強制実施権のもとでの当該特許の利用条件は**表8-2**のとおりである。

この強制実施権の実施により，ネクサバールの価格は97％も下落すると見込まれている（Bayer: 1ヵ月あたり280,000ルピー（5,320ドル），Natco: 1ヵ月あたり8,800ルピー（165ドル。Natco のジェネリック品はネクサバールの約3％の価格に相当）（Knowledge@Wharton 2012）。Bayer は Natco から売上高の6％のロイヤルティを受け取るが，強制実施権による Bayer の逸失利益は大きいといわざるをえない。Bayer は，IPABに Natco の販売停止を申し立てたが，棄却されてい

表8-2 強制実施権のもとでの当該特許利用条件

1	販売上限額の指定
2	販売状況の特許庁および特許権者への報告
3	適正な量の自社工場での生産（外部委託の禁止）
4	非独占性（通常実施権）
5	委託の禁止
6	特許権使用料の支払い（売上高の6％）
7	貧困層患者600人への無料配布および特許権者への報告
8	輸入の禁止
9	特許権の存続期間のみ有効
10	特許権者製品との混合防止
11	非許諾者のみによる製造責任
12	特許権者による自己実施や第三者への実施許諾の自由

（出所）インド特許意匠商標総局（http://www.ipindia.nic.in/ipoNew/compulsory_License_12032012.pdf）より作成。

第8章　医薬品アクセスと産業発展

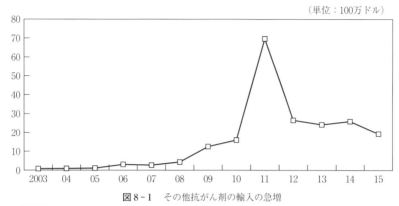

図8-1　その他抗がん剤の輸入の急増
（出所）Government of India, Ministry of Commerce and Industry, Depart of Commerce, *EXPORT IMPORT DATA BANK*（http://commerce.nic.in/eidb/Default.asp）.

る（The Hindu 2013）。

　特許が付与された3年後にインドで現地製造されていない製品は、強制実施権の候補になる可能性がある。インドでは特許医薬品の約90％が輸入されており、これらの特許医薬品が強制実施権の対象となりうる。

　インドに輸入されている特許医薬品（新薬）において大きなシェアを占めていると考えられるのが抗がん剤である。2005年の特許法改正後、インドの医薬品輸入品目に変化が生じている。2003年以前にはその他抗がん剤（HSコード30049049）の輸入は皆無であったが、2005年以降その他抗がん剤の輸入が増大している（図8-1）。とりわけ2010年から2011年までの輸入額の増加率は337％と爆発的に輸入額が上昇している。この背景には、2007年にスイスのRocheが肺がん治療薬タルセバ、Pfizerの腎臓がん治療薬スーテント、2008年にはBayerが腎臓がん治療薬ネクサバール、2009年GSKが乳がん治療薬タイカーブ、そして2010年にNovartisが白血病治療薬タシグナをインドに導入していることが考えられる。これら抗がん剤はいずれも新薬（特許医薬品）である。2011年において、その他抗がん剤は輸入医薬品の第6位に位置し、輸入額も6,965万ドルに達した。

　輸入が増加する2010年には、スイスからの輸入が増大している。スイスの製薬企業としては、Roche、Novartisがあるが、いずれも抗がん剤に強い企業で

表8-3 その他抗がん剤輸入国

(単位:100万ドル)

	2005		2006		2007		2008		2009		2010
	国名		国名		国名		国名		国名		
1	オーストラリア	0.57	オーストラリア	0.62	英国	0.44	英国	1.91	イタリア	5.96	スイス	5.05
2	ドイツ	0.17	スイス	0.6	ベルギー	0.44	ドイツ	0.72	ドイツ	1.7	イタリア	4.32
3	韓国	0.12	米国	0.43	ドイツ	0.36	イタリア	0.51	英国	1.42	ドイツ	1.46
4	中国	0.07	英国	0.41	スイス	0.31	米国	0.42	ベルギー	1.02	米国	1.3
5	スイス	0.07	中国	0.31	米国	0.3	ウクライナ	0.27	ベトナム	0.76	ベルギー	1.19
6	アイルランド	0.04	ベルギー	0.2	中国	0.28	韓国	0.18	オーストラリア	0.72	オーストラリア	0.92
7	米国	0.02	不特定	0.15	韓国	0.27	中国	0.15	米国	0.71	不特定	0.31
8	ベルギー	0.02	韓国	0.13	フランス	0.19	オーストラリア	0.09	アイルランド	0.64	チリ	0.31
9	英国	0.01	フランス	0.11	韓国	0.06	フランス	0.04	スイス	0.52	中国	0.25
10	—	—	ドイツ	0.08	オーストラリア	0.02	フィリピン	0.02	フィンランド	0.5	英国	0.19
総輸入額		1.1		3.06		2.67		4.32		12.48		15.94

	2011		2012		2013		2014		2015	
	国名		国名		国名		国名		国名	
1										
2	スイス	55.35	スイス	14.16	スイス	10.83	スイス	7.02	イタリア	8.42
3	イタリア	5.05	イタリア	4.4	イタリア	5.44	イタリア	6.34	ドイツ	4.74
4	ドイツ	2.1	ドイツ	2.07	ドイツ	2.28	ドイツ	2.6	オーストチ	2.57
5	オーストラリア	1.25	オーストラリア	1.77	オーストラリア	1.96	米国	2.13	フィンランド	0.9
6	ベルギー	1.13	フィンランド	1.54	フィンランド	1.11	オーストラリア	1.64	英国	0.74
7	米国	0.93	米国	0.78	米国	0.93	フィンランド	1.62	米国	0.67
8	ベトナム	0.76	アイルランド	0.57	アイルランド	0.52	台湾	1.59	ベルギー	0.6
9	アイルランド	0.64	ベルギー	0.44	ベルギー	0.45	メキシコ	0.82	ノルウェイ	0.24
10	フィンランド	0.5	フランス	0.28	韓国	0.19	ウクライナ	0.59	台湾	0.11
総輸入額		69.65		26.48		24.16		25.88		19.27

(出所) Government of India, Ministry of Commerce and Industry, Depart of Commerce, *EXPORT IMPORT DATA BANK*, http://commerce.nic.in/eidb/Default.asp.

あり,インドにも抗がん剤を導入している。2011年のスイスからのその他抗がん剤輸入額は5,535万ドルにのぼり,その他抗がん剤の総輸入額の79%を占めた(**表8-3**)。スイスは,2010年から2014年まで,その他抗がん剤の輸入相手国第1位であった。また,スイスからのその他抗がん剤輸入の推移(**図8-2**)とその他抗がん剤輸入の推移(**図8-1**)を比較すると,輸入額の推移の傾向が

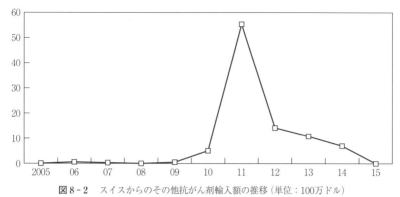

図 8-2 スイスからのその他抗がん剤輸入額の推移（単位：100万ドル）
（出所） Government of India, Ministry of Commerce and Industry, Depart of Commerce, *EXPORT IMPORT DATA BANK*, http://commerce.nic.in/eidb/Default.asp.

見事に一致している。

　公共の利益を目的として，強制実施権は設定される。インド特許法第84条7項は，公衆の適正なニーズが満たされていない状態を，①特許製品の需要が十分に満たされていない状態（第84条7項(a)(ii)），②特許発明がインド国内において商業規模で十分に実施されていない状態（第84条7項(d)），③特許製品の輸入により，特許発明がインド国内において商業規模で実施されるのが妨げられている状態（第84条7項(e)），と定義している。

　この3つの定義において，注目したいのが，③特許製品の輸入により，特許発明がインド国内において商業規模で実施されるのが妨げられている状態，である。日本を含め主要国の特許法では，特許製品の輸入は特許発明の実施とみなされる。しかしながら，インド特許法ではインド国内における発明の実施について明確に定義していない（ジェトロ 2012: 25）。インド特許法第84条7項(e)は，製品の輸入によって，発明実施が妨げられる可能性を示唆している。つまり，インドでは，製品を輸入しただけでは発明を実施したとは認められないといえる。実際に，ネクサバールの強制実施権設定に対して，Bayerは製品の輸入は実施の一形態として認められるべきであると主張したが，インド特許意匠商標総局は，ネクサバールの輸入は発明の実施ではないと判断し，強制実施権を実施した。

つまり，仮に適正な価格で，十分な供給量があったとしても，インドで現地生産されていなければ，その製品は強制実施権の対象となる可能性がある。実際に，インド改正特許法第83条において，特許は単に特許権者による特許製品の独占的な輸入を可能にするために付与されるわけではないと規定されている。つまり，インドで現地製造が行われて初めて，発明の実施と判断される可能性が高いといえる。

　強制実施権の設定を回避するためには，多国籍製薬企業は，インドで現地生産し，供給量を増やし，そして適正価格で販売しなければならない。適正な価格での供給については，前項でも述べたが，多国籍製薬企業は，インドにおいて段階的価格設定あるいは差別的価格設定（differential pricing）を実施している。その目的は，インドにおける医薬品アクセス向上に貢献するためであるとされているが，強制実施権が設定されるリスクを軽減することも目的の1つであろう。供給量については，輸入を増大させることでクリアできる問題であるが，インドでは，輸入は発明の実施とはみなされない可能性が非常に高い。そこで，多国籍製薬企業が強制実施権の設定を回避するうえで最も重要なことは，インドで現地生産をすることであると考える。

　インドにおける強制実施権の実施の可能性は，多国籍製薬企業がインドでの医薬品の開発・製造・販売への障害にもなりうるだけでなく，インドビジネスを見直すことにもつながる可能性がある。その意味で，2012年以降，その他抗がん剤の輸入急減は注目に値する。この輸入の減少が，現地生産への代替を意味するのか，あるいは抗がん剤のインド市場からの撤収を意味するのか。

　また，近年，インド企業も抗がん剤を開発・製造するようになってきた。インドからの抗がん剤輸出も増大している。強制実施権の実施には，こうしたインド企業（の利益）を保護する側面があることも留意しなければならない。インド企業の利益を保護することを目的とした強制実施権の実施は，長期的にインドの産業発展にマイナスの影響を与える可能性がある。米国がスペシャル301条報告書で，インドにおける強制実施権の実施についても懸念を表明しているが，こうした外的な圧力が，インド企業の利益を保護する目的での強制実施権の実施を阻むことにつながる可能性は高い。

ネクサバールへの強制実施権実施以後，現在まで強制実施権は実施されていない。2015年6月，Lee Pharma が，AstraZeneca の糖尿病治療薬サキサグリプチン（ブランド名オングリザ）に対して強制実施権を申請した。Lee Pharma は，AstraZeneca が，インドのニーズを十分に満たしておらず，適正な価格で国民が利用できていないと主張していた。しかしながら，インド特許意匠商標総局は，Lee Pharma の強制実施権の申請は，十分な根拠に基づいているとは言えないとして棄却している（Dandekar 2016）。

データ保護

TRIPS協定の協定内容について，インドで論争になっているものがある。それはデータ保護の導入である。データ保護とはいかなる権利なのか。新薬の開発には2つの段階がある。第1の段階は新規化合物の発見，第2段階は当該医薬品の安全性および有効性に関する研究である。特許は第1の段階である新規化合物の発見にインセンティブを与えるものであり，発明に対して報償を与えるものである。一方，費用とリスクの大部分が伴う第2の段階で得た情報を保護するものがデータ保護である。新薬の安全性と有効性を証明するためには多くの努力によって収集されたデータが必要である。規制当局に販売の認可を得るために提出したデータの第三者による剽窃行為から当該データ保有者を保護する唯一の手段がデータ保護である。

データ保護は特許による保護とは独立しており，データ保護の重要性はTRIPS協定において認められている。第39条第2項，第3項では，政府または政府機関に提出される試験データとそのほかのデータの不正な商業的使用からの保護および開示からの保護を規定している。しかし，TRIPS協定は提出データの保護に関する十分なルールを与えるものではない。WTO加盟国の提出データ保護制度の間には相当な相違が存在するため，データ保護の導入は，各加盟国の TRIPS 協定の解釈によって異なってくる。そこで重要なことは，先発医薬品企業が提出したデータをジェネリック医薬品の生物学的同等性を判断するために政府が使用することが，商業的使用に相当するかどうか，そして提出データに対する保護は排他的性質のものであるべきかどうかである（Ramlall 2004: 93-94)。さらに TRIPS 協定はその保護期間について言及していない。TRIPS 協定は，第2または後発の申請者に提出データを利用させないことを求める義務を規定していないし，市場独占期間に関する規定も持たない。

多くの途上国は，規制当局への提出データは知的所有権のカテゴリーに属するものではなく，データ保護は TRIPS 協定に盛り込まれるべきではないとの立場をとっていた。そのなかで，インドはデータ保護強化に関する反対派を援護する役割を果たしていた。インド政府は，インドにおけるものと同じ規定を設けるべき義務を TRIPS 協定は求めていないとして，データに関する排他的権利の問題については明確な立場を取っていなかった。インドにおいて，輸入・現地製造のいずれの新薬についても，販売認可を付与する業務を行っているのは，中央医薬品基準管理機関（CDSCO）である。医薬品の販売認可は1940年医薬品・化粧品法（the Drugs & Cosmetics Act, 1940）のもとにおかれているが，同法はデータ保護を規定していなかった。

インドにおいて，データ保護をめぐって，データ保護強化を主張する外資系企業とデータ保護強化に反対するインド企業との間で議論が展開された。外資系企業を代表するインド製薬業者機構（OPPI）はデータ保護の利点として，①データ保護が市販医薬品の安全性と有効性の高い水準を保証する，②発明者にインセンティブを与える，③臨床試験のアウトソーシング機会を増大させ，インドへの投資を増加させる，などを指摘している。そして販売承認が認められてから最低6年間のデータ保護が導入されるべきであり，データ保護を導入しなかったインドは TRIPS 協定の義務履行を怠っていると主張した（OPPI 2003）。

一方，ジェネリック医薬品企業であるインド企業を代表するインド製薬産業連盟（IPA）は，①消費者は安価なジェネリック医薬品へのアクセスを拒絶される，②ジェネリック市場への参入が遅らされる，としてデータ保護導入に反対している。もしデータ保護が与えられれば，特許がすでに切れている製品も保護対象になり，1995年1月1日以前に申請された特許を持つ製品にも適用され，それは TRIPS 協定の義務履行を超えるものであると主張した（IPA 2002, 2004）。

インド人民党（BJP）連立政府は2003年3月，原則として，技術革新型企業

が提出した毒物学，薬物学，薬物動態学，そして臨床試験データに関して4年以内のデータ保護を与えることを決定した。ただし，インドで発生したデータに関しては特定期間の独占が認められるが，もしすでに権利消滅状態であるなら，インド以外で発生したデータには独占権は与えられない。

政権交代した2004年，インド国民会議派連立政府は4年以上のデータ保護を認めなかった。インド国民会議派政府は，物質特許が導入されると，製品の保護期間が20年になり，データ保護を強化することは特許期間をさらに延長することに等しいと考えた（Express Pharma Pulse 2003, Business Standard 2004）。

データ保護については，導入を主張する外資系企業と導入反対を主張するインド企業の間で論戦が展開されたが，最終的にデータ保護導入は見送られた。

データ保護に対するインド政府の見解が，2011年の3月EUとの自由貿易協定（free trade agreement: FTA）の交渉で明らかになった。EUはインドに対して，データ保護をFTAに盛り込むべきと主張したが，インドはこれを拒否した（Business Standard 2011）。インドは，インド地場のジェネリック医薬品企業の利益を損ねるため，すべてのFTAにデータ保護を含めることはしないと回答している。これで，インドがデータ保護を認めるという方針にないことが明らかになった（The Economic Times 2011）。この背景には，「2010年問題（2010年をピークにブロックバスターと呼ばれる大型特許医薬品の特許が失効すること）」がある。世界の医薬品市場はジェネリック時代を迎えている。インドにとって，特許が失効した医薬品のエバーグリーニングを意味するデータ保護の導入はビジネスチャンスを失うことにつながる。また，データ保護の導入が検討された2003年当時はインド製薬企業の新薬開発投資が最盛期を迎えた頃で，新薬導入に対する期待も大きくデータ保護の重要性が意識されたと考えられる。現時点でインド企業の新薬開発は一定の成果をあげてはいるものの，商業面での大きな成功に至っておらず，ジェネリック医薬品事業に主軸をおいている現状では，インドにデータ保護を導入する必要性をインド企業側が感じていない。加えて，環太平洋経済連携協定（TPP）の医薬品分野の交渉において，バイオ医薬品のデータ保護をめぐり，米国が先発医薬品企業の利益を確保するために，12年間のバイオ医薬品のデータ保護期間を主張した米国と，医療費を抑制するために，

早期にバイオシミラーを早期に導入したいオーストラリアなどが5年間のデータ保護期間を主張するなど対立が鮮明化し，交渉は難航した(1)。第5章で解説したとおり，バイオ医薬品は，低分子化学合成医薬品と比べ，分子量が非常に大きく複雑な構造をしており，その特性や性質は製造工程に依存する。そのため，バイオ医薬品の後続品であるバイオシミラーは，先発医薬品と「同一」ではなく，「類似」している医薬品である。世界の医薬品市場におけるバイオ医薬品の比重が大きくなっている現在，先発医薬品企業にとって特許と同様に臨床試験データを知的財産として保護するデータ保護が重要となっている。裏を返せば，データ保護の導入は，バイオシミラーの参入時期を遅らせることにつながり，バイオシミラー事業が萌芽期にあるインドにおいて，データ保護の導入は産業発展を妨げる可能性を持っているといえる。

2　外資規制の強化

まず，近年のインド市場における外資系企業の動向を概観したい。インドの外資系企業が加盟する業界団体OPPIの加盟企業数は31社で，そのうち外資系企業は28社である。**表8-4**は，OPPI加盟企業および会社省（Ministry of Corporate Affairs）のMCA21から検索した主要な外資系企業の一覧である（ただし，インドで操業するすべての外資系企業をカバーしていない）。

出身国別では，米国が14社，英国4社，ドイツ5社，スイス3社，フランス2社，デンマーク2社，ベルギー1社である。インド市場でトップに立っているのが，2010年Piramal Healthcareから国内ジェネリック医薬品事業を買収した米国大手製薬企業のAbbott Laboratoriesである（**表8-5**）。7位に英国のGlaxoSmithKline（GSK），そして10位にはPfizerが入っている。GSKは大幅なマイナス成長（-15.5％）を記録しているが，2013年医薬品価格規制令の施行による医薬品価格の大幅な引き下げの影響を受けているものと考えられる。2014年12月末にSunに合併されたRanbaxyを含めると，上位20社のうち，外資系企業は5社に上り，インド医薬品市場全体における外資系企業のシェアは22.43％（インド企業のシェアは77.57％）である。2013年医薬品価格規制令の施

行により，外資系企業の収益性は悪化している。

インドの医薬品市場においては，インド企業が優勢であるが，個別の治療学領域あるいは製品群においては，少し様相が異なる。例えば，抗がん剤，インスリンなどバイオ医薬品領域においては，外資系企業が優位にある。依然として，高度先端技術を要する分野においては，外資系企業が優位である。また，特許がすでに失効しており，ジェネリック医薬品が存在している場合でも，先発医薬品が優位にあるケースも少なくない。高付加価値製品の市場はインドの所得水準上昇を反映して成長を続けている。外資系企業はインド市場における存在感は増大しつつある。そして，外資系企業によるインド企業の買収が活発化していることが，外資規制の強化への議論を呼び起こした。近年，インドでは医薬品アクセスの確保を狙いとした外資規制の強化に関する議論が続けられ，外資規制強化の方針が決定した。

1991年の経済自由化以降，製薬産業への外国直接投資（FDI）規制も段階的に緩和され，2002年に，出資比率100％，自動承認ルート（事前審査・承認の必要なし）となった。2016年時点においても，FDI残高で，製薬部門は第6位にあり，インドの有望な投資部門となっている（図8-3）。

表8-6は主要なインド企業買収案件の一覧である。近年，外国製薬企業によるインド大手製薬企業の買収が相次いで起こったことにより，インド国内市場の上位5社のうち，3社が外国系企業となり（GSK，Abbott，Ranaxy＝第一三共），医薬品の価格上昇と強制実施権申請企業の減少が懸念され，製薬産業におけるFDI規制強化の議論が進められた。

2010年に8月24日に公表された商工省の産業政策促進局（Department of Industry Policy and Promotion: DIPP）のディスカッション・ペーパーにおいて，製薬産業を現行の自動承認ルートリストから除外し，出資比率も100％から49％に引き下げることが提案された（DIPP 2010）。

インド政府は，医薬品アクセスを保証するために，そしてインドのジェネリック医薬品企業を保護するため，2012年に，製薬産業部門に対するFDIのガイドラインを改正した。改正の内容は，新規法人・製造施設の設立などの「グリーンフィールド投資」と既存のインド企業の買収（M&Aおよび株式の取得）

表 8-4 インドで操業する

企業名	創設年
Abbott Healthcare Pvt Ltd	1997
Allergan India Pvt Ltd	1994
Amgen Technology Pvt Ltd	2007
Astellas Pharma India Pvt Ltd・	2008
AstraZeneca India Ltd	1986
Bayer Pharmaceuticals Pvt Ltd	1993
Bilcare Ltd	1987
Boehringer Ingelheim India Pvt Ltd	2003
Bristol-Myers Squibb India Pvt Ltd	2004
Eisai Pharmaceuticals India Pvt Ltd	2007
Eli Lilly and Company (India) Pvt Ltd	1993
Fresenius Kabi India Pvt Ltd	1995
Galderma India Pvt Ltd	1999
GlaxoSmithKline Pharmaceuticals Ltd	1924
GSI Pharma Pvt Ltd	2014
Johnson & Johnson Ltd	1957
Lundbeck India Pvt Ltd	2002
Merck Ltd (Merck Serono)	1967
MSD Pharmaceuticals Pvt Ltd	2004
Nektar Therapeutics (India) Pvt Ltd	2005
Novartis India Ltd	1947
Novo Nordisk India Pvt Ltd	1994
Pfizer Ltd	1950
Roche Products (India) Pvt Ltd	1994
Sanofi India Ltd	1956
Serdia Pharmaceuticals (India) Pvt Ltd	1985
Takeda Pharmaceuticals India Pvt Ltd	2011
UCB India Pvt Ltd	1959
AstraZeneca Pharma India Ltd	1979
RECKITT BENCKISER (INDIA) Private Limited	1951
RECKITT BENCKISER HEALTHCARE INDIA Private Limited	1980
Allergan Healthcare India Private Limited	2008
ALLERGAN INDIA PRIVATE LIMITED	1994
Fresenius Kabi Oncology Limited	2003
SANOFI PASTEUR INDIA PRIVATE LIMITED	1996
SHANTHA BIOTECHNICS Private Limited	1993
Hospira Healthcare India Private Limited	2009
TEVA API INDIA Private Limited	2002
Teva India Private Limited	2000
TEVA PHARMACEUTICAL AND CHEMICAL INDUSTRIES INDIA PRIVATE LIMITED	2003
TEVAPHARM INDIA PRIVATE LIMITED	2000
Mylan Laboratories India Private Limited	2007
Mylan Laboratories Limited	1984
Mylan Pharmaceuticals Private Limited	1997
AGILA SPECIALTIES PRIVATE LIMITED	2004
KYOWA HAKKO BIO INDIA PRIVATE LIMITED	2010
ROHTO PHARMA (INDIA) PRIVATE LIMITED	2010
SUNWAYS ROHTO PHARMACEUTICAL PRIVATE LIMITED	1986
DAIICHI SANKYO INDIA PHARMA PRIVATE LIMITED	2007
SANTEN INDIA PRIVATE LIMITED	2011
Otsuka Pharmaceutical Co Limited	2007
OTSUKA CHEMICAL (INDIA) Private Limited	2006
Claris Otsuka Private Limited	2012
Medreich Limited	1973
ZYDUS TAKEDA HEALTHCARE PRIVATE LIMITED	1999

(注) AP:アーンドラ・プラデーシュ, DL:デリー, GJ:グジャラート, HR:ハリヤーナー, KA:カルナータ
(出所) Organisation of Pharmaceutical Producers of India (OPPI) https://www.indiaoppi.com/, Ministry of

第8章　医薬品アクセスと産業発展

主要外資系企業

出身国	企業タイプ	上場／非上場	OPPI加盟	参入形態	本社の所在州
米　国	非公開会社	非上場	○		MH
米　国	非公開会社	非上場	○		KA
米　国	外国企業子会社	非上場	○		MH
日　本	外国企業子会社	非上場	○		MH
英　国	非公開会社	非上場	○		KA
ドイツ	非公開会社	非上場	○		MH
米　国	公開会社	上場	○		PN
ドイツ	非公開会社	非上場	○		MH
米　国	外国企業子会社	非上場	○		MH
日　本	非公開会社	非上場	○		AP
米　国	非公開会社	非上場	○		HR
ドイツ	非公開会社	非上場	○		PN
スイス	非公開会社	非上場	○		MH
英　国	公開会社	上場	○		MH
英　国	外国企業子会社	非上場	○		MH
米　国	非公開会社	非上場	○		MH
デンマーク	非公開会社	非上場	○		KA
ドイツ	公開会社	上場	○		MH
米　国	非公開会社	非上場	○		DL
米　国	外国企業子会社	非上場	○		TG
スイス	公開会社	上場	○		MH
デンマーク	非公開会社	非上場	○		KA
米　国	公開会社	上場	○		MH
スイス	非公開会社	非上場	○		MH
フランス	公開会社	上場	○		MH
フランス	非公開会社	非上場	○		MH
日　本	外国企業子会社	非上場	○		MH
ベルギー	非公開会社	非上場	○		MH
英　国	公開会社	上場			KA
英　国	非公開会社	非上場			DL
英　国	非公開会社	非上場			HR
アイルランド	非公開会社	非上場			KA
アイルランド	非公開会社	非上場		合弁	KA
ドイツ	公開会社	非上場		M&A	DL
フランス	非公開会社	非上場			MH
フランス	非公開会社	非上場		M&A	TG
米　国	非公開会社	非上場		M&A	TG
イスラエル	非公開会社	非上場			DL
イスラエル	非公開会社	非上場			DL
イスラエル	外国企業子会社	非上場			DL
イスラエル	外国企業子会社	非上場			DL
米　国	非公開会社	非上場		M&A	DL
米　国	公開会社	非上場			TG
米　国	非公開会社	非上場			MH
米　国	非公開会社	非上場		M&A	TG
日　本	外国企業子会社	非上場			MH
日　本	外国企業子会社	非上場			HR
日　本	非公開会社	非上場		合弁	GJ
日　本	非公開会社	非上場			HR
日　本	外国企業子会社	非上場			KA
日　本					HR
日　本					DL
日　本	非公開会社	非上場			DL
日　本	非公開会社	非上場		合弁	GJ
日　本	公開会社	非上場		M&A	KA
日　本	非公開会社	非上場		合弁	MH

カ，MH：マハーラーシュトラ，PN：パンジャーブ，TG：テランガーナー
Corporate Affairs, MCA21 http://www.mca.gov.in/MCA21/Master_data.html より作成。

273

表8-5 インド市場売上高上位企業:2014年
(単位:1,000万ルピー)

	企業	売上高	成長率(%)	シェア(%)	インド(I)／外資(F)
1	Abbott	4,911	3.7	6	F
2	Sun	4,218	15.8	5	I
3	Cipla	3,838	6.2	5	I
4	Zydus Cadila	3,381	6.3	4	I
5	Ranbaxy	3,060	2.1	4	I
6	Mankind	2,759	5.7	4	I
7	GSK	2,694	-15.5	3	F
8	Alkem	2,689	9.0	3	I
9	Lupin	2,621	12.7	3	I
10	Pfizer	2,244	3.2	3	F
11	Emcure	2,176	14.4	3	I
12	Macleods	2,102	13.3	3	I
13	Intas	1,975	14.1	3	I
14	Sanofi	1,942	0.6	3	F
15	Aristo	1,902	14.7	2	I
16	Glenmark	1,688	16.7	2	I
17	Dr. Reddy's	1,658	7.2	2	I
18	Micro	1,592	10.5	2	I
19	Torrent	1,419	14.6	2	I
20	USV	1,410	8.5	2	I
	インド医薬品市場	77,529	6.7	100%	

(出所) AIOCD-AWACS (2015: 4) より作成。

など「ブラウンフィールド投資」を区別し,グリーンフィールド投資については,従来通り自動承認ルート(インド準備銀行への届け出のみ)で外資出資比率100％まで認められるが,ブラウンフィールド投資については,外資出資比率100％まで認められるものの,外国投資促進委員会(Foreign Investment Promotion Board: FIPB)の審査を経ることが義務付けられた。そして,現在,インド競争委員会(Competition Commission of India: CCI)をブラウンフィールド投資の

第8章　医薬品アクセスと産業発展

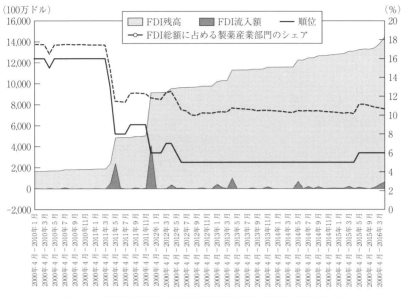

図8-3　製薬産業部門におけるFDI残高の推移（単位：100万ドル）
（注）　順位，FDI総額に占める製薬部門のシェア（％）は右軸。
（出所）　Department of Industrial Policy and Promotion, *Fact Sheet on Foreign Direct Investment*, various issues.

表8-6　買収された主要インド企業一覧

買収企業（外国企業）	被買収企業（インド企業）	買収額	年
Mylan	Matrix Laboratories	7億3,600万ドル 1億3,300万ドル	2006 2009
Fresenius Kabi	Dabur Pharma	2億1,900万ドル	2008
第一三共	Ranbaxy Laboratories	53億7,000万ドル	2008
Sanofi Pasteur	Shantha Biotechnics	7億8,400万ドル	2009
Hospira	Orchid Chemicalsの注射事業	400万ドル	2009
Abbott Laboratories	Piramal Healthcareの国内ジェネリック事業	37.2億ドル	2010
Reckitt Benckiser	Paras Pharmaceuticals	7億2,000万ドル	2010

（出所）　各社プレスリリース（報道用資料）より作成。

275

審査機関とするために，競争法の改正手続き中で，競争法改正後はFIPBに代わってCCIが審査を行うことになる（PIB 2011）。そして，2012年12月3日，すべてのブラウンフィールド投資が，事前審査の対象となることが決定された。

　しかしながら，外資系企業によるM&A機運は衰えなかった。2012年4月から2013年4月の期間における製薬産業へのFDI流入額の96％以上がブラウンフィールド投資によるものであった（PTI 2016）。インド製薬産業は魅力ある投資先となっている。これは，インド医薬品市場が急速に成長を遂げており，大きなビジネスチャンスを外資系企業に提供していること，インド企業の製造・研究開発能力の高さ，高いコスト競争力が国際的に評価されているといえる。また，インド企業は，その中長期的経営戦略のなかで，事業部門の売却（ダイベストメント）やM&Aを戦略的に選択している。たとえば，Piramal Healthcareは国内のジェネリック事業（製剤）を米国のAbbott Laboratoriesに売却したが，Piramal Healthcareは，中長期的にジェネリック医薬品企業から先発医薬品企業へと転身することを計画しており，売却益は研究開発部門へと投資されている。また，M&Aはインド企業にとって重要な資金調達の手段であり，事業再編の手段となっている。

　2013年9月3日，インドは，米国のジェネリック大手MylanによるStrides Arcolabの子会社であるAgila Specialtiesの買収案件（取引額516.8億ルピー，約16億米ドル）を承認した。インド企業を買収する案件については，現在は，CCIが審査し，承認することとなっているが，今回の案件については，内閣経済諮問委員会（Cabinet Committee on Economic Affairs: CCEA）の判断によって承認された（Financial Express 2013）。Agila Specialtiesの案件は，インドの通貨危機と経常収支赤字を背景に，マンモハン・シン首相の支持を勝ち得たとみなされている（Financial Times 2013）。

　これに対して，インド企業の買収への規制を強化すべきと主張している商工省産業政策促進局は，FDI規制の緩和によって，外資系企業による新たな製造施設建設や新規雇用の創出，そして研究開発活動を通じ技術移転を期待したが，外資系企業はインド企業を買収するばかりで，新規投資，新規雇用の創出，そして研究開発を行っていないと考えており，ブラウンフィールド投資をする

外資系企業に対して，少なくとも25％の生産能力の拡張と追加的雇用創出を義務付けることを提案している（Business Line 2013）。

2016年6月，モディ政権は，ブラウンフィールド投資に対する規制の緩和を決定し，外資の出資比率74％までは自動承認ルート（インド準備銀行への届け出のみ）で承認すること認めた。製薬産業の成長を促進することが今回の規制緩和の目的であるとされた（PTI 2016）。

3　医薬品アクセスと産業発展の両立

独立以来，インドは，①製薬産業の成長と，②安価な医薬品の供給という2つを政策目標として掲げてきた。1980年代ごろまで，製薬産業の成長を促進することが安価な医薬品を供給することにつながり，産業発展がインドの医薬品アクセス向上において重要であった。しかしながら，製薬産業が成長するにつれて，産業発展と安価な医薬品の供給という2つの目標を同時に追求することが困難になってきた。特許権保護強化や外資系企業のインド市場でのシェア上昇が医薬品価格の上昇をもたらし，医薬品アクセスの後退が懸念された。

本章で議論した特許・知的所有権運用，外資規制のいずれも，医薬品価格の上昇を間接的に抑制し，安定的に安価な医薬品を供給することを保証することを目的として実施された。しかし，実際の目的は，外資系企業にインドでの現地生産を促すことではないだろうか。価格については，外資系企業は段階的価格方式のようなインドの所得水準に応じた価格戦略で，適正な価格での医薬品供給を行っているし，供給量については，市場規模があればその規模に応じて供給しているはずである。インドにおいて，外資系企業は特許医薬品の製造を行っていないことが一般的である。Roche，Novartisなどはインド国内に製造施設を保有していないし，Pfizerのように製造施設を保有していたとしても，特許医薬品を製造しているとは限らない。

なぜ，外資系企業はインドで現地生産しないのだろうか。まず，企業の戦略として，グループ全体の生産能力の規模とインドの市場規模を考慮して，インドで現地生産するか否かが判断される。つまり，インドでの需要を既存の生産

能力でカバーできれば，敢えてインドで現地生産せず，地理的にインドに最も近い製造施設（例えば東南アジア諸国）から輸入することを選択する。しかし，理由はそれだけではないだろう。外資系先発医薬品企業は，依然としてインドにおける模倣リスク，つまり特許侵害を警戒している。現地生産することで，模倣リスクが増大すると考えている。本章で議論した医薬品アクセスの向上を目的とした措置は，いずれも外資系先発医薬品企業にインドでの現地生産を促すことを目的としていた。しかしながら，インドの特許・知的所有権の運用が不十分であると外資系先発医薬品企業が感じているために，インドにおける現地生産が進まない側面があることも事実である。

また，医薬品アクセスの問題は，製薬産業のイノヴェーションの促進とも密接な関係を持っており，長期的には製薬産業の発展にも影響を及ぼす。インドは，1990年代以降，イノヴェーションを梃子に製薬産業を発展させる方向へ舵を切った。インド企業は研究開発投資を増大させ，イノヴェーションによる成長を追求してきたが，こうした状況とインド国内の知的所有権の運用は必ずしも合致しない。それは，インド企業のイノヴェーション製品は，インド国内場向けではなく，海外市場特に先進国市場向けである。その意味で，インド国内の知的所有権の保護は緩やかであるほうが望ましい。しかしながら，こうしたインドの知的所有権制度の運用は，米国との関係に少なからずマイナスの影響を与えている。最大の市場である米国との関係の悪化は，インド製薬産業の発展にとって望ましいものではない。米国は，スペシャル301条報告書において，特許制度の運用の問題に加えて，インドがデータ保護を認めていないことも問題視している。今後，米国はデータ保護の導入についても，インドに強く要求してくるものと考えられる

外資規制の強化に関しては，再び緩和の方向に向かっている。これは，規制を強化しても実質的に効果が少なかったこと，外資によるインド企業の買収と医薬品価格上昇との関連性が明確ではないことがその背景にあると考えられる。

医薬品アクセスの向上に最も効果を持つのは，医薬品価格を直接引き下げる効果を持つ医薬品価格規制であろう。2013年に新しい医薬品価格規制が公布され，価格規制が強化され，インドの医薬品価格は大幅に引き下げられている。

現時点で特許医薬品の価格規制は実施されていないが，特許医薬品の価格規制についても議論されている（Department of Pharmaceuticls 2013）。また，インドでは，中央政府および州政府が医薬品供給サービスを実施しており，成果を挙げている(3)。こうした状況において，知的所有権制度の運用および外資規制については，医薬品アクセスを考慮しながらも，産業発展を阻害しない公正な実施が求められる。インド企業と外資系企業の競争を促進し，製薬産業の発展を促進しながら，医薬品アクセスの改善にもつなげていく努力が必要である。

注
(1) 交渉の末，バイオ医薬品のデータ保護期間は実質 8 年で合意に至ったとされている。
(2) Novartis グループとしては，子会社であるジェネリック医薬品企業 Sandoz はマハーラーシュトラ州ムンバイに製造施設を保有している。
(3) インドにおける医薬品供給サービスについては，上池（2017）を参照されたい。

終 章
インド製薬産業の発展と今後の課題

　独立以降,輸入代替工業化政策(産業許認可制度,外資規制,高率関税,輸出入規制)の推進が,インドに非効率,技術移転の遅れと国産技術の陳腐化をもたらし,結果的に,インド経済は停滞を余儀なくされた。しかしながら,インド製薬産業は,輸入代替工業化政策のもと,輸入代替に成功した。そして,比較劣位から比較優位へと移行し,世界有数の医薬品輸出国として台頭するに至った。

　輸入代替の成功の要因として,1970年特許法,産業政策と医薬品政策,そして医薬品価格規制を指摘できる。

　インディラ・ガンディー政権が,物質特許を認める1911年特許および意匠法に替えて,物質特許を認めず製法特許のみを認める1970年特許法を施行した。1970年特許法では,特許期間は16年間から7年間に短縮され,リバースエンジニアリングと他国で特許保護されている医薬品の代替的製法の開発を促進した。アンチ・パテント政策のもと,インド製薬企業はリバースエンジニアリングを通じて模倣技術を獲得し,海外において特許で保護されている新薬を模倣すると同時に,新しく独自の製法を開発することに注力した。これによって,インドの医薬品製造技術は発展し,製品,技術とも陳腐化することがなかったといえる。1970年代から1990年代までのインドは模倣の時代であり,そこで蓄積された優れた模倣技術と製法開発能力がインド製薬産業の国際競争力の源泉となった。

　第2の要因は,産業政策と医薬品政策である。輸入代替工業化戦略の政策枠組みである産業政策(産業許認可制度,1969年独占および制限的取引慣行法,外資規制を強化した1973年改正外国為替規制法)は,1970年当時インド国内市場で圧倒的

シェアを誇っていた外資系企業の活動を抑制し，その規模の縮小に貢献した。加えて，医薬品の国産化を実現したインド企業にとって，輸入代替工業化政策の下での輸入規制は独占的利益を確保する手段となった。国産化によって国内で入手可能となった医薬品について，その開発企業は，インド政府に輸入規制（輸入禁止）を要求し，他社が模倣生産を開始するまで，国内市場で独占的利益を得る手段として輸入規制を利用したのである。また，産業政策を補完するという意味で，医薬品政策の貢献も大きい。インドで最初の包括的な医薬品政策であり，1990年代までインドの医薬品政策の基本的枠組みとなった1978年医薬品政策は，医薬品の自給自足を達成することをその基本目標に掲げ，研究開発の促進を通じた製薬産業の技術力の向上を促進する一方で，外資系企業に対する規制を強化した。1986年医薬品政策では，インド企業に対する規制緩和を実施する一方で，外資系企業に対しては，段階的国産化計画に従うことを義務付けるなど，その規制を強化した。医薬品政策は，外資系企業の活動を大幅に抑制することに成功した。インド市場における外資系企業の後退によって，インド企業の成長の余地が生まれることとなり，インド企業の発展を促進した。

　第3の要因は，医薬品価格規制である。医薬品アクセスを改善するために導入された医薬品価格規制は，インドにおける医薬品価格の引き下げを目的としていた。医薬品価格の引き下げは，企業にとっては収益の減少を意味し，企業の成長を抑制するものである。しかし，インド企業にとって，医薬品価格規制はコスト削減へのインセンティブとして機能した。医薬品価格の上限を決められている（しかも低価格）状況で，企業が利潤を最大化するためには，コストを極限まで引き下げる必要がある。1970年医薬品価格規制令の施行以降は，インド企業は，低コストで医薬品を製造しなければならず，生産性を高める技術を開発し，獲得しなければならなくなった。医薬品価格規制の存在が，医薬品を低コストで製造することで収益を得るというビジネスモデルをインド企業に定着させた。インドの高いコスト競争力は医薬品価格規制のもとで形成されたといえる。また，1979年に医薬品価格規制令が強化された後は，医薬品価格規制は輸出インセンティブとして機能した。医薬品価格規制が，インド企業の交易条件の良い海外市場への進出，すなわち輸出を促進した。医薬品価格規制は，

終　章　インド製薬産業の発展と今後の課題

低コスト競争を生み出し，輸出を促進したといえる。

　以上の要因がインド製薬産業の発展に大きく貢献してきた。他の製造業同様，輸入代替工業化政策によって，インド製薬産業も国際競争から保護されたが，国内においては，製薬産業をめぐる政策，特に医薬品価格規制の実施による厳しいビジネス環境にさらされていたため，製薬産業は非効率に陥ることもなく，技術水準も世界水準から大きく遅れることもなかった。

　1990年代の政策転換は，製薬産業にとって大きな挑戦となった。輸入代替工業化政策の枠組みを大きく転換させ，インド経済のグローバル化を推進した1991年以降の経済自由化，経済安定化を柱とする構造調整計画，そして1995年に発効したWTO TRIPS協定は，製薬産業の成長を支えた制度的要因の多くを喪失させた。

　しかしながら，1990年代以降も，インドは高い成長を維持し続けてきた。主要企業の中には，ジェネリック医薬品企業でありながら，新薬開発に挑戦する企業も出てくるなど，先発品を模倣した安価なジェネリック医薬品を製造し販売するジェネリック医薬品企業であることに満足せず，新しい技術の獲得と開発に努力し，高付加価値の製品の開発に注力した。インドは，1970年代以降，1970年特許法のもと，リバースエンジニアリングで獲得した模倣技術と，1990年代以降，新薬開発やNDDSの開発などで獲得した革新的技術を融合させて，1990年代以降はその競争優位を維持し，さらに高めた。インドのイノヴェーションとは，既存の技術や知識と革新的技術を組み合わせることであり，インド企業は，模倣と革新を融合したイノヴェーティブな製品やサービスを提供することで，グローバル市場において存在感を増してきた。模倣は，リバースエンジニアリングを必要とする。技術導入により設計図や図面を入手してもそのままでは経済価値を生まず，商品化して成功するためには，自社の製造能力をそれに適応するように改良することが必要になる。つまり，模倣にも投資が必要であり，研究開発活動が必要である。つまり，インドは模倣における工夫や改良から革新を生み出し，さらに海外の先端技術を理解し，模倣技術といかに組み合わせるかという革新も生み出したのともいえる。模倣と革新の融合というインドの「革新」は，企業の能力によって生み出される。

「模倣と革新の融合」というイノヴェーションの実現を可能にしたのが，インド製薬企業の「企業の能力」である。インド製薬産業の成長にとって，インド政府が実施した産業政策や医薬品政策，市場の動向そして科学技術の変化を的確に認識し，商業活動へと転換する「企業の能力」が重要であった。インドでは，上述のような産業政策や医薬品価格規制などの政策変化や世界の医薬品技術革命の動向を的確に把握し，適応する形で，ビジネスモデルを構築する，つまり環境変化の中に新しい事業機会を見いだし，組織を革新し，新しい価値を創造する経営革新と研究開発能力を支える技術革新という2つのイノヴェーションを起こす企業の能力である。

　また，インド企業の「模倣と革新の融合」というイノヴェーションは，グローバル・バリューチェーン（GVC）への参加によって，さらに進化している。GVCへの参加により，技術のスピルオーバーが増大した。GVCへの参加を通じて，インド企業はアップグレードを実現してきた。低分子化学合成医薬品の模倣生産からスタートし，高付加価値，高機能を有する医薬品の開発の実現，そして低分子化学合成医薬品分野における新薬の開発と商業化に成功し，そして現在は遺伝子工学や細胞培養技術などのより複雑かつ高度な先端技術の使用が求められるバイオ医薬品分野への参入を果たしている。当然のことながら，GVCにおけるステージも上昇しており，医薬品のGVCへのインドの貢献度も大きくなってきた。

　また，インド製薬産業が高度成長を維持するためには，海外での事業展開が必要不可欠である。特に最大の市場である米国との関係は重要である。米国市場の40％以上がインド製の医薬品が占める状況にあり，インドは，安価なジェネリック医薬品を米国に供給することで，米国の医薬品アクセスの改善に貢献している一方，インド企業の存在は米国の製薬企業（特に先発医薬品企業）の脅威となっている。

　2008年以降，米国がGMP違反を理由にインド企業に対し，輸入禁止措置を行使したことにより，米国市場を主戦場とするインド企業の業績はマイナスの影響を受けることとなった。現在も，輸入禁止措置や警告書が頻繁に発動されているが，インドは，官民一体となって，国内の製造管理・品質管理体制の見

直しを行い，監視体制を強化することで状況の打開に努めている。

　また，米国企業をはじめとする多国籍製薬企業の特許が，特許法第3条(d)項を理由として認められず，訴訟に発展する事例が相次いでいた。米国はこうした状況に対して，スペシャル301条報告書においてインドへの強い懸念を表明した。米国では，インドを優先監視国から，制裁対象となる優先国にすべきという論調も強まっていた。米国政府はインド政府とインドの知的所有権制度に関する作業部会を設置し，インドの知的所有権制度の運用について議論を重ねてきた。その成果として，2016年に，インドは国家知的所有権政策を発表し，知的所有権制度を改善する努力を示した。また，特許訴訟に関しても，米国企業をはじめとする多国籍製薬企業に不利な裁定が下されることが減少しており，米国との関係は改善の兆しを見せている。しかしながら，米国は特許のほかにも，インドがデータ保護を導入していないこと，医薬品価格規制を強化したことが市場アクセスを阻害しているとして，インドに対する強い懸念を示している。米国との関係の不安定化は，インド企業の米国における成功の大きさの裏返しでもあり，非常に複雑な問題であるといえる。

　こうした最大市場である米国との関係の不安定化は，インド企業の日本市場への進出を促している。現在，日本進出に成功しているインド企業はLupinに限られている。自社ブランドにこだわらず，日本企業との提携を通じた参入で，Lupinは一定の成功をおさめた。日本は，米国ほどジェネリック医薬品が浸透していないものの，米国よりもジェネリック医薬品の価格が高く，市場規模は必ずしも小さくない。長期的に，インド製薬産業が高度成長を持続していくカギが日本市場であろう。現在は，自社ブランドにこだわらない，Lupinモデルでの日本進出を検討するインド企業が増加しており，提携先を探している状況である。

　一方，日本企業のインド市場進出も加速している。高成長するインド市場の機会を捉えるために進出した日本企業ではあるが，依然として最貧困国であり，医薬品価格規制の強化によって医薬品の価格が低く抑えられているインドでのビジネスはかなり難しい。インドを製造・輸出拠点として活用しながら，インド市場が成長し，成熟するのを待つ時期が続いている。

最後に，持続的に製薬産業が成長するうえで，インドには克服すべき課題がある。「製薬産業の発展」と「医薬品アクセスの改善」という二つの課題を両立できるかどうかである。インドは，世界的なジェネリック医薬品生産国であり輸出国である一方，依然として健康保険制度が十分に普及していない貧困国であるという二面性を持っている。インドでは，マラリアやデング熱など熱帯性の感染症のほか，結核，HIV／AIDSなどの感染者数が世界でも最も多く，近年では経済成長に伴うライフスタイルの欧米化により，糖尿病などの慢性疾患の患者数も急増しているなど，国民の健康福祉への不安も大きい。特許保護強化や外資系企業のインド市場でのシェア上昇が医薬品価格の上昇を引き起こすことが危惧され，それによる医薬品アクセスの後退が懸念されている。

　2002年医薬品政策の差し止めから2012年医薬品価格政策の発表までの間，2005年に物質特許体制が導入されたことに加え，2000年代後半には相次いでインド製薬企業が外資系企業に買収されたことにより，インド市場の寡占化による医薬品価格の上昇と医薬品アクセスの後退が懸念されたことが，医薬品価格規制強化への布石となった。インドにおいて，医薬品価格規制は，インドの健康福祉水準の改善に貢献した一方で，インド企業の輸出志向・海外進出を促すインセンティブとして機能してきた。また，2013年医薬品価格規制令の施行により医薬品価格規制が強化され，主要インド企業の市場離れが加速するも懸念されている。インド企業のインド市場離れが加速することにより，インドにおける医薬品供給が減少するようになれば，医薬品アクセスにも影響が生じる。

　産業発展と医薬品アクセスの両立こそが，長期的に最も重要な課題である。インドでは，製薬産業の成長と，安価な医薬品の消費者への供給を通じた医薬品アクセスの改善という二つの目標を同時に達成しなければならないが，いかなる政策的な舵取りも困難を極める。インド製薬産業の発展は，医薬品アクセスの改善をめぐるインド政府の政策運営と舵取りに大きく左右される可能性がある。

参 考 文 献

日本語文献

医薬品産業研究所（2014）『製薬産業を取り巻く現状と課題——よりよい医薬品を世界へ届けるために』。

エーザイ株式会社（2012）『アニュアル・レポート2012』。

―――（2013）『アニュアル・レポート2013』。

絵所秀紀（1988）「経済政策と経済規制——工業化の政策的・制度的枠組み」伊藤正二編『インドの工業化　岐路に立つハイコスト経済』アジア経済研究所，34-55頁。

小田切宏之（2004）『企業経済学』東洋経済新報社。

上池あつ子（2006）「インドにおける医薬品の製造管理および品質管理基準（GMP）履行」『社会科学』第76号，49-71頁。

―――（2007）「インド医薬品産業が抱える課題」久保研介編『日本のジェネリック医薬品市場とインド・中国の製薬産業』アジア経済研究所，55-79頁。

―――（2017）「インドにおける医薬品供給サービス」佐藤創・太田仁志編『インドの公共サービス』アジア経済研究所，65-102頁。

上池あつ子・佐藤隆広（2006）「WTOの貿易関連知的所有権（TRIPS）協定とインド医薬品産業」『地域研究』第7巻第2号，149-167頁。

厚生労働省（2007）『後発医薬品の安心使用促進アクションプログラム』。

―――（2013）『後発医薬品のさらなる使用促進のためのロードマップ』。

近藤則夫（2003）「インドの小規模工業政策の展開——生産留保制度と経済自由化」『アジア経済』第44巻第11号。

沢井薬品株式会社（2014）「平成26年3月期決算短信」（日本基準連結）（平成26年5月24日）。

ジェトロ（2012）『特許第215758号の強制実施許諾申請に関するムンバイ特許庁長官命令（仮訳）』。

末廣昭（2000）『キャッチアップ工業化論』名古屋大学出版会。

―――（2006）『ファミリー・ビジネス論——後発工業化の担い手』名古屋大学出版会。

第一三共株式会社（2012）『Annual Report 2012』。

角田礼昭（2015）「運命的出会い」『JGA NEWS』92号　日本ジェネリック製薬協会，3-4頁。

東和薬品工業株式会社（2014）「平成26年3月期決算短信」〔日本基準（連結）〕（平成26年5月14日）

特許庁（2015）『平成26年度　特許出願技術動向調査報告書（概要）抗体医薬』。

内閣府（2007）『経済財政改革の基本方針2007』。

西口章雄（1977）「発展途上国の国民形成と"技術移転"」尾崎彦朔・奥村茂次編『多国籍企業と発展途上国』東京大学出版会，1977年，71-116頁。

─── （1982）『発展途上国経済論──インドの国民経済形成と国家資本主義』世界思想社。

─── （1990）「計画的工業化の展開」西口章雄・浜口恒夫編『新版　インド経済』世界思想社，39-93頁。

日医工株式会社（2014）「平成26年3月期決算短信」〔日本基準（連結）〕（平成26年5月12日）。

日本製薬工業協会（2012）『バイオ医薬品　医療の新しい時代を切り開く』。

─── （2013）『バイオシミラー（バイオ後続品，類似バイオ医薬品）　科学的および規制上の考察』。

ポーター，マイケル・E（竹内弘高訳）（1998）『競争戦略論Ⅱ』ダイヤモンド社。

前田年秋（2010）『PIC/Sの概要について』日本製薬工業協会GMP事例研究会。

三菱UFJリサーチ＆コンサルティング（2013）『平成24年度ジェネリック医薬品の信頼性向上のための評価基準等に関する調査検討事業－報告書』。

陽進堂（2014）『株式会社陽進堂とルピンリミテッドによるバイオ後続品に関する合弁会社設立契約締結について』。

英語文献

Agarwala, P.N. (2001) *A Comprehensive History of Business in India From 3000 BC to 2000 AD*, New Delhi: Tata McGraw-Hill Publishing Company Limited.

AIOCD-AWACS (2015) *Market Intelligence Report 2014*.

Ajay, VS, R. Gupta and J. Panniyammakkal et al. (2002) *National Cardiovascular Disease Database, Delhi Ministry of Health and Family Welfare, Government of India*. Geneva: World Health Organization.

Beasley, Deena (2016) "India Patent Office approves Gilead's hepatitis C drug patent," *Reuters*, May 11, 2016 (http://www.reuters.com/article/us-gilead-india-patent-idUSKCN0Y12NA).

Bhandari, Bhupesh (2005) *The Ranbaxy Story*, New Delhi: Viking.

―――― (2011) "Whose Company Is It Anyway?", *Business Standard*, May 27 2011 (http://www.business-standard.com/india/news/bhupesh-bhandari-whose-company-is-it-anyway/436850/).

Biospectrum-ABLE (2013) "Biospectrum-ABLE Survey", *Biotechnology in India - 2013*.

Business Line (2002) "Karnataka HC asks Govt to spell out policy on life-saving drugs ―― Stays implementation of pharma policy," November 14 (http://www.thehindubusinessline.com/2002/11/15/stories/2002111502620500.htm).

―――― (2003) "Marine biotech park to be set up in Vizag," August 20 (http://www.thehindubusinessline.com/bline/2003/08/21/stories/2003082101781700.htm).

―――― (2013) "Cap on FDI: Health Ministry to identify 'critical' pharma sectors," September 18 (http://www.thehindubusinessline.com/industry-and-economy/cap-on-fdi-health-ministry-to-identify-critical-pharma-sectors/article5142446.ece).

Business Standard (2004) "Should India allow data exclusivity?", May 19 (http://www.business-standard.com/article/opinion/should-india-allow-data-exclusivity-104051901055_1.html).

―――― (2011) "India will not provide data exclusivity: Anand Sharma," March 30.

Cadila Healthcare Limited (2011) *Annual Report 2010-11*.

Central Drugs Standard and Control Organization: CDSCO (2007) *Manufacturing Units Having WHO GMP Certification, 2007*.

―――― (2016) *Updated list of WHO GMP Certified Manufacturing Units for Certificate of Pharmaceutical Products (COPP) in various States of India as on December 2016* (http://www.cdsco.nic.in/writereaddata/State-wise%20list%20of%20WHOGMP%20certified%20manufacturing%20units%20in%20the%20country.pdf).

Chaudhuri, Sudip (2005) *The WTO and India's Pharmaceuticals Industry-Patent Protection, TRIPS, and Developing Countries*, New Delhi.: Oxford University Press.

Dandekar, Vikas (2016) "India rejects compulsory license application of Lee Pharma against AstraZeneca's Saxagliptin," *The Economic Times*, January 2016 (http://economictimes.indiatimes.com/industry/healthcare/biotech/pharmaceuticals/india-rejects-compulsory-license-application-of-lee-pharma-against-astrazene cas-saxagliptin/articleshow/50652935.cms).

Delloitte (2015) *Winning with biosimilars Opportunities in global markets*.

Department of Chemicals and Petrochemicals (1979) *Drug Price Control Order, 1979*, New Delhi: Government of India.

——— (1986) *Drug Policy, 1986*, New Delhi: Government of India.

——— (1994) *Modifications in Drug Policy, 1986*, New Delhi: Government of India.

——— (1995) *Drug Price Control Order, 1995*, New Delhi: Government of India.

——— (2000) *PRDC Report*, New Delhi: Government of India.

——— (2002) *Pharmaceutical Policy, 2002*, New Delhi: Government of India.

——— (2005a) *Report Task Force to Explore Options other than Price Control for Achieving the Objective of Making Available Life-saving Drugs at Reasonable Prices*, New Delhi: Government of India.

——— (2005b) *Draft National Pharmaceutical Policy, 2006 Part-A (Contains issues other than statutory price control)*, New Delhi: Government of India.

——— (2007) *Report on Steps to be Taken by Government of India in the Context of Data Protection Provisions of Article 39.3 of TRIPS Agreement*.

Department of Industrial Development (1982) *Statement of Drug Policy, 1978* in Department of Industrial Development, Minstry of Industry, 1982, *Guidelines for Industries Part I Policy and Procedures*, New Delhi: Government of India.

Department of Industrial Policy and Promotion: DIPP (2003a) *New Industrial Policy and other concessions for the state of Uttaranchal and the state of Himachal Pradesh*, New Delhi: Government of India.

——— (2003b) *Central Grant or Subsidy for Industrial units in the states of Uttaranchal and Himachal Pradesh with a view to accelerating the industrial development in the States*, New Delhi: Government of India.

——— (2009) *Report of the Technical Expert Group on Patent Law Issues*, New Delhi: Government of India.

——— (2010) "Discussion Paper on Compulsory License," 24 August, New Delhi: Government of India.

——— (2014) *National IPR Policy (first draft)* New Delhi: Government of India.

——— (2016) *National Intellectual Property Right Policy*, New Delhi: Government of India.

Department of Pharmaceuticals (2011) *Draft National Pharmaceuticals Pricing Pol-

icy, 2011 New Delhi: Government of India.
——— (2012a) *Annual Report 2011-2012*.
——— (2012b) *National Pharmaceutical Pricing Policy, 2012*, New Delhi: Government of India.
——— (2013) "Report of the Committee on Price Negotiations for Patented Drugs," New Delhi: Government of India.
DiMasi, Joseph A., Hansen, Ronald W. and Grabowski, Henry G. (2003) "The Price of Innovation: New Estimates of Drug Development Cost," *Journal of Health Economics* vol. 22: 151-185.
Dr. Reddy's Laboratories Ltd. (2002) *Annual Report 2001-2002*, Hyderabad: Dr. Reddy's Laboratories.
——— (2003) *Annual Report 2002-2003*, Hyderabad: Dr. Reddy's Laboratories.
——— (2004) *Annual Report 2003-2004*, Hyderabad: Dr. Reddy's Laboratories.
——— (2005) *Annual Report 2004-2005*, Hyderabad: Dr. Reddy's Laboratories.
——— (2006) *Annual Report 2005-2006*, Hyderabad: Dr. Reddy's Laboratories.
——— (2007) *Annual Report 2006-2007*, Hyderabad: Dr. Reddy's Laboratories.
——— (2008) *Annual Report 2007-2008*, Hyderabad: Dr. Reddy's Laboratories.
——— (2009) *Annual Report 2008-2009*, Hyderabad: Dr. Reddy's Laboratories.
——— (2010a) *Annual Report 2009-2010*, Hyderabad: Dr. Reddy's Laboratories.
——— (2010b) *1984 Molecules Memories and Moments 2009*, Hyderabad: Dr. Reddy's Laboratories.
——— (2011) *Annual Report 2010-2011*, Hyderabad: Dr. Reddy's Laboratories.
——— (2012) *Annual Report 2011-2012*, Hyderabad: Dr. Reddy's Laboratories.
——— (2013) *Annual Report 2012-2013*, Hyderabad: Dr. Reddy's Laboratories.
——— (2014) *Annual Report 2013-2014*, Hyderabad: Dr. Reddy's Laboratories.
——— (2015) *Annual Report 2014-2015*, Hyderabad: Dr. Reddy's Laboratories.
——— (2016) *Annual Report 2015-2016*, Hyderabad: Dr. Reddy's Laboratories.
Dubey, Rajeev (1998) "India's Business Houses", *Business Today*, Vol.7, No.1, pp.339-343.
Express Pharma Pulse (2003a) "India agrees to provide data exclusivity", March 13, 2003
——— (2003b) "IDMA urges Centre to raise SSI Investment limit for entire pharma," June 19.
——— (2005) "Oriented towards global competition," August 25.

Financial Express (2013) "CCEA approves Mylan's $ 1.8 bn deal," September 4.

Financial Times (2013) "India approves $1.6bn acquisition of Agila Specialties by Mylan," September 4.

Fink, Carsten (2004) *Intellectual Property and the WTO* (siteresources.worldbank.org/.../Resources/.../IPR-WTO_Fink.doc).

Gereffi, G. (1999) "International Trade and Industrial Upgrading in the Apparel Commodity Chain," *Journal of International Economics* 48(1).

Gereffi, G., Humphrey, J. and Sturgeon, T. (2005) "The Governance of Global Value Chains," *Review of International Political Economy* 12(1).

Government of Andhra Pradesh (2001) *Biotechnology Policy 2001* (http://www.aponline.gov.in/quick%20links/industrial%20policy/biotechnologypolicy.pdf).

Government of Goa (2003) *Industrial Policy 2003* (http://www.goachamber.org/cms/index.php?option=com_content&task=view&id=72&Itemid=16).

Government of Haryana (2002) *Biotechnology Policy-Haryana* (http://www.dstharyana.org/biotech%20eng.doc).

Government of Himachal Pradesh (2004) *Industrial Policy, 2004* (http://himachal.nic.in/industry/newindustrypolicy2004.pdf).

Government of India (1970) *the Patents Act, 1970* (http://ipindia.nic.in/ipr/patent/patact1970-3-99.html).

——— (1991) "Technology in Indian Ampicillin Industry," *Technology Status Report*, No.75.

Government of Karnataka (2001) *The Millennium Biotech Policy* (http://www.bangaloreitbt.in/worddocument/pdf/Biotech_Policy_II.pdf).

Government of Maharashtra (2001a) *Industrial Policy 2001* (http://www.maharashtra.gov.in/pdf/GOM_IndPolicy.pdf).

——— (2001b) *Maharashtra Biotechnology Policy 2001* (http://www.midcindia.org/Lists/Policies%20Circulars%20and%20Notification/Attachments/2/BioTech Policy.pdf).

Government of Punjab (2003) *Industrial Policy, 2003* (http://www.pbindustries.gov.in/downloads/INDUSTRIAL%20POLICY.pdf).

Government of Tamil Nadu (2000) *Biotechnology Policy of Tamil Nadu* (http://investingintamilnadu.com/tamilnadu/doc/policy/Tamil_Nadu_Biotechnology_Policy.pdf).

Government of Uttarakhand (2003) *Industrial Policy, 2003* (http://www.sidcul.

com/sidculweb/Attachments/IP2003English.pdf).

Guha, Amitava (1987) "Who Gains from Drug Policy Liberalisation?," *Economic and Political Weekly*, Vol.XXII No.1-2.

Hansavivek (1973) "Who Is Paying for Poor Results?," *Economic and Political Weekly*, Vol.8, No.39.

Humphery, John and Schmitz, Hubert (2000) "Governance and upgrading: Linking industrial cluster and global value chain research," IDS working paper No. 120, Institute of Development Studies, University of Sussex, Brighton.

——— (2002) "How does insertion in global value chains affect upgrading in industrial clusters?," *Regional Studies*, vol. 36, issue 9.

Indian Pharmaceutical Alliance: IPA (2002) *IPA Position Paper on Data Exclusivity*.

——— (2004) *IPA Position Paper on Data Protection*.

Jayakumar, P.B. (2006) "GLP implementation may force another 1000 SSIs to close down in 2007," *PHARMABIZ. com*, December 26 (http://saffron.pharmabiz.com/article/detnews.asp?articleid=36844&sectionid=19).

——— (2008) "Small-scale pharma cos fight for survival," *Rediff India Abroad*, February 7 (http://in.rediff.com/money/2008/feb/07pharma.htm).

Kalra, Aditya and Siddiqui, Zeba (2014) "Gilead licenses hepatitis C drug to Cipla, Ranbaxy, five others," *Reuters*, September 15 (http://in.reuters.com/article/gilead-sciences-india-idINKBN0HA0TI20140915).

Kamiike, Atsuko, Takahiro, Sato and Aggarwal, Aradhna (2012) "Productivity Dynamics in the Indian Pharmaceutical Industry: Evidence from Plant-level Panel Data," *Science, Technology & Society*, Vol. 17, No. 3: 531-452.

Kesireddy, Raji Reddy (2015) "Commerce ministry to talk to industry bodies to take a call on joining pharma regulator PICS," *The Economic Times*, April 17 (http://economictimes.indiatimes.com/news/industry/healthcare/biotech/pharmaceuticals/commerce-ministry-to-talk-to-industry-bodies-to-take-a-call-on-joining-pharma-regulator-pics/articleshow/47066692.cms).

Kim, Linsu and R. R. Nelson eds. (2000) *Technology, Learning, and Innovation: Experiences of Newly Industrializing Economies*, Cambridge: Cambridge University Press.

Knowledge@Wharton (2012) "Sparring Over Sorafenib: How Will Natco's Move against Bayer Affect Pharma Licensing?," April 19 (http://knowledge.wharton.upenn.edu/article/sparring-over-sorafenib-how-will-natcos-move-against-bay er-affect-pharma-licensing/).

Krishnan, Vidya (2013) "Patents office rejects Pfizer's claim on Sutent," *Mint*, February 11, 2013 (http://www.livemint.com/Industry/PsRt2LSaRIUWuP8DRbm8fJ/Patents-body-rejects-Pfizers-claim-on-Sutent.html).

Lalitha, N. (2002a) "Drug Policy 2002: Prescription for Symptoms," *Economic and Political Weekly*, Vol.XXXVII No.30.

─────── (2002b) "Indian Pharmaceutical Industry in WTO Regime," *Economic and Political Weekly*, Vol.XXXVII No.34.

Lall, Sanjaya (1987) *Learning to Industrialize*, London: Macmillan Press.

Lanjow, J. O. (1997) "The Introduction of Pharmaceutical Product Patents in India", *NBER Working Paper*, 6366.

Lupin Limited (2008) *Annual Report 2007-08*, Mumbai: Lupin Limited.

─────── (2012) *Annual Report 2011-12*, Mumbai: Lupin Limited.

Marshall, Alfred (1920) *Principles of Economics* An Introductory Volume: London, U.K., Macmillan and Co.

Medindia (2006) "OPPI Opposes Draft National Pharmaceuticals Policy," July 17 (http://www.medindia.net/news/view_news_main.asp?x=12421).

Ministry of Chemicals and Fertilizers (2006) *Highlights of the Draft Pharmaceutical Policy, 2006*, New Delhi: Government of India.

Ministry of Food Processing (2005) *Sandhu Committee*, New Delhi: Government of India.

Ministry of Health and Family Welfare (2003) *Report of the Expert Committee on a Comprehensive Examination of Drug Regulatory Issues, including the Problem of Spurious Drugs*, New Delhi: Government of India.

Ministry of Petroleum and Chemicals (1975) *Report of The Committee on Drugs and Pharmaceutical Industry (Hathi Committee Report)*, New Delhi: Government of India.

Mint (2014) "FDA chief on India visit; calls for greater drug safety collaboration," Feburary 18 (http://www.livemint.com/Politics/ZPkDqcFjG8GrT0XAZMLWSJ/FDA-chief-on-India-visit-calls-for-greater-drug-safety-coll.html).

─────── (2015) "Delhi HC bars Glenmark from making anti-diabetes drugs," March 20 (http://www.livemint.com/Companies/B1tJR4d1gcTRs1N9ffk6gN/Delhi-HC-bars-Glenmark-from-making-antidiabetes-drugs.html).

Mukherjee, Rupali (2014) "MNCs deprive India of vital drugs," *The Times of India*,

November 30, 2014 (http://timesofindia.indiatimes.com/india/MNCs-deprive-India-of-vital-drugs/articleshow/45322179.cms).

―――― (2017) "USFDA lifts import alert from Sun Pharma's Mohali plant," *The Times of India*, March 14 (http://timesofindia.indiatimes.com/business/india-business/usfda-lifts-import-alert-from-sun-pharmas-mohali-plant/articleshow/57633723.cms).

National Pharmaceutical Pricing Authority: NPPA (2007) *Directory of Pharmaceutical Manufacturing Units in India 2007*, New Delhi: Government of India.

Nikaido, Yuko (2004) "Technical Efficiency of Small-Scale Industry," *Economic and Political Weekly*, Vol. XXXIX No.06.

OPPI and Monitor Group (2006) *Outsourcing Opportunity in Indian Pharmaceutical Industry*, Mumbai: Organisation of Pharmaceutical Producers of India.

Organisation of Pharmaceutical Producers of India: OPPI (2003) *Pharmaceutical R&D and Data Exclusivity*, Mumbai: Organisation of Pharmaceutical Producers of India.

―――― (2011) *OTC Pharmaceutical Profile* 2011, Mumbai: Organisation of Pharmaceutical Producers of India.

Pathak, H.N. and Mote, V.L. (1972) "Drug Price Control An Evaluation," *Economic and Political Weekly*, Vol.VII No.29.

Pharmaceutical Research and Manufacturers of America: PhRMA (2013) *SPECIAL 301 SUBMISSION 2014* (http://phrma-docs.phrma.org/sites/default/files/pdf/2014-special-301-submission.pdf)

Planning Commission (1951) *First Five Year Plan*, New Delhi: Government of India

―――― (1956) *Second Five Year Plan*, New Delhi: Government of India

―――― (1961) *Third Five Year Plan*, New Delhi: Government of India

―――― (1974) *Fifth Five Year Plan*, New Delhi: Government of India

―――― (1980) *Sixth Five Year Plan*, New Delhi: Government of India

―――― (1997) *Nineth Five Year Plan*, New Delhi: Government of India

―――― (2002) *Tenth Five Year Plan*, New Delhi: Government of India

―――― (2006) *Report of the Working Group on Drugs and Pharmaceuticals for the Eleventh Five-Year Plan (2007-2012)*, New Delhi: Government of India

Press Information Bureau: PIB (2011) "Ministry of Commerce and Industry, India will continue to allow 100% Fdi in Greenfield Pharma CCI to develop necessary enabling regulations for brownfield FDI in Six Months PM chairs high level meeting," October 10, 2011.

Press Trust of India: PTI (2014a) "Wockhardt recalls 8,712 bottles of hypertension drug in US," *Business Line*, June 5 (http://www.thehindubusinessline.com/companies/wockhardt-recalls-8712-bottles-of-hypertension-drug-in-us/article6085442.ece).

―――― (2014b) "Over the counter drug market to reach $6.6 billion by 2016," *The Economic Times*, October 5, 2014 (http://articles.economictimes.indiatimes.com/2014-10-05/news/54653036_1_market-share-rural-market-global-pharma-industry2).

―――― (2015) "Cadila recalls 19,536 bottles of cough treatment drug in US," *Business Standard*, January 9 (http://www.business-standard.com/article/pti-stories/cadila-recalls-19-536-bottles-of-cough-treatment-drug-in-us-115010800954_1.html).

―――― (2016) "Government weighs relaxing FDI norms in brownfield pharma companies," *The Economic Times*, June 10 (http://economictimes.indiatimes.com/industry/healthcare/biotech/pharmaceuticals/government-weighs-relaxing-fdi-norms-in-brownfield-pharmacompanies/articleshow/52683865.cms).

Raghavan, Prabha (2016) "CDSCO plans surprise checks at drug manufacturing sites," *The Economic Times*, March 28 (http://economictimes.indiatimes.com/industry/healthcare/biotech/pharmaceuticals/cdsco-plans-surprise-checks-at-drug-manufacturing-sites/articleshow/51577361.cms).

Rajagopal, Divya (2012) "Drug Price Control Order may not achieve much, say experts," *The Economic Times*, 3 October 2012, http://articles.economictimes.indiatimes.com/2012-10-03/news/34238918_1_drug-price-control-order-combination-drugs-drug-industry-executive

Ramlall, Vishva V. (2004) "The Pharmaceutical Industry in the Great White North and Land of the Rising Sun: A Comparison of Regulatory Data Protection in Canada and Japan," *IIP Bulletin*.

Ramannna, Anitha (2002) "Policy Implications of India's Patent Reforms: Patent Applications in the Post-1995 Era," *Economic and Political Weekly*, Vol.37, No.21, 2065-2075.

Ranbaxy Laboratories Ltd. (2002) *Annual Report 2001*, Gurgaon: Ranbaxy Laboratories Ltd.

―――― (2003) *Annual Report 2002*, Gurgaon: Ranbaxy Laboratories Ltd.

────（2004）*Annual Report 2003*, Gurgaon: Ranbaxy Laboratories Ltd.
────（2005）*Annual Report 2004*, Gurgaon: Ranbaxy Laboratories Ltd.
────（2006）*Annual Report 2005*, Gurgaon: Ranbaxy Laboratories Ltd.
────（2007）*Annual Report 2006*, Gurgaon: Ranbaxy Laboratories Ltd.
────（2008）*Annual Report 2007*, Gurgaon: Ranbaxy Laboratories Ltd.
────（2009）*Annual Report 2008*, Gurgaon: Ranbaxy Laboratories Ltd.
────（2010）*Annual Report 2009*, Gurgaon: Ranbaxy Laboratories Ltd.
────（2011）*Annual Report 2010*, Gurgaon: Ranbaxy Laboratories Ltd.
────（2012）*Annual Report 2011*, Gurgaon: Ranbaxy Laboratories Ltd.
────（2013）*Annual Report 2012*, Gurgaon: Ranbaxy Laboratories Ltd.
Rane, Wishvas（1996）"Analysis of Drug Prices, 1980-1995," *Economic and Political Weekly*, Vol. XXXI, Aug. 24-31, 2331-2340.
Rangarao, B.V. and Ramachandran, P.K.（1972）"The Indian Pharmaceutical Industry," *Economic and Political Weekly*, Vol. VII, No. 9.
Reddy, Kallam Anji（2015）*An Unfinished Agenda: My Life in the Pharmaceuticals Industry*: New Delhi, Penguin Books.
Shankar, Ramesh（2008a）"Chemicals ministry to finalise modalities on disbursing PTUF soon," *PHARMABIZ.com*, May 26, 2008（http://saffron.pharmabiz.com/article/detnews.asp?articleid=44406&sectionid=19）.
────（2008b）"Planning Commission objects to PTUF scheme, asks pharma dept to revive CLCSS scheme," *PHARMABIZ.com*, November 20（http://saffron.pharmabiz.com/article/detnews.asp?articleid=47055&sectionid=19）.
────（2009）"Govt may raise ceiling on term loan under CLCSS scheme from Rs 1 cr to Rs 1.5 cr," *PHARMABIZ.com*, March 23（http://www.pharmabiz.com/article/detnews.asp?articleid=48901&sectionid=19）.
────（2010a）"DoP to set up new technology upgradation assistance scheme to assist medium scale units," *PHARMABIZ.com*, February 17（http://www.pharmabiz.com/article/detnews.asp?articleid=54133&sectionid=）.
────（2010b）"SPIC urges Alagiri to take steps to remove anomalies in CLCSS," *PHARMABIZ.com*, May 06（http://saffron.pharmabiz.com/article/detnews.asp?articleid=55312&sectionid=19）.
Silverman, Ed（2015）"India Rejects Gilead Patent Bid for Sovaldi Hepatitis C Treatment," The Wall Street Journal, January 14, 2015（http://blogs.wsj.com/pharmalot/2015/01/14/india-rejects-gilead-patent-bid-for-its-sovaldi-hepatitis-

c-treatment).

Singh, Satwinder (1985) *Multinational Corporations and Indian Drug Industry*, New Delhi: Deep & Deep Publications.

Sturgeon, T.J. and Linden, G. (2011) "Learning and Earning in Global Value Chains: Lessons in Supplier Competence Building in East Asia," in M.Kawakami and T.J. Sturgeon (ed.) 2011 *The Dynamics of Local Learning in Global Value Chains*, IDE-JETRO.

Subbu, Ramnath (2006) "Drug industry opposes new draft policy," *The Hindu*, July 14 (http://www.hindu.com/2006/07/14/stories/2006071402811800.htm).

The Economic Times (2007) "HC suspects hearings in Novartis' Glivec case," August 10.

――― (2009) "Novartis moves SC in Glivec patent case," August 29.

――― (2011) "India against inclusion of data exclusivity in any FTA," April 6.

――― (2012) "New drug policy will hurt investment in pharma sector: Industry," November 25 (http://articles.economictimes.indiatimes.com/2012-11-25/news/35346698_1_nlem-drug-policy-essential-medicines).

――― (2015) "Delhi HC upholds Roche's patent claims on Tarceva against Cipla," November 28 (http://economictimes.indiatimes.com/news/industry/healthcare/biotech/pharmaceuticals/delhi-hc-upholds-roches-patent-claims-on-tarceva-against-cipla/articleshow/49948468.cms?intenttarget=no9).

The Hindu (2013) "Natco Pharma wins cancer drug case," March 4 (http://www.thehindu.com/business/companies/natco-pharma-wins-cancer-drug-case/article4475762.ece).

United States Trade Representative: USTR (2014) *2014 Special 301 Report* (https://ustr.gov/sites/default/files/USTR%202014%20Special%20301%20Report%20to%20Congress%20FINAL.pdf).

――― (2015) *2016 Special 301 Report* (https://ustr.gov/sites/default/files/2015-Special-301-Report-FINAL.pdf).

――― (2016) *2016 Special 301 Report* (https://ustr.gov/sites/default/files/USTR-2016-Special-301-Report.pdf).

Unnikrishnan, C.H. (2008) "Natco withdraws plea on making patented cancer drugs," Mint, September 28, 2008 (http://www.livemint.com/Companies/ptTTNsQ4InCP8Y8avJ305J/Natco-withdraws-plea-on-making-patented-cancer-drugs.html).

Venkatesan, J (2003) "SC concern over non-inclusion of essential drugs," *The Hindu*, August 02, 2003 (http://www.hindu.com/2003/08/02/stories/2003080204201300.htm).

World Health Organization (2003) "Good Manufacturing Practices for Pharmaceutical Products: Main Principles," *WHO Technical Report Series*, No. 908, Geneva: World Health Organization.

――――（出版年不明）*GMP Questions and Answers*, Geneva: World Health Organization, (http://www.who.int/medicines/areas/quality_safety/quality_assurance/gmp/en/)

索　引
（＊は人名）

あ　行

アイヤンガール委員会（Ayyangar）　42, 173
アウトソーシングビジネス　11, 14, 162, 165, 167
アステラス製薬　29, 246
医薬品・化粧品法，医薬品・化粧品法および規則（the Drugs and Cosmetics Act, 1940　the Drugs and Cosmetics Act, 1940 and Rules, 1945）　36, 89, 268
医薬品アクセス　8, 12, 13, 15, 27, 35, 82, 111, 131, 132, 134, 135, 139, 141, 143, 232, 249, 259, 260, 266, 271, 277, 278, 282, 284, 286
医薬品価格規制令，1970年（Drug Price Control Order, 1970）　41, 111-117, 122, 125, 127, 174, 176, 188, 189, 282
医薬品価格規制令，1979年（Drug Price Control Order, 1979）　14, 59, 60, 114, 118, 120-122, 124, 125
医薬品価格規制令，1987年（Drug Price Control Order, 1987）　83, 125, 129
医薬品価格規制令，1995年（Drug Price Control Order, 1995）　83, 126-128, 130, 131, 136, 137
医薬品価格規制令，2013年（Drug Price Control Order, 2013）　25, 139-141, 270, 286
医薬品簡略承認申請（Abbreviated New Drug Application: ANDA）　151, 207, 209, 218, 221, 226, 251
医薬品政策，1978年（Drug Policy, 1978）　7, 41, 46, 48, 50, 52, 53, 57, 58, 68, 73, 75, 80, 85, 98, 108, 114, 116-118, 121, 123, 169, 172, 177, 189-191, 282
医薬品政策，1986年（Drug Policy, 1986）　8, 59, 61, 63, 64, 66, 67, 69, 71, 73, 75, 76, 80, 85, 89, 109, 123, 124, 282
医薬品政策，1994年（Modifications in Drug Policy 1986）　73, 75, 77, 82, 85, 125-127
医薬品政策，2002年（Pharmaceutical Policy, 2002）　80, 82, 83, 85, 128, 129, 131, 133-136, 286
医薬品政策草案，2006年　91, 131, 133-137
医薬品の製造管理および品質管理基準（Good Manufacturing Practice: GMP）　69, 71, 77, 87, 89, 91-93, 100, 103, 109, 129, 135, 178, 186, 225, 228, 250, 284
インド医薬品工業連合会（Confederation of Indian Pharmaceutical Industry: CiPi）　30, 90, 93
インド医薬品製造業組合（Indian Drug Manufacturers Association: IDMA）　29, 51, 90
インド化学技術研究所・ハイダラーバード（IICT-H）　38
インド原薬製造業組合（Bulk Drug Manufacturers Association: BDMA）　30, 102
インド工科大学ボンベイ校（Indian Institute of Technology: IIT, Bombay）　187
インド製薬業者機構（Organisation of Pharmaceutical Producers of India: OPPI）　29, 51, 135, 268, 270, 273
インド製薬産業連盟（Indian Pharmaceutical Alliance: IPA）　28, 29, 135, 268
エーザイ　15, 29, 106, 110, 246, 247, 249, 254, 257
オーソライズド・ジェネリック（Authorised Generics）　209, 212, 223, 224, 252
大塚製薬，大塚製薬工場，大塚ホールディングス　230, 246, 247, 254

か　行

外国製造業者の認定（Accreditation of Foreign Manufacturer: AFM）　238, 239
外資規制の強化，FDI規制の強化　270
改正外国為替規制法，1973年（the Foreign

301

Exchange Regulation Act: FERA, 1973)　6, 7, 41, 43-45, 49-51, 55, 63-65, 68, 72, 75, 108, 171-173, 189, 281
改正特許法第3条(d)項，2005年　152-153, 260
科学・産業技術評議会(CSIR)　36, 38, 174, 175
＊ガンディー，インディラ　7, 42, 46, 108, 174, 182, 281
企業の能力　3, 9, 10, 15, 167, 169, 182, 211, 212, 283, 284
強制実施権　262, 263, 265-267
グリーンフィールド投資　271, 278
グローバル・バリューチェーン(Global Value Chain: GVC)　2, 10-12, 14, 162, 165-167, 284
研究・製造受託サービス(Contract Research and Manufacturing Services: CRAMS)　163-165
原薬製造業組合(Bulk Drug Manufacturers Association: BDMA)　102
原薬等登録原簿(Drug Master File: DMF)　218, 226
原薬等登録原簿(MF)制度　237, 238
国家医薬品価格局(National Pharmaceutical Pricing Authority: NPPA)　32, 95, 126, 127, 131, 134, 138-140
国家医薬品価格政策，2012年　131, 139
国家必須医薬品リスト(NLEM)，国家必須医薬品リスト，2011年(NLEM2011)　133, 136-140

さ 行

産業(開発・規制)法，1951年(the Industry〈Development and Regulation〉Act, 1951)　3, 4, 37, 38, 72
産業政策決議(48年決議)，1948年(Industrial Policy Resolution, 1948)　3
産業政策決議(56年決議)，1956年(Industrial Policy Resolution, 1956)　3, 4
サンドゥ委員会　132, 133
ジェネリック医薬品，後発医薬品　2, 9, 10, 13, 17-19, 21, 45, 61, 70, 129, 141, 145,

146, 148, 150, 153, 154, 157-159, 165, 166, 174, 175, 178-182, 186, 199, 204, 205, 207, 210, 212, 218, 220-223, 225, 226, 228, 231, 232, 236, 237, 239, 241-243, 245, 246, 251-254, 256, 262, 269-271, 283
＊シン，パルビンダー(Singh, Parivinder)　182-184
＊シン，B.M.(Singh, Bhai Mohan)　170, 173, 182, 183
製法特許　7, 18, 19, 42, 80, 108, 134, 146, 163, 174, 179, 180, 220, 281
創薬研究，新薬開発　9, 14, 82, 129, 146-148, 154, 155, 162, 163, 166, 180-182, 184, 186, 201, 203, 204, 207, 212, 253, 255, 269, 283

た 行

第1次5ヵ年計画　36, 37, 40, 41, 46, 170, 173
第2次5ヵ年計画　4, 38, 39, 41, 173, 175
第3次5ヵ年計画　39, 40
第一三共　15, 27, 28, 155, 181, 184-186, 201, 212, 225, 246, 247, 250, 253, 271, 275
武田薬品工業　29, 246, 255, 256
知的所有権の貿易関連の側面に関する協定，TRIPS協定(Agreement on Trade-Related Aspects of Intellectual Property Rights: TRIPS)　2, 8, 10, 11, 71, 75, 77-79, 81, 84, 109, 129, 145, 146, 162, 163, 166, 167, 179, 182, 201, 259-261, 267, 268, 283
中央医薬品基準管理機関(Central Drugs Standard Control Organisation: CDSCO)　94, 228, 229, 268
中央医薬品研究機関(CDRI)　38-40, 97
中央科学産業研究所(CLSIR)　38
データ保護　267-269
独占および制限的取引慣行法　MRTP法(the Monopolies and Restrictive Trade Practide Act, 1969)　6, 7, 46, 52, 57, 68, 72, 98, 108, 116, 182, 281
特許および意匠法，1911年(the Patent and

索 引

Designs Act, 1911) 7, 41, 42, 173, 174, 281
特許諮問委員会，テクチャンド委員会（Tekchand） 42, 173
特許付与後異議申立，特許付与前異議申立，異議申し立て 229, 261
特許法，1970年（the Patent Act, 1970） 1, 2, 7, 8, 10, 41, 43, 45, 46, 71, 75, 77, 78, 80, 98, 108, 109, 130, 145, 146, 163, 166, 169, 173, 175, 176, 179, 189, 190, 201, 211, 281, 283
ドラッグ・デリバリー・システム（DDS, NDDS） 130, 138, 147-154, 166, 180, 181, 220, 283

な・は行

ネクサバール 262, 263, 265, 267
＊ハーティ，ジェイスカール（Hathi, Jaisukhal） 48
ハーティ委員会 46, 48-51, 53, 115, 116, 123, 172, 189, 191
バイオ医薬品 10, 12, 14, 100, 103, 134, 148, 156-160, 164-167, 204, 207, 217, 269, 271, 279, 284
バイオシミラー（Biosimilar） 10, 11, 148, 156, 158-162, 167, 204-206, 212, 241, 270
ハイダラーバード地域研究所（RRL-H） 38, 39
＊ハミッド，ユスフ（Hamid, Yusuf） 191, 198
パラグラフⅣ証明 208, 209, 221, 222
パラグラフⅣ申請 208, 209, 220-223, 225, 251
付属文書M（Schedule M） 89, 90
物質特許 7, 8, 10, 17-19, 41, 42, 79, 81, 83, 85, 108, 109, 129, 134, 145, 146, 150, 163, 166, 173, 174, 176, 178-180, 189, 201, 220, 246, 259, 261, 269, 281, 286
ブラウンフィールド投資 274, 276
プラナブ・セン委員会 132, 133, 137

や・ら・わ行

輸入代替，輸入代替工業化，輸入代替工業化政策，輸入代替工業化戦略 1, 2, 4-9, 14, 20, 35, 41, 46, 56, 59, 61, 65, 71, 72, 74, 107-110, 141-143, 169, 173, 190, 281-283
リバースエンジニアリング 1, 2, 7, 8, 43, 98, 108, 109, 129, 142, 146, 167, 174, 179, 189, 281, 283
＊レッディ，カラム・アンジ，レッディ，K.A.（Reddy, Kallam Anji） 96, 187-195, 197, 198, 200, 204, 207, 212
ロート製薬 246, 247, 254
ワクチン 23, 24, 31, 36, 52, 54, 63, 64, 66, 68, 77, 104, 120, 134, 148, 157, 158, 160, 204, 217, 236, 255, 256

欧文

Alembic 36, 98, 110, 150, 213
Bharat Biotech 158, 204
Biocon 29, 95, 106, 158, 160, 161, 164, 225
Cipla 28, 36, 39, 95, 98, 110, 141, 149, 174, 189, 191, 192, 194, 197, 198, 213, 229, 231, 244, 261, 274
Dr. Reddy's Laboratories 15, 28, 29, 94-96, 98, 102, 106, 109, 110, 146, 154, 155, 157, 160, 161, 164, 167, 169, 186, 187, 211, 213, 218, 222-224, 229, 241, 243
Glenmark 28, 29, 95, 150, 155, 156, 231, 254, 274
Hindusthan Antibiotics Limited: HAL 38, 39, 45, 60, 97
Indian Drugs and Pharmaceuticals Limited: IDPL 39, 45, 60, 96, 97, 101, 109, 175, 187-190, 192, 194, 200, 211
Lupin 15, 28, 29, 95, 149, 150, 194, 225, 226, 239, 241, 243, 244, 254, 274, 285
Natoco Pharma 229, 262
Piramal Healthcare 29, 58, 95, 205, 254, 270, 275, 276
Ranbaxy Laboratories 15, 24, 27, 28, 43, 95, 98, 146, 149, 150, 152-155, 167, 169,

170, 186, 189, 194, 197-199, 211, 213, 222-225, 229, 241, 243, 250-254, 270, 274, 275, 279
Serum Institute of India   157, 158, 160
Shantna Biotechnics   204, 275
Sun Pharmaceuticals Industries, Sun   27-29, 58, 95, 149-151, 155, 157, 186, 212, 225-229, 244, 252, 270, 274
Unichem   36, 39, 189
Wockhardt   29, 95, 164, 204, 226, 227, 248, 254
Zydus Cadila   24, 28, 155-157, 160, 162, 225, 227, 241-243, 254-256, 274

《著者紹介》

上池　あつ子（かみいけ・あつこ）
　1972年　香川県生まれ
　　　　　同志社大学大学院商業研究科博士課程後期課程退学
　2017年　博士（経済学，大阪市立大学）
　現　在　神戸大学経済経営研究所 学術研究員
　主　著　「TRPS協定後のインド製薬企業の経営戦略　Zydus Cadila の事例研究を中心に」
　　　　　『経済志林』第85巻第4号，法政大学経済学部学会，2018年。
　　　　　『インドの公共サービス』（共著）アジア経済研究所，2017年など。

MINERVA 人文・社会科学叢書230
模倣と革新のインド製薬産業史
──後発国のグローバル・バリューチェーン戦略──

2019年1月20日　初版第1刷発行　　　　　　　〈検印省略〉

定価はカバーに
表示しています

著　者　上　池　あつ子
発行者　杉　田　啓　三
印刷者　中　村　勝　弘

発行所　株式会社　ミネルヴァ書房
607-8494 京都市山科区日ノ岡堤谷町1
電話代表　(075) 581-5191
振替口座　01020-0-8076

©上池あつ子，2019　　　　　　　　中村印刷・新生製本
ISBN978-4-623-08236-0
Printed in Japan

石上悦朗・佐藤隆広 編著
現代インド・南アジア経済論
A5判・420頁
本体3500円

絵所秀紀 著
離陸したインド経済
――開発の軌跡と展望
四六判・296頁
本体2500円

上田知亮 著
植民地インドのナショナリズムとイギリス帝国観
――ガーンディー以前の自治構想
A5判・312頁
本体6500円

長尾 賢 著
検証 インドの軍事戦略
――緊張する周辺国とのパワーバランス
A5判・418頁
本体7000円

星野進保／中西 洋著
インドと中国の真実
A5判・370頁
本体4000円

――――ミネルヴァ書房――――
http://www.minervashobo.co.jp/